LOVE ME DO

LOVE ME DO

50 momentos marcantes dos Beatles

Paolo Hewitt

SUMÁRIO

INTRODUÇÃO

Fascinante, infinitamente fascinante. Quando você descobre uma banda, você se envolve, escuta todas as músicas, confere as biografias, assiste aos documentários e depois segue em frente. Mas não é assim com este grupo, uma banda de Liverpool chamada The Beatles. Mesmo agora, após meses de pesquisa escrevendo sobre eles, pensando neles, olhando para eles e ouvindo a música deles, o desejo é de me aprofundar ainda mais — tal é o efeito hipnótico que eles exercem. Por que isso? Porque não apenas sua música era mágica, não apenas sua história era quase um conto de fadas, como também suas personalidades, principalmente a de Lennon, permanecem muito intrigantes.

John Lennon, como tantos outros grandes artistas, sofria alterações de humor, fato que o transformava num indivíduo imprevisível. Nunca se sabia ao certo o que lhe daria na telha, e essa personalidade oscilante mantinha todos atentos, incluindo os outros Beatles. Não era fácil estar com Lennon, mas era fascinante conviver ao seu redor.

Lennon morreu aos 40 anos, mas viveu o equivalente a três vidas, assim como os outros Beatles. Nos treze anos em que esteve junta, a banda conquistou mais do que outros grupos conseguem numa vida inteira. E como a mudança e o aperfeiçoamento constantes do grupo eram demonstrados em público, eles criaram uma das maiores histórias artísticas do século XX. Quanto mais sucesso alcançavam, mais ousados se tornavam. O grupo foi de "Love Me Do" a "Tomorrow Never Knows" em apenas três anos — um salto artístico espantoso.

O fato de os Beatles serem de Liverpool é importante. No mundo pós-Segunda Guerra Mundial, a cidade de onde vinham era vista como lar do crime e do vício. Liverpool e seus habitantes não eram civilizados aos olhos da nação; eles estavam em um patamar inferior. Os Beatles mudaram esse pensamento com suas personalidades cheias de energia, humor irônico e um senso de estilo inato.

Liverpool modelou os Beatles, os endureceu. Os anos de adolescência foram passados à sombra das gangues de teddy boys,* cuja violência não era brincadeira — pessoas morriam em suas mãos. Diversos dos primeiros shows dos Beatles terminaram em tumultos assustadores, e essa agressividade circulava também em Lennon. Ele passou muitos anos com a raiva fervendo nas veias, e tratava as pessoas com absoluto desdém. Se não fosse capaz de compor, não teria se safado dos atos pavorosos que praticou. Ainda assim, de um homem que achava comum bater em mulher, ele passou a feminista. Mais uma vez, que belo salto.

---

* Subcultura iniciada em Londres na década de 50 cujos integrantes usavam roupas inspiradas nos dândis da era eduardiana. Alguns teddy boys formavam gangues, e estas muitas vezes exibiam um comportamento violento. (N. do E.)

Porém Liverpool não se resumia a encrencas e violência. A cidade também lhes deu a cultura beatnik, a qual inspirou ideias que eles utilizariam durante toda a carreira. Uma delas era a necessidade de individualidade. Peguemos o nome. Na época, a maioria das bandas era nomeada a partir do vocalista, como é o caso, por exemplo, de Cliff Richard and The Shadows. Os Beatles tinham de fazer as coisas de maneira diferente. Intuitivamente, eles reconheciam a importância dos quatro integrantes (é por isso que qualquer membro da banda podia vetar qualquer ideia a qualquer instante) e assim se batizaram de The Beatles, um dos primeiros grupos a escolher um apelido que incluísse todos os integrantes igualmente.

O nome era reflexo dessa ideia de vínculo, da mentalidade de bando por eles construída, a qual os fez atravessar a beatlemania relativamente ilesos e que — como mostra este livro — dura até hoje. Os Beatles eram uma gangue de quatro personalidades distintas que criaram sua própria família. O que não é tão surpreendente, já que somente um deles — George — teve uma infância em que pai e mãe estiveram presentes.

Os Beatles se amavam e brigavam na mesma medida, como irmãos, o que só acrescentava mais charme à coisa toda. John, Paul, George e Ringo eram, respectivamente, o rebelde, o fofo, o quieto e o feliz. Eles agiam como se fossem um só. Uma vez, quando questionado sobre o Maharishi, George respondeu: "*Nós* ainda não nos decidimos".

Fato de grande importância na história do grupo foi o término do serviço militar obrigatório, no final da década de 50. Lennon escapou do exército por uma questão de meses, mas Brian Epstein, o empresário da banda, não conseguiu. A ameaça do alistamento pairava sobre todos os que nasceram durante ou logo após a Segunda Guerra Mundial; assim, seu fim trouxe grande alívio a toda uma geração. Isso permitiu à banda olhar para o futuro sem nada que pudesse detê-la. Ao contrário de seus pais, os horrores da Segunda Guerra não exerciam domínio sobre os rapazes. Como Ringo observou um dia, para ele a guerra significava a empolgação de ter prédios bombardeados nos quais brincar — e, quantos mais deles, melhor.

É difícil imaginar, hoje em dia, o impacto que a banda causou. Em 1963, a beatlemania teve início na Grã-Bretanha e varreu o mundo. Era como se quatro deuses tivessem descido à terra. Na turnê australiana de 1964, eles olharam pela janela e viram quase trezentas mil pessoas esperando por um mero vislumbre deles. Absolutamente fenomenal. E esse foi apenas um incidente dentre outros que ocorreram em três dos anos mais loucos que eles conheceriam. É de admirar o fato de terem sobrevivido a três anos de loucura tão absoluta.

Então, aqui estão cinquenta momentos da carreira dos Beatles. Vistos em conjunto, esses flagrantes são uma celebração desse grupo que indubitavelmente ainda é a maior banda de rock do mundo. Dois deles estão mortos, os outros dois se aproximam da velhice, mas isso não importa. Eles são os Beatles, e nada nunca vai mudar o mundo deles.

Paolo Hewitt
Fevereiro de 2012

JOHN LENNON

conhece Paul McCartney

DATA 6 de julho de 1957, festa paroquial em Woolton Village, Liverpool

John Lennon se sentou à sombra da Igreja de São Pedro e os céus o abençoaram. Sem que imaginasse, em poucas horas ele conheceria Paul McCartney, iniciando então uma das maiores histórias do século XX. A data era 6 de julho de 1957, fim de tarde, temperatura perto de quinze graus. Durante o dia inteiro, centenas de pessoas zanzaram pela festa da igreja, os homens trajando calça comprida e camisa, as mulheres de vestido florido, algumas com as costas à mostra, demonstrando ousadia.**

Era uma festa paroquial típica do interior. A polícia de Liverpool fez uma exibição de cães adestrados; houve um desfile de trajes engraçados. A Rainha da Rosa daquele ano fora escolhida e coroada: "Um passo à frente, por favor, senhorita Sally White".

John Lennon — o gênio, o espirituoso, o intimidador, o belo poeta, a alma angelical, o perturbado e caprichoso John Winston — perambulava por ali. Ele vestia camisa xadrez e calças escuras. O topete era um elogio público ao rock'n'roll.

John fora à festa para tocar música do gênero skiffle com sua banda, The Quarrymen. Eles já haviam se apresentado duas vezes naquele dia; a primeira exibição fora na traseira de um caminhão, e a segunda no salão paroquial, onde também fariam a última aparição do dia, às nove da noite. A banda estava agora disposta em círculo, conversando, e Lennon bebia cerveja.

John tinha história com a Igreja de São Pedro. Ele a visitara pela primeira vez aos 6 anos, levado por tia Mimi e tio George. O menino morava com os tios porque os pais o abandonaram. O pai zarpara num navio, e a mãe, Julia, irmã de Mimi, se viu envolvida nos braços de outros. Julia se ajeitou com um homem chamado Bobby Dykins, e os dois viviam juntos, sem terem se casado. O ano era 1946 e esse comportamento era considerado escandaloso, embora nos ofereça um relance do maravilhoso espírito rebelde que circulou pelas veias de John a vida inteira.

Mimi não tinha nada do comportamento ultrajante de Julia. Ela procurou as autoridades, assinou os papéis e logo John era dela. Contudo, o trauma não deixaria o garoto em paz. Um ano mais tarde, em Blackpool, sob o olhar da mãe, o pai lhe perguntou com quem ele queria viver. John tinha apenas 6 anos de idade. O menino decidiu pelo pai, mas então seu coração mudou e ele correu atrás da mãe, que já ia embora. O futuro roqueiro só voltaria a ver o pai vinte anos depois. E pouco encontrava a mãe. Isso, Mimi garantia.

Na igreja, John descobriu a música e Jesus. E também conheceu meninos batizados com nomes que mais tarde seriam incorporados à sua história pública: Ivan Vaughan, Nigel Walley e, significativamente, o líder do bando, Pete Shotton. Passado um mês, Pete não liderava mais nada.

JOHN VESTIA CAMISA XADREZ E CALÇAS ESCURAS. O TOPETE ERA UM ELOGIO PÚBLICO AO ROCK'N'ROLL

"Ele [Lennon] não apenas era maior, mais forte e mais agressivo que nós", contou Shotton um dia, "como também parecia um grande conhecedor do mundo mau e cruel." Por exemplo, John ficou pasmo ao saber que eles davam dinheiro à igreja. "Seus idiotas, vocês podem embolsar o dinheiro e depois comprar doces com ele", zombou. Os meninos olharam para Shotton. Ele nunca lhes falara aquilo. Dali até 1968, John seria o líder do grupo.

"Embora eu ainda esteja para conhecer uma personalidade tão forte e individualista quanto a de John, ele sempre precisava de um parceiro", Shotton observou sagazmente. "Ele não suportava a ideia de ficar sozinho no limbo." No grupo de meninos, Shotton e Lennon se tornaram amigos e acabaram sendo expulsos da igreja. Ninguém se surpreendeu.

Shotton recorda que John era um moleque atrevido, com pouco respeito pelas autoridades e sem papas na língua. Existia somente um oponente à altura na vida de John — tia Mimi, uma mulher teimosa, disciplinadora e de língua afiada. Tio George, seu marido, era diferente. Ele bancava o pai carinhoso, enquanto Mimi era a mãe severa.

Todavia, a relação entre John e Mimi não pode ser pintada apenas em tons de preto e branco. Ambos tinham personalidades complexas e dividiam o gosto pelo humor. E era por meio do humor que John muitas vezes se safava dos problemas. Não importava o que tivesse feito, ele conseguia ver o lado engraçado das coisas — e também fazia os outros enxergarem isso. Muitos se lembram de ver Mimi castigar John severamente por alguma má-criação e o rapaz reagir com uma piada, e aí, sem mais nem menos, ambos caíam na gargalhada e o caso estava encerrado.

Independentemente da história entre eles, Lennon sabia que devia muito a Mimi. Ela foi a responsável por colocar um teto sobre sua cabeça e comida em seu prato. Somente ela. Uma criança nunca se esquece disso, nem quando vira adulto. Quando se tornou rico e famoso, o sobrinho lhe comprou uma casa, a levou em turnê, e não lhe deixou faltar nada.

Conforme o tempo passava, os impulsos artísticos de John começaram a se manifestar, a modelar seus pontos de vista. "Para ele, a vida era uma peça de teatro sem fim", revelou Shotton. "Ele descobria algo interessante até mesmo no evento mais trivial, fosse como participante ativo ou como simples observador." John pensava e agia de forma diferente.

Sob a liderança de Lennon, o bando de garotos transgredia, vandalizava, roubava lojas e se divertia com pequenos incêndios. Na escola, disparavam alarmes durante as aulas, esguichavam tinta preta nas costas dos professores e mexiam na lousa até que ela caísse. Dentro do grupo, John era o cômico, o líder e o astro. Preste atenção nessa última palavra. John agora acrescentara uma nova arma ao seu arsenal, desenvolvendo um linguajar ácido empregado para criticar a tudo e a todos. Ele puxou essa característica de Mimi, que possuía a mesma postura. Era um mecanismo de defesa; ataque antes de ser atacado — essa era a tática.

Em 1952, ele e Shotton foram estudar na escola Quarry Bank. Um dia, Lennon começou a provocar impiedosamente o amigo por causa de uma garota. Shotton reagiu colocando um ponto-final à amizade no ato. Lennon bancou o durão, mas por dentro estava arrasado. Dias depois, ele propôs a reconciliação, contando a Shotton como ficara chocado com a agressividade do outro. "Sei que você tem admiração por mim", ele disse ao amigo, numa observação espantosa. A consciência da própria força explica por que Lennon lia os jornais e sinceramente se surpreendia com o fato de não se encontrar naquelas páginas. Aqueles tolos não percebiam seu gênio? O fato de ainda não ter gravado um disco ou escrito um livro não parecia lhe ocorrer.

Desde pequeno John se sentia atraído pelos livros. Os autores que ele admirava quando mais novo eram Richmal Crompton (autor da série de livros *Just William*), Edgar Allan Poe, James Thurber, Edward Lear, Kenneth Grahame, mas, acima de tudo, Lewis Carroll. Os mundos oníricos e os personagens fantásticos de Carroll tiveram enorme influência sobre a imaginação de John, antecipando maravilhosamente as muitas viagens movidas a LSD feitas pelo roqueiro mais tarde. Lennon não era apenas um intimidador, era também um sonhador, numa combinação estranha de características conflitantes — dureza temperada com sensibilidade. E, de acordo com Shotton, John nutria a ambição de escrever sua própria *Alice*.

No ensino médio, Lennon era contestador porque odiava a autoridade, odiava a disciplina. Ele zombava dos cê-dê-efes que faziam a lição de casa, tornando-se uma figura temida por alunos e professores. Em 1955, John se viu severamente abalado quando tio George faleceu por causa de uma hemorragia no fígado. Foi um golpe atordoante para o rapaz. John amava George, que sempre o tratara como um filho de verdade. Afinal, foi o tio George quem o ensinou a ler, a desenhar e a pintar. E foi George quem lhe deu a primeira gaita (nada mais adequado que a primeira música de John nas paradas de sucesso, "Love Me Do", fosse dominada por esse instrumento).

Após a morte de George, John começou a se afastar de Mimi e a se aproximar da mãe, a qual, o rapaz descobrira, não morava longe. Pete Shotton se recorda de ir à casa de Julia, onde ela organizava cantorias e brincadeiras, dizendo-lhes para não se preocuparem

John e a mãe, Julia, num dia feliz. Seu espírito contestador foi passado ao filho, embora a separação de ambos, quando ele ainda era criança, e a morte prematura de Julia o tenham assombrado a vida toda.

com nada, pois tudo daria certo. Foi Julia quem ensinou John a tocar banjo e lhe comprou o primeiro violão – pois, a essa altura, o rock'n'roll já havia mudado sua vida para sempre.

O primeiro rock que mexeu com a cabeça de John foi "Rock Around the Clock", de Bill Haley. Porém Bill tinha 30 anos, era meio barrigudinho e pouco atraente. Então, em janeiro de 1956, "Heartbreak Hotel", de Elvis Presley, chegou ao rádio e, a partir daquele instante, John deu à música um lugar central em sua alma. Nada ocuparia esse lugar até 1968. John adorava tudo em Elvis: o ar zombeteiro, o andar arrogante, a voz. Ele viria a adotar a mesma postura nos Beatles, certamente durante os primeiros anos. Ele nunca tinha escutado uma música como "Heartbreak Hotel" – ninguém tinha – e se viu arrebatado por aquele baixo agourento e os vocais cheios de eco. Bastou o som dessa canção para vidas serem mudadas.

E também havia "Rock Island Line", de Lonnie Donegan, canção folk da década de 30 executada no estilo skiffle. O skiffle, a exemplo do punk uma geração depois, era um estilo musical limitado que desapareceria rapidamente, mas que incentivou centenas de adolescentes a formarem grupos enquanto durou. Para tocar skiffle, bastava uma tábua de lavar roupa e um banjo...

E assim John criou os Quarrymen, botou o amigo Pete Shotton na banda e começou a buscar locais para fazer apresentações — o que explica sua presença na festa paroquial de Woolton. E uma das pessoas assistindo aos Quarrymen naquele dia era James Paul McCartney.

Paul era exatamente como John, mas ao mesmo tempo não tinha nada a ver com o futuro parceiro. Paul era músico, um sólido tocador de violão e dono da mesma grande ambição, embora não carregasse nem a raiva nem o amargor entranhado de Lennon.

O talento musical de Paul veio do avô por intermédio do pai, Jim McCartney. Um tanto dado a apostas, Jim aprendeu a tocar piano sozinho e então formou um grupo: The Masked Melody Makers. Como diz o nome, eles usavam máscaras no palco, mas desistiram do artifício e acabaram mudando o nome para The Jim Mac Band. A banda tocava clássicos do ragtime, como "My Pretty Little Poppy", "The Birth of the Blues" e "Stairway to Paradise", a preferida de Jim. O pai de Paul também compôs uma música, "Eloise".

Jim conheceu a esposa, Mary Mohin, uma enfermeira, por meio da irmã dela. Na noite em que conversaram pela primeira vez, bombardeiros alemães sobrevoaram Liverpool, assim eles tiveram de se refugiar num abrigo subterrâneo, onde conversaram e se apaixonaram. Mary era católica e Paul foi o primeiro filho do casal, nascido em 18 de junho de 1942, no Hospital Walton. Mary desistiu da profissão para cuidar dele, mas depois se tornou uma agente de saúde.

FOI JULIA QUEM ENSINOU JOHN A TOCAR BANJO E LHE COMPROU O PRIMEIRO VIOLÃO — POIS, A ESSA ALTURA, O ROCK'N'ROLL JÁ HAVIA MUDADO SUA VIDA PARA SEMPRE

Durante a guerra, em 7 de janeiro de 1944, nasceu o irmão de Paul, Michael. Seu livro *The Macs: Mike McCartney's Family Album* (1981) traz a melhor fotografia do jovem Paul. Mike se lembra de brincar de navio durante o banho com Paul, dos dois ouvindo a série *Dick Barton — Special Agent* no rádio. Ele se recorda de ambos brincarem com castanhas-da-índia (um tentando quebrar a do outro) e bolinhas de gude, de colecionarem cartões que vinham nos maços de cigarro e de jogarem nabos na cabeça de maquinistas de trem de cima de uma ponte. Segundo Mike, eles foram a primeira família da rua a ter um televisor em preto e branco, e assistiram à coroação da rainha Elizabeth em 1953. Há relatos de ele e Paul roubando maçãs, entrando para os escoteiros, quebrando uma perna ou um braço e tantas outras aventuras. Contudo, também existem trechos importantes sobre o jovem Paul vagando sozinho pela floresta, evitando a companhia de todos, tentando achar seu lugar no mundo.

Algo ausente na viagem de Mike pelas veredas da memória é a profunda determinação da mãe de querer melhorar a família. Chama a atenção o número de conhecidos de Mary que sempre se lembram de como ela desejava que os familiares se aprimorassem. Independentemente do que tivessem alcançado, nunca era o bastante. Havia sempre outro degrau para ser escalado, uma casa e um bairro melhores onde morar. A necessidade de avançar e progredir é algo que McCartney levaria consigo para os Beatles.

Não surpreendentemente, Paul e Mike eram bons alunos — ambos passaram nos exames escolares e entraram na Escola para Meninos Instituto de Liverpool. Paul estava se saindo bem, mas de repente seu mundo virou de pernas para o ar. A mãe adoeceu, foi diagnosticada com câncer de mama e faleceu em pouco tempo. Era outubro de 1956 e a família se viu à deriva. A resposta de Paul à dor foi pegar o violão, e daquele dia em diante ele seria outro tipo de homem. "Era inútil conversar com ele", Mike McCartney narra a respeito dessa época. "Na verdade, meus melhores papos naqueles dias eram com paredes de tijolos. Até na privada ele levava o violão..."

Paul era bastante sensível à situação do pai. Ele o via como um homem que perdera a esposa e agora tinha dois filhos para criar. Paul então jurou não preocupar Jim à toa. Mesmo quando, mais tarde, Lennon insistia que ele mandasse o pai às favas, Paul resistia. Se desejasse se rebelar, agiria de forma sutil e gradual. Ele ajustava a calça centímetro a centímetro, e o cabelo era modelado com brilhantina aos poucos, devagar, para ter o visual necessário sem chocar o pai.

O VIOLÃO REPRESENTAVA O REFÚGIO DE PAUL. ASSIM QUE COMEÇAVA A TOCAR, O MUNDO, COM TODAS AS SUAS TRAGÉDIAS E DOENÇAS, FICAVA PARA TRÁS, E ELE SE ENCONTRAVA NUMA ESPÉCIE DE PARAÍSO

Paul se sentia atraído pelo violão. Era seu refúgio. Assim que começava a tocar, o mundo, com todas as suas tragédias e doenças, ficava para trás, e ele se encontrava numa espécie de paraíso. E, logicamente, quanto melhor tocasse, melhores seriam os mundos nos quais poderia habitar. John Lennon fez exatamente a mesma descoberta. Quando a mãe, Julia, foi morta num acidente de trânsito em julho de 1958, uma das primeiras coisas que John fez foi pegar o violão, se sentar na varanda da casa e tocar durante horas a fio.

Em entrevistas posteriores, os dois atribuíram a proximidade que tinham à perda comum da mãe. Entretanto, isso também se devia ao fato de a música ser a coisa mais importante do mundo para eles. E havia outro motivo muito importante para aquela proximidade: uma admiração profunda e mútua entre os dois.

A admiração estava presente desde a primeira vez em que se viram, naquela festa paroquial, em julho de 1957. Enquanto Paul assistia, John esqueceu a letra da música e improvisou enquanto tocava. (Num certo instante, ele viu Mimi vindo até o palco e começou a cantar: "Lá vem Mimi...") Paul ficou impressionado com a espontaneidade de Lennon. Mais tarde, a coragem artística de Lennon seria repassada ao mais tímido Paul. Em troca, McCartney daria ao parceiro de composição a estabilidade musical de que necessitava.

Naquele dia, antes de a banda se preparar para a última apresentação, Ivan apresentou Paul ao grupo e então se viu a típica troca de grunhidos adolescentes e cumprimentos de cabeça. Paul e John bateram papo. Em dado momento, Paul pegou o violão e começou a tocar "Twenty Flight Rock", de Eddie Cochran. Para a surpresa de todos, ele cantou com perfeição toda a letra, que contém três estrofes de seis versos e quatro refrãos de cinco versos. De imediato, John viu que Paul não era um enganador. Ele colocava sentimento na canção e era um jovem buscando seus sonhos. John se inclinou sobre Paul e pediu para ver os acordes. Paul sentiu o cheiro da cerveja em seu hálito, momento do qual nunca se esqueceria.

E seria assim que as coisas funcionariam entre eles. Enquanto John improvisava, Paul sabia a letra de cor; John zombava e Paul entrava com o charme; John mordia, Paul assoprava. Um equilibrava o outro perfeitamente.

Paul não ficou para ver o último show da banda naquela noite. Ele precisava pensar no aniversário de 55 anos do pai no dia seguinte e tinha de ir embora. Depois que ele se foi, John bebeu mais cerveja, fez a última apresentação com a banda e então, sujeito esperto que era, falou sobre seu desejo de que Paul entrasse para o grupo. Duas semanas mais tarde, Paul McCartney integraria os Quarrymen. Agora ele fazia parte da gangue de Lennon.

John Lennon conhece STU, *depois* CYNTHIA

DATA 1957-1958, Rua Hope, Liverpool

Logicamente, ele não passara nos exames. John Lennon, o chamativo, o contestador, o sonhador John Lennon, passar nos exames? Mimi procurou o diretor da escola quando os resultados saíram e defendeu o sobrinho. Sem sombra de dúvida, ela mencionou a família fragmentada, o pai errante, a mãe volúvel, a terrível perda da influência estável do tio George. O discurso foi carregado de emoção.

Tanto Mimi quanto o diretor conheciam os talentos artísticos de John, então uma carta foi enviada à Escola de Arte de Liverpool pedindo que aceitassem o rebelde rapaz. De forma surpreendente, a carta surtiu efeito, e em outubro de 1957 John Winston Lennon começou a vida de estudante de artes. O curso incluía introdução à arquitetura, princípios da perspectiva, formas naturais, desenho de objetos, anatomia e desenho de modelo-vivo.

Entretanto, na faculdade, Lennon se recusava a levar os estudos a sério. Em vez disso, brincava nas aulas, provocava os professores, papeava com as garotas e bebia até as raias da estupidez no Ye Cracke, bar das redondezas.

Ele também assustava muitos alunos ao se vestir como um teddy boy. Lennon agia assim deliberadamente. Na época, os teddy boys causavam pânico, principalmente entre os estudantes que se impressionavam mais facilmente. Tais jovens eram durões e violentos — e extremamente determinados a conseguir o que queriam. Em agosto de 1954, dez teddy boys agrediram dois jovens em Aintree, Liverpool. Chutaram tanto um dos garotos que o deixaram inconsciente. Em 1955, um soldado e um marinheiro foram atacados num parque de diversões em North Park, Bootle, arredores de Liverpool. Um deles perdeu vários dentes, enquanto o colega teve fratura craniana e foi jogado de cabeça numa piscina infantil.

Enquanto adolescentes, os quatro Beatles absorviam a cultura das gangues. E eles de fato agiam como uma gangue. Demonstravam lealdade uns aos outros o tempo todo, criando linguagem e códigos próprios, excluindo quem fosse de fora — exceto um próspero empresário judeu, Brian Epstein, um ex-oficial da Força Aérea Real, George Martin, e dois moradores de Liverpool, Neil Aspinall e Mal Evans.

Na verdade, a única diferença entre eles e as principais gangues de Liverpool — tais como The Falcons ou The Bluebirds (famosa por exigir que os membros tatuassem um azulão no pulso) — estava no fato de os Beatles carregarem guitarras e otimismo, e não estiletes e barras de ferro. A natureza íntima e protetora que envolvia uma gangue era algo buscado particularmente por John. Seu envolvimento com a cultura teddy boy foi um sintoma dessa necessidade.

JOHN BRINCAVA NAS AULAS, PROVOCAVA OS PROFESSORES, PAPEAVA COM AS GAROTAS E BEBIA ATÉ AS RAIAS DA ESTUPIDEZ NO YE CRACKE, BAR DAS REDONDEZAS

Para a maioria dos estudantes de Liverpool, os teddy boys deveriam ser evitados a todo custo. No entanto, lá estava um deles em seu meio, se exibindo e provocando o caos. Porém às vezes John os surpreendia ao entrar valsando na faculdade vestido à moda beatnik. Era como se as duas metades conflitantes de sua personalidade — o arruaceiro e o artista — disputassem sua alma.

O comportamento de Lennon causava repulsa e atração. Embora muitos o evitassem, havia quem se reunisse avidamente ao seu redor. Tais pessoas, como tantas no futuro, ficavam fascinadas com sua originalidade, seu estilo e as mudanças bruscas de humor. O interesse que ele despertava lhe permitiu formar uma nova turma de amigos. Entre os membros estavam Ian Sharp, Geoff Mohammed e Tony Carricker. Após testemunhar Lennon perturbar deliberadamente os beberrões do Ye Cracke a ponto de temer pela própria segurança, Sharp profetizou ao amigo: "Ou você vai acabar na cadeia, ou será um grande sucesso".

Na sala de aula, Lennon bancava o intimidador, o barulhento, aquele que estava sempre perturbando e, é claro, não passou nos exames do primeiro ano. Foi somente com a intervenção de um professor solidário chamado Arthur Ballard que ele conseguiu continuar. Contudo, pode-se afirmar que Lennon já havia alcançado certo sucesso na faculdade, pois se tornara amigo do estudante Stu Sutcliffe, cuja influência artística e profunda amizade se revelariam altamente benéficas.

Assim como Lennon, Sutcliffe havia criado um visual bastante individualizado, usando óculos escuros, topete, jeans e jaqueta de couro. Para muitos, o estilo denunciava a admiração pelo ator James Dean. Nada disso — Sutcliffe nunca seria tão óbvio. Sua paixão era pelo pouco conhecido ator polonês Zbigniew Cybulski, astro de *Cinzas e diamantes*, filme polonês de 1958.

O passado de Sutcliffe era tão pitoresco quanto o de Lennon. Seus pais, Charles e Martha, eram escoceses e começaram um relacionamento apesar de ela já ter sido casada. Isso fora algo bastante surpreendente, visto que Martha Cronin era católica fervorosa — aos 18 anos, ela chegou a ingressar numa ordem franciscana, pretendendo ser professora na África. Charles Sutcliffe era engenheiro naval e o trabalho o levou com a família a Liverpool.

Martha se envolveu com a política local, sendo cabo eleitoral do parlamentar Harold Wilson, que viria a desempenhar um papel menor na história dos Beatles. Charles tinha visões diferentes e gostava de discutir política com a esposa. No entanto, ao contrário de seus contemporâneos em uma Liverpool dominada por homens, ele nunca buscou controlar nem dominar a mulher. Pauline, irmã de Stu, viria a descrever o pai como um "homem moderno, algumas décadas antes de o conceito virar moda".

As crianças cresceram cercadas por livros, pinturas e música, e esse ambiente artístico influenciou Stu. Na escola Prescot Grammar, os professores o descreviam como "intenso e estudioso, principalmente quando a arte está envolvida". Contudo, tanto ele quanto Pauline foram abalados pela separação dos pais. Martha se viu criando a família sozinha.

Em 1956, Sutcliffe ouviu "Heartbreak Hotel" e, assim como aconteceu com Lennon, sua vida deu uma reviravolta. Rapidamente ele se tornou fã de Elvis. Pauline se lembra de ouvir o irmão declarar que Elvis "era a coisa mais importante que tinha acontecido no universo". Stu passou a adotar um visual que refletia essa sua paixão. Segundo a irmã, ela costumava cortar e passar laquê no cabelo de Stu, aplicando luzes nas laterais e dando outros toques femininos.

Em 1956, Stu passou nos exames e entrou na Escola de Arte de Liverpool, um ano antes de Lennon. Logo ele fez amizade com Rod Murray, e juntos os rapazes decidiram procurar uma residência próxima à faculdade. Eles acharam um lugar na Rua Canning, mas, depois que se mudaram, a proprietária levou a família para residir ali também, assim eles tiveram que voltar para casa.

JOHN ERA ANIMADO, BARULHENTO E DOMINADOR; STU ERA INTENSO E INTELIGENTE. SE JOHN USASSE A LÍNGUA AFIADA CONTRA STU, O AMIGO RETRIBUÍA NA MESMA MOEDA

No terceiro ano da faculdade, Stu se mudou novamente, dessa vez para o número 3 da Gambier Terrace. Nessa mesma época, ele fez amizade com John, e os dois logo se tornaram inseparáveis. Pauline se recorda de ambos "se vestirem do mesmo jeito, andarem do mesmo jeito, falarem do mesmo jeito, mas sem nunca perderem a individualidade". John era animado, barulhento e dominador; Stu, intenso e inteligente — formavam uma boa dupla. Caso John usasse sua língua afiada contra Stu, o amigo retribuía na mesma moeda. E ambos compartilhavam a idêntica sensação de ser um intruso, um estranho. Vale a pena observar que essa grande amizade se formou pouco tempo depois da morte trágica da mãe de John, Julia, no verão de 1958.

Para Pauline, John percebia a existência de lacunas em seu conhecimento e sabia que alguém como Stu poderia ajudar a preenchê-las. Assim, por exemplo, John mantinha sua aversão a quem se dedicava aos estudos, classificando-os de cê-dê-efes e paus-mandados. Contudo, após as aulas, ele procurava

Stu e pedia explicações sobre o que havia sido ensinado no dia.

LENNON E SUTCLIFFE ANSIAVAM PELA VIDA ARTÍSTICA. SEUS HERÓIS ERAM CANTORES, ESCRITORES E PINTORES, MUITOS DELES CRIADORES DEBOCHADOS E LIBERTINOS

John tinha um respeito enorme por Stu. Ele disse a Pauline que seu irmão era um gênio. Stu já havia descrito John à irmã exatamente nos mesmos termos. Arthur Ballard, o único professor da faculdade que vira potencial em John, reconheceu Stu como mentor do amigo, um conselheiro sensato. Em troca, John dava a Stu seu senso de humor. A respeito de uma pintura de Sutcliffe, o amigo a considerou "boa demais para pendurar". Mas nem todos gostavam de John. Jean Francis fora sua colega de sala e classificava seu comportamento como perturbador e inquietante. Ela se lembra do dia em que Lennon contou uma piada muito engraçada para os colegas. Todos riram, menos John; ele simplesmente ficou olhando para eles até a gargalhada se tornar um silêncio desconfortável. Em seguida, o futuro Beatle deixou a sala de aula.

Lennon e Sutcliffe ansiavam pela vida artística. Seus heróis eram cantores, escritores e pintores, muitos deles criadores debochados e libertinos. John se empolgava com o pintor italiano Amedeo Modigliani, que certa vez queimou sua produção inteira por ter sido pintada quando ele era um "burguês sujo". Mais tarde, Modigliani dedicou a vida à arte, ao álcool e ao haxixe. (Esse processo de reinvenção seria empregado por Lennon ao longo da carreira.)

Este era exatamente o tipo de artista admirado por Lennon e Sutcliffe: um desafiador da sociedade, rompendo convenções artísticas para depois morrer numa idade chocantemente jovem por causa do intenso abuso de álcool ou drogas. Na faculdade, Lennon adotou ideias e princípios boêmios que viriam a se encravar firmemente em sua consciência artística. Em diversos momentos da vida, ele acabaria enterrando esses ideais, mas eles sempre voltavam a ressurgir.

Lennon e Sutcliffe também eram grandes fãs do programa *The Goon Show*, da rádio BBC. Em meio ao conservadorismo engessante da rádio britânica da década de 50, *The Goon Show* era uma verdadeira anomalia. Apresentando quatro artistas — Spike Milligan, Peter Sellers, Harry Secombe e Michael Bentine —, o programa consistia em histórias e esquetes surreais, efeitos sonoros malucos e trocadilhos divertidos. Os apresentadores haviam servido no exército durante a Segunda Guerra Mundial, e a loucura que eles testemunharam quando soldados ganhava vazão no trabalho radiofônico.

O programa começou em 1951 e três anos depois era um enorme sucesso. A influência foi gigantesca — sem *The Goon Show*, não existiria o Monty Python. Seu humor também afetou os Beatles. No palco, Lennon costumava recorrer a gritos e latidos para rebater as agradáveis declarações feitas por McCartney à plateia.

Lennon e Sutcliffe se matavam de rir com *The Goon Show*. O humor, bem como a arte e uma visão compartilhada de mundo, os tornou grandes amigos. Na verdade, eram tão bons amigos que, quando competiram por uma garota, Lennon descontou na moça e não em Stu.

A jovem em questão era Cynthia Powell, uma garota séria da classe média que entrou na Escola de Arte de Liverpool em 1957. O pai falecera um ano antes e os irmãos saíram de casa. Para que a filha pudesse ir à faculdade, a mãe aceitava inquilinos. Cynthia correspondeu aos sacrifícios da mãe se tornando uma estudante exemplar, sempre pontual e dedicada.

No segundo ano, Cynthia passou a estudar artes gráficas, e foi nessa aula que John se apresentou para ela. Ele estava vestido como um teddy boy e ficava zanzando com as mãos enfiadas nos bolsos. Cynthia ficou surpresa ao vê-lo naquela disciplina, pois sabia que ali era exigido um trabalho meticulosamente detalhado, e Lennon não parecia nem agia como uma pessoa que tivesse muita paciência. Depois Cynthia ficou sabendo que John fora transferido de turma pois nenhum outro professor o havia aceitado.

John passava boa parte do tempo provocando "Cyn" por causa de seu sotaque e de suas roupas, irritando o professor e desenhando formas desfiguradas. A princípio, Cyn não gostava dele, embora mais tarde tenha afirmado: "Eu sempre respeitei as figuras de autoridade, ficava ansiosa para agradar e me sair bem, mas John era o oposto. Era agressivo, sarcástico e rebelde. Ele parecia não ter medo de ninguém".

ASSIM QUE JOHN COMEÇAVA A TOCAR VIOLÃO, CYNTHIA PERCEBIA O EFEITO AUTOMÁTICO E TRANSFORMADOR DA MÚSICA SOBRE ELE

John costumava levar o violão à faculdade e, assim que começava a tocar, Cynthia percebia o efeito automático e transformador da música sobre ele. "Quando ele começava a tocar, eu via um outro lado dele. Estava na cara que ele amava sua música, o rosto se tornava mais suave e perdia a expressão cínica de sempre."

No primeiro encontro, John levou Cyn ao quarto de Stu no apartamento da Gambier Terrace e eles fizeram amor. John não era virgem (a ex-namorada Barbara Baker cuidara disso), mas Cynthia era, e para ele essa deve ter sido mais uma prova de seu poder de fazer as pessoas cederem à sua vontade. Afinal, não existiam muitos jovens capazes de convencer uma garota de classe média a fazer amor numa época em que o ato era visto não apenas como moralmente inadequado, mas também altamente perigoso, pois a moça poderia engravidar e ser forçada a escolher entre um aborto ilegal ou encarar os pais indignados e as autoridades.

Agora eles eram um casal, mas a felicidade de Cynthia logo diminuiu ao conviver mais de perto com a personalidade conflituosa de John. Ela ficou surpresa com sua natureza ciumenta e possessiva. Aonde quer que fosse, ele exigia a presença da namorada. Os maiores problemas eram causados por suas mudanças repentinas de gênio e pela incapacidade de se prever em qual humor John estaria.

"Não era um relacionamento fácil nem confortável", ela viria a confessar. "Havia um quê de perigo no John, e ele sabia me apavorar [...]. Ele não apenas tinha um ciúme doentio, como podia se voltar contra mim num segundo, para me depreciar ou me censurar."

Tomado pelo remorso, John podia ser muito romântico, escrevendo a Cynthia uma sucessão de cartões e poemas de amor, declarando sua paixão, reconhecendo suas falhas e prometendo se corrigir. Na verdade, o relacionamento era tão profundo que o casamento já surgia como possibilidade, ficando acertado que a mãe dela e a tia dele deveriam se conhecer.

ENQUANTO JOHN FALAVA DO FUTURO, CYNTHIA LOGO COMPREENDEU QUE A MÚSICA ESTAVA NA ESSÊNCIA DOS SONHOS DELE

O encontro se deu na casa de Cynthia. Tudo começou de forma agradável, mas logo terminou em choro, quando Mimi afirmou abertamente à mãe de Cynthia que a moça simplesmente não estava à altura de John. Nessa hora, John disparou para fora da casa. Cynthia o encontrou com lágrimas escorrendo pelo rosto. O fato de Mimi se mostrar tão crítica em relação à garota escolhida por ele o deixara magoado e humilhado, assim como todos os comentários cruéis da tia a respeito de quem ele amava ou admirava.

Certa noite, num baile, John chegou mais tarde e soube que Stu e Cyn haviam dançado juntos. No dia seguinte, John a seguiu até o banheiro da faculdade e lhe deu um soco bem no meio da cara. Então foi embora sem abrir a boca. Cynthia terminou imediatamente a relação. Três meses se passaram. Ela começou a sair com outras pessoas, ele a ignorava.

Então veio o telefonema: implorando perdão, John jurou nunca mais bater nela — e a promessa foi cumprida. Juntos novamente, John começou a contar a Cynthia sobre seu passado. E, enquanto ele falava do futuro, ela logo compreendeu que a música estava na essência dos sonhos dele.

"Quando John e eu estávamos juntos, ele falava, comia e respirava música", Cynthia contou. "Quando não estava tocando violão, escrevia letras ou falava sobre a última música de Lonnie Donegan, Buddy Holly ou Chuck Berry." Ele também ensaiava com os Quarrymen durante o horário de almoço, com o colega Paul McCartney e o novo inte-

grante da banda, um rapazinho chamado George Harrison. Seria esse interesse, motivado por sua obsessão pela música, que tiraria Lennon da faculdade. Ele sairia como um teddy boy boêmio, irritado e com tendências artísticas, vindo a se tornar um dos maiores artistas do século. Inconscientemente, a faculdade de artes cumprira seu papel.

Cynthia Lennon, a garota de classe média por quem John se apaixonou na faculdade de artes, em 1958. Eles se casaram quatro anos depois, em 23 de agosto de 1962, quando ela estava grávida do único filho do casal, Julian.

GEORGE HARRISON

entra para a banda The Quarrymen

DATA 6 de fevereiro de 1958, Wilson Hall, Garston, Liverpool

George se distinguia dos Beatles por um motivo: ele fora o único integrante criado numa família com pai e mãe. No caso dos outros, um dos pais havia morrido ou abandonado a família. E é por isso que a ideia de gangue exerceu uma influência tão forte sobre eles. Num grupo, a pessoa encontra acolhimento, honra e uma visão de mundo compartilhada. A gangue acaba se tornando uma família. Por outro lado — como veremos — ela também pode ser um monstro sem coração.

George ingressou na banda The Quarrymen em 1958 graças à iniciativa do amigo Paul McCartney. Os dois iniciaram uma amizade no ônibus para a escola, o Instituto de Liverpool, mas essa aproximação inicial foi mais por uma noção de dever.

Certa manhã, a mãe de George pagou a passagem de ônibus para um Paul totalmente sem dinheiro, e então ele se sentiu obrigado a dar atenção ao filho da benfeitora. Não foi fácil para Paul agir assim. George era oito meses mais novo que ele, e, nessa idade, essa diferença pode significar muito. Porém essa não era a única discrepância. McCartney era um aluno de destaque, enquanto Harrison era um estudante anônimo, um rapazote de quem os professores sofreram para se lembrar quando os Beatles explodiram e a mídia foi atrás de informações.

Entretanto, George conseguia se sobressair na escola de uma maneira: nos primeiros anos da adolescência, as roupas se tornaram sua paixão, e ele costumava levar o uniforme escolar ao alfaiate para fazer alterações específicas. O garoto também vestia camisas cor-de-rosa pela cidade (ato muito ousado para a época), além de visitar diversos sapateiros de Liverpool para saber se podiam lhe fazer sapatos de veludo cotelê. Ele era expulso a risos das oficinas, mas terminou por provar que estava certo.

NOS PRIMEIROS ANOS DA ADOLESCÊNCIA, AS ROUPAS SE TORNARAM A PAIXÃO DE GEORGE, E ELE COSTUMAVA LEVAR O UNIFORME ESCOLAR AO ALFAIATE PARA FAZER ALTERAÇÕES ESPECÍFICAS

Como os dois garotos tocavam violão, a música os aproximou, permitindo que deixassem de lado questões de inteligência e idade. O violão os igualava, e a amizade nasceu da troca de conhecimento musical. Uma noite, George pedalou até a casa de Paul para pedir ajuda num desafiante exercício musical de Django Reinhardt. Paul era bom para explicar teoria, mas ficou impressionado com a habilidade técnica de George. Como um Quarryman de pleno direito, McCartney agora estava determinado a trazer Harrison para se tornar parte do grupo.

A CANÇÃO QUE MUDOU TUDO PARA GEORGE FOI A MESMA QUE ATORDOOU JOHN – "HEARTBREAK HOTEL". INSPIRADO E MOTIVADO, GEORGE QUERIA MONTAR UMA BANDA

Paul gostava de George. Para começar, ele era um rapaz bastante equilibrado. Nascido em 25 de fevereiro de 1943, Harrison cresceu na Liverpool operária, com dois irmãos e uma irmã. Segundo seu próprio relato, ele teve uma infância feliz, sendo protegido e amado em igual medida por uma grande família. Sua primeira aproximação com a música foi a típica de uma criação em Liverpool naquela época. George adorava o teatro de variedades, música de orquestras de jazz, Bing Crosby, Josef Locke e Hoagy Carmichael. Mais tarde, viriam impressioná-lo artistas de música country, como Jimmie Rodgers, Hank Williams e Slim Whitman, e o cantor de blues Big Bill Broonzy. No que diz respeito à guitarra, ele se tornou um devoto de Chet Atkins, cujas singulares linhas de guitarra George imitaria nos Beatles.

Quando criança, ele estudou na Escola Primária Dovedale antes de se juntar a McCartney e a muitos outros no Instituto de Liverpool. Aos 12 anos, ele foi parar no hospital por causa de uma dor no rim. Enquanto estava lá, ficou sabendo que um colega de escola estava vendendo uma guitarra. Harrison garantiu a guitarra, mas, quando chegou em casa, tolamente desparafusou o braço do instrumento e então, incapaz de recolocá-lo no lugar, acabou por deixá-la intocada no armário durante meses. Pete, seu irmão, terminou por consertá-la, e o pai, Harry, conseguiu que um amigo desse lições gratuitas a George toda quinta-feira.

A canção que mudou tudo para George foi a mesma que atordoou John — "Heartbreak Hotel". Inspirado e motivado, George queria montar uma banda. O sucesso "Rock Island Line", de Lonnie Donegan, foi o incentivo para a formação de The Rebels, grupo de skiffle formado por George, seu irmão Pete e o amigo Arthur Kelly. Eles se apresentaram uma vez e depois não deram continuidade. Assim também foi com a moda do skiffle. Muitos jovens de Liverpool agora se voltavam para o rock'n'roll como nova forma de expressão.

No dia 6 de fevereiro de 1958, no Wilson Hall, em Garston, Liverpool, George foi ver o colega Paul tocar com os Quarrymen. Naquela noite, Paul o apresentou a John Lennon. George logo se mostrou impressionado com a aparência de John, suas grandes costeletas de teddy boy e seu comportamento mundano. Paul contou a John sobre a destreza de George como guitarrista. Em resposta, John disse que admirava o guitarrista Eddie Clayton, o qual se apresentaria naquela noite com sua banda, The Eddie Clayton Skiffle Group (o baterista era um tal de Ringo Starr). Se George fosse parecido com Eddie... George pegou a guitarra e tocou "Raunchy", de Duane Eddy. John — como sempre — não demonstrou uma reação. Não disse ao esperançoso George que ele estava na banda, mas também não o mandou embora.

O motivo da indiferença de John, assim como das dúvidas iniciais de Paul quanto a George, era a idade do garoto. O novato era três anos mais jovem que Lennon. Para piorar, a diferença era visível. Quando George passou a visitar John em casa, este ficava sem jeito, embora a capacidade que as roupas chamativas de George tinham de aborrecer tia Mimi ajudasse a reduzir o grande desconforto do garoto. E John admirava a habilidade de George como guitarrista. Muitas vezes, no ônibus de volta para casa, ele gritava para George tocar "Raunchy". Harrison pegava o instrumento com um sorriso largo e presenteava Lennon e os outros passageiros com sua apresentação.

De sua parte, George ignorava o desconforto de John. Na verdade, ele esperava do lado de fora da faculdade todo satisfeito e seguia John e Cynthia rua abaixo, na esperança de ser notado. Com muita frequência, o casal incluía George nos planos para a noite, geralmente uma sessão de cinema. Vindo de uma grande e calorosa família, esse era um comportamento normal para George.

CERTA NOITE, NUMA FESTA, GEORGE DANÇOU COM UMA DAS MOÇAS MAIS BONITAS DA FACULDADE DE JOHN, ALGO QUE IMPRESSIONOU O AMIGO

John começou a chamar George quando Eric Griffiths, guitarrista dos Quarrymen, não podia ir a algum show. Harrison provou ser um bom substituto de Eric, que era bem mais velho. Além disso, o garoto ganhou a atenção de Lennon de outra forma. Certa noite, numa festa, George dançou com uma das moças mais bonitas da faculdade de John, algo que impressionou o amigo.

No fim das contas, os integrantes dos Quarrymen começaram a debandar, talvez por indiferença à causa ou possivelmente por conviverem demais com o difícil Lennon. Talvez não tenham adotado a mentalidade de gangue exigida deles. Porém John, Paul e George permaneceram firmes. Os três sabiam o que queriam da vida. Mais do que qualquer coisa, eles desejavam fazer parte de uma banda e tocar música.

UM JORNAL DE CIRCULAÇÃO NACIONAL *publica foto de John*

DATA Julho de 1960, Gambier Terrace, Liverpool

Em 1957, o jovem empresário Allan Williams conseguiu cem libras esterlinas com a família e comprou uma propriedade na Rua Slater. Williams transformou o local em um bar que batizou de The Jacaranda. O desemprego entre os jovens de Liverpool era alto e o bar oferecia um espaço em que eles podiam se distrair e fazer contatos. Foi no Jacaranda que Williams conheceu a banda e se tornou o primeiro empresário dos Beatles. Ele ajudou a inspirar o nome que os tornou famosos — e deu a John sua primeira exposição em âmbito nacional.

Stu agora fazia parte da banda, mas era sua habilidade com a pintura e não o talento musical que garantia sua posição. Em 1959, sua obra *Summer Painting* foi selecionada para participar da exposição bienal John Moores na Galeria Walker Art, em Liverpool. O próprio Moores comprou a pintura, entregando ao jovem pintor a enorme soma – para a época – de 65 libras. Sutcliffe imediatamente comprou um baixo Höfner President na loja de música de Frank Hessy. Ele passou a ter aulas, mas, apesar de todo o esforço, ficou evidente que sua aptidão era para a pintura, e não a música. Mesmo assim, Lennon insistia que ele permanecesse no conjunto.

John e Stu eram a fonte de energia da banda. Eles eram os experientes, os estudantes de artes, muito mais descolados e sábios que os outros. Paul e George eram os intrusos, os colegiais que nunca poderiam se meter no relacionamento de Lennon e Stu. Agora que John passara a residir com Stu no número 3 da Gambier Terrace, a amizade se aprofundara ainda mais.

JOHN E STU ERAM OS EXPERIENTES, OS ESTUDANTES DE ARTES, MUITO MAIS DESCOLADOS E SÁBIOS QUE OS OUTROS. PAUL E GEORGE ERAM OS INTRUSOS, OS COLEGIAIS

Livre de Mimi, Lennon agora tinha liberdade para se desenvolver em todos os aspectos. O progresso artístico se dava com o inspirador Stu ao seu lado. Juntos, os rapazes descobriram a cultura beatnik, a mais recente febre da juventude. Se os sombrios teddy boys buscavam a liberdade com o rock'n'roll e a perda de si mesmos na violência, os beatniks buscavam encontrar o verdadeiro sentido da vida por meio da arte e da exploração.

SE OS SOMBRIOS TEDDY BOYS BUSCAVAM A LIBERDADE COM O ROCK'N'ROLL E A PERDA DE SI MESMOS NA VIOLÊNCIA, OS BEATNIKS BUSCAVAM ENCONTRAR O VERDADEIRO SENTIDO DA VIDA POR MEIO DA ARTE E DA EXPLORAÇÃO

Lennon foi muito receptivo à cultura beat. Embora tenha sido forçado a deixá-la de lado durante os primeiros anos da beatlemania, ela voltaria a surgir durante os anos de produção solo. Entretanto, o desejo de inovar seria uma característica definidora dos Beatles durante sua carreira inteira.

Peguemos a mudança de nome, instigada por Stu e John, na qual os Quarrymen agora se tornavam os Beatles. Embora muito tenha sido escrito sobre a gênese verdadeira do mais famoso nome de banda, é preciso levar em consideração um ponto muito mais importante: a recusa dos rapazes em seguir a tradição e destacar o cantor no nome, como em Buddy Holly and The Crickets ou Derry Wilkie and The Pressmen. Os Beatles dispensaram essa convenção. O nome refletia a unidade, a intimidade, colocando a música, a atitude e o modo de se vestir sob uma só bandeira.

Quando os Beatles invadiram a consciência nacional, o movimento adolescente recebeu sua primeira identidade e foco. A necessidade de inovar os abriu para todos os tipos de sugestões artísticas, além de explicar como acabaram atuando como banda de apoio de um poeta beat, Royston Ellis, e de uma stripper voluptuosa chamada Janice. Ela trabalhava num dos bares de Allan Williams, voltado para apresentações de striptease, o The Blue Angel. Janice sempre exigia uma banda tocando ao vivo em vez de gravações; caso contrário, recusava-se a subir ao palco. Williams lhe deu os Beatles, que durante uma semana tocaram "Begin the Beguine" e "Summertime" enquanto a dançarina girava no palco, lançava olhares a George e causava pequenas manifestações pelo salão.

Royston Ellis conheceu a banda no ambiente mais tranquilo do Jacaranda. "Minha lembrança é de que George se aproximou de mim no Jacaranda quando eu estava ao lado do *jukebox*, e então nós conversamos e nos demos bem de imediato. Ele me levou para ficar no número 3 da Gambier Terrace, e foi onde conheci Stuart, John, Paul..."

Royston havia escrito um novo poema e ficou decidido que o grupo providenciaria a trilha sonora quando ele lesse a obra no Jacaranda. O espetáculo foi bom, com a banda improvisando um blues de doze compassos, permitindo que Royston declamasse sobre essa base. "Eu planejava levar os rapazes a Londres para que fossem minha banda de apoio nas apresentações de poesia beat, e, quando perguntei a John que nome eles usavam, ele respondeu The Beetles. Ele explicou que havia escolhido o nome porque gostava do carro da Volkswagen, o Beetle.* Eu comentei que, como ele gostava dos beats, tocava música beat e eu era um poeta beat, por que então eles não se chamavam Beatles, com 'a'. Na época, eu não sabia que ele estava considerando a palavra como parte do nome Silver Beatles. Alguns dias depois, fui mencionado no semanário *Record Mirror*, de Londres, dizendo que havia encontrado um grupo para me servir de apoio, eu o levaria para a capital e seu nome era The Beatles."

Na lembrança de Royston, Sutcliffe era o mais beat dos Beatles, por ser o mais apaixonado por arte. Ele também se lembra de Lennon lutando consigo mesmo a respeito do futuro, tentando decidir se devia largar a faculdade de artes de uma vez e seguir a carreira musical. Royston o mandou abandonar a faculdade, como ele mesmo fizera por causa da poesia. Foi Ellis quem apresentou os rapazes à anfetamina.

"Mostrei aos rapazes como mascar as tiras de benzedrina que vinham dentro de um inalador nasal", conta Ellis. "John escreveu sobre isso, dizendo que fui o primeiro a apresentá-los às drogas. Era a droga preferida dos roqueiros londrinos na época." Depois de usar a substância, o grupo ficou sentado conversando até o raiar do sol.

Ainda segundo Royston, "fiquei encantado com o entusiasmo de John e logo nos tornamos amigos. Em uma conversa a respeito do que gostaríamos de fazer, eu falei: 'Quero ser um escritor de brochuras' [...]. Isso, logicamente, levou Paul e John a um dia usarem a frase no sucesso 'Paperback Writer'. Eu achava John animado e interessante; Paul era mais introspectivo".

Foi graças a Allan Williams que Lennon apareceu pela primeira vez na imprensa. Após ter ajudado a banda em diversas ocasiões, Williams agora assumia o papel de empresário. Num esforço para gerar a tão necessária publicidade, Williams entrou em contato com o jornal *The People*, de Londres, contando uma lorota sobre os decadentes beatniks de Liverpool. O editor engoliu a isca e mandou um repórter e um fotógrafo para investigar. Em julho de 1960, o jornal publicou a reportagem "O horror beatnik", com uma fotografia tirada no apartamento abaixo do de Sutcliffe, na qual Lennon, com 19 anos, foi retratado deitado no chão. O homem conseguira; sem ter feito nada, o beatnik John Lennon estava num jornal de circulação nacional.

* O Fusca, no Brasil. (N. do T.)

Rickenbacker

John Lennon, George Harrison, Paul McCartney e Pete Best vestidos com o famoso visual de couro da cabeça aos pés, criado em Hamburgo.

OS BEATLES
vão para Hamburgo

DATA 16 de agosto de 1960, Grosse Freiheit, Hamburgo

Ah, que alegria ser um Beatle em agosto de 1960. Chegar à agitada cidade de Hamburgo com a música no pensamento, a juventude ao seu lado e os sonhos se estendendo à sua frente. Allan Williams foi o responsável. Ele organizou a primeira temporada do grupo na Alemanha e, quando os Beatles a terminaram, eles já eram a maior banda de Liverpool, transbordando com a energia e a confiança necessárias para conquistar o mundo.

Tudo começou com a banda de metais contratada por Williams para o Jacaranda. Eles largaram tudo e foram para Hamburgo, atraídos por promotores que ofereciam todo tipo de oportunidades no distrito de St. Pauli — área famosa pelas profissionais do sexo, pelos gângsteres e por toda espécie de imprestáveis. A princípio, Williams ficou chateado com a deslealdade da banda, mas então sua visão empresarial começou a funcionar. Quem sabe os bares de St. Pauli gostariam de receber mais grupos de Liverpool?

Williams providenciou uma gravação com quatro conjuntos de Liverpool: The Silver Beatles, Cass and The Casanovas, The Spinners e Noel Walker's Stompers. A seguir ele embarcou para Hamburgo. Em sua segunda noite na cidade, Williams passou em frente a um bar e ouviu uma banda tocando uma versão horrenda de "Tutti Frutti", de Little Richard. Ele entrou no local, chamado Kaiserkeller, e procurou seu proprietário, Bruno Koschmider.

Williams mandou Koschmider esquecer os patetas que estavam no palco, pois ele tinha uma banda que faria a casa cair. Williams pegou a fita e a colocou no gravador do escritório de Koschmider. Infelizmente, a fita estava estragada. Enquanto os dois penavam para ouvir a música, uma briga irrompeu no bar. Koschmider pediu licença, abriu a gaveta, armou-se de um porrete e saiu em direção ao tumulto, espancando vários sujeitos em meio à briga. Depois ele voltou à sala, guardou o porrete na gaveta e continuou a conversa.

ERA UMA ESCALA EXIGENTE, MAS OS BEATLES NÃO LIGARAM. ESTAVAM CHEIOS DE ENTUSIASMO, OBCECADOS PELA MÚSICA – E AGORA ELES ESTAVAM BEM ONDE TUDO ACONTECIA

Depois que Williams voltou para Liverpool, Koschmider ficou bastante intrigado com a ideia de empregar bandas britânicas de qualidade; assim, em maio de 1960, ele foi a Londres conferir o famoso 2i's Coffee Bar, o lugar da moda no qual artistas como Tommy Steele and The Vipers estouraram. Enquanto isso, Williams chegava a Londres com outra de suas bandas, a The Seniors, para uma apresentação no 2i's. Williams entrou e deu de cara com Koschmider. Os dois ficaram maravilhados com a coincidência e assistiram ao show. A banda era boa. Tão boa que Koschmider a contratou.

ESPÍRITOS SIMILARES SEMPRE SE RECONHECEM. TALVEZ ELES SE VESTISSEM DE FORMA DIFERENTE DA DOS BEATLES, MAS ESSA ERA MESMO A IDEIA – SEUS TRAJES DIFERIAM DE TODOS OS OUTROS

Os Seniors desembarcaram em Hamburgo em julho de 1960. Eram artistas experientes, capazes e poderosos. Logo começaram a fazer fama. Quando Williams escreveu dizendo que agora enviaria os Beatles, os Seniors não gostaram da ideia. Eles haviam visto a banda em Liverpool e a consideraram ruim. Os Seniors pediram para o empresário não mandá-los, afirmando que poderiam estragar o belo cenário que despontava. Williams preferiu ignorar os conselhos, e em 16 de agosto os Beatles chegaram a Hamburgo para tocar em outro bar de Koschmider, The Indra. Os integrantes viram onde iriam morar e não acreditaram: o "quarto" não passava de um pequeno almoxarifado ao lado dos banheiros do cinema Bambi Kino.

O próprio Indra era um bar de striptease à beira da decadência. A presença do público era mínima. Koschmider precisava de resultados e mandou que a banda tocasse por quatro horas e meia a cada noite durante a semana e seis horas nas noites de sábado e domingo. Era uma escala exigente, mas os Beatles não ligaram. Estavam cheios de entusiasmo, obcecados pela música – e agora eles estavam bem onde tudo acontecia. A cerveja rolava solta. Apareceram os comprimidos. As garotas de programa encerravam a noite, muitas delas felizes por ensinar aos rapazes os caminhos do mundo. George Harrison perdeu a virgindade na sua cama em Hamburgo. Depois que terminou, ouviu uma salva de palmas. John, Paul, Stu e Pete estavam assistindo.

Eles adoravam tocar, a energia e o ímpeto da banda logo criaram um público regular. Koschmider estava satisfeito, mas havia um problema: uma velha senhora morava na parte de cima do estabelecimento e o barulho era insuportável. Koschmider se viu forçado a colocar o grupo em seu outro bar, o Kaiserkeller.

O velho palco de madeira do bar se equilibrava precariamente sobre engradados de cerveja. Os quartos onde os garotos ficariam continuavam tendo péssimas condições, mas a banda estava aprendendo. No palco eles começavam a ficar sem canções. Ensaiar material novo estava fora de questão, então eles começaram a esticar as músicas. Covers de "What'd I Say", de Ray Charles, se estendiam por vinte minutos ou mais. Enquanto isso, os fregueses lhes mandavam bebidas que eram engolidas avidamente, acompanhadas pela segurança do medicamento Preludin, um estimulante que lhes permitia ficar acordados até tarde na madrugada. O remédio vinha num tubo, e a banda começava a noite perguntando ironicamente se alguém pegaria o *tube* (metrô) naquele dia.

Hamburgo fortaleceu a habilidade dos garotos como músicos e ofereceu mais uma recompensa: Astrid Kirchherr, Jürgen Vollmer e Klaus Voormann, três estudantes alemães que se mostrariam cruciais para o desenvolvimento artístico do grupo. Eles formavam um trio de beatniks europeus fortemente influenciado pelo existencialismo francês. Como tinham boa noção de estilo, foram de grande interesse para os Beatles. Numa foto admirável do trio, Klaus está usando uma blusa de veludo com babados na gola, antecipando o visual new romantic em pelo menos vinte anos; Astrid veste jaqueta e calça de couro; Jürgen abotoa a camisa com uma rosa e também tem as pernas cobertas em couro. O cabelo — ao contrário do topete teddy boy adotado pelos Beatles — era penteado para frente, não para cima, e logo esse estilo seria adotado e se tornaria famoso por meio da banda. Nenhum de seus contemporâneos da faculdade se vestiria assim num bar, e dessa forma a roupa os transformava em alvo, principalmente em áreas barras-pesadas como St. Pauli.

Espíritos similares sempre se reconhecem. Talvez eles se vestissem de forma diferente da dos Beatles, mas essa era mesmo a ideia — seus trajes diferiam de todos os outros. A banda inteira ficou encantada com Astrid, mas ela escolheu Stu. Mais tarde, em seus braços, Astrid lhe revelou o sonho de ser fotógrafa. Assim, Stu insistiu para que ela os fotografasse e uma data foi combinada, com Astrid apontado a câmera para a banda num parque de diversões próximo durante um dia nublado. Seus retratos intensos e evocativos agora são algumas das fotos mais icônicas do grupo. A banda parece má, melancólica, e se recusa a sorrir. Astrid capturou belamente a insolência dos garotos. Ao contrário do senso comum de então, eles não tentavam ganhar a admiração do espectador.

Vale a pena comentar que o baterista Pete Best apareceu somente em algumas fotografias. No palco ele era um Beatle; fora dele, não tinha interesse na banda, pois existiam outras coisas para fazer. Foi um erro fatal. Best era organizado, competente, útil para agendar shows, para tomar conta da vida do conjunto, mas, assim que Brian Epstein assumiu tais responsabilidades, o valor de Pete caiu pela metade, deixando-o exposto ao risco. Logo a gangue se voltaria contra ele. E Lennon continuava sendo o líder do bando, sem sombra de dúvidas. "Ele dominava os rapazes. Na verdade, ele espalhava sua presença ameaçadora e perturbadora por onde fosse", Williams viria a escrever mais tarde.

Lennon perdeu o controle em Hamburgo. Devorava incontáveis comprimidos e bebia excessivamente. Bebidas e drogas silenciavam sua dor, mas alimentavam a fúria que assolava sua mente. Às vezes, Williams via Lennon tão bêbado antes do show que mal acreditava que o garoto conseguiria parar em pé sozinho, que dirá caminhar pelo palco, tocar e cantar. Contudo, ele conseguia. Lennon subia ao palco, cantava e provocava os alemães com brados de "Sieg Heil" e gritando "nazistas de merda".

A embriaguez e o caos reinavam absolutamente, mas o que os outros pensavam — principalmente McCartney — permanece desconhecido. (Quando a banda ficou famosa, eles se calaram sobre as aventuras em Hamburgo. Afinal, comprimidos e garotas de programa não são exatamente a imagem ideal para cortejar o coração de uma mocinha.)

Ainda assim, Hamburgo lhes traria outros presentes. Os Beatles fizeram as primeiras gravações na cidade. No dia 15 de outubro de 1960, no estúdio Akustik, eles gravaram três canções com Lou Walters, dos Hurricanes, outra banda de Liverpool que desbravava o caminho pelos bares de Hamburgo. "Summertime", "Fever" e "September Song" foram as músicas escolhidas. O que há de tão especial sobre o evento é o fato de Pete Best não ter comparecido à sessão e Lou ter levado seu próprio baterista, chamado Ringo Starr. Parece que tudo conspirou para que essa primeira gravação contasse com John, Paul, George e Ringo. Foram feitas quatro cópias da sessão, todas atualmente desaparecidas.

A segunda sessão foi com o cantor Tony Sheridan, admirado pelos Beatles, principalmente por George Harrison. Sheridan era um músico inglês promissor cujo talento lhe permitiu abrir os shows de Gene Vincent nas turnês britânicas, fazer temporadas em locais de prestígio, como o 2i's, e criar uma base de fãs que o cultuavam na Grã-Bretanha. Ele chegou a ser empresariado pelo famoso Larry Parnes, mas a recusa teimosa em aceitar conselhos e seu espírito rebelde — caso ficasse aborrecido por ter de tocar determinadas canções, Sheridan passava a acrescentar seus próprios acordes, deixando a banda de apoio completamente perdida — o desqualificaram para o sucesso.

LENNON PERDEU O CONTROLE EM HAMBURGO. DEVORAVA INCONTÁVEIS COMPRIMIDOS E BEBIA EXCESSIVAMENTE. BEBIDAS E DROGAS SILENCIAVAM SUA DOR, MAS ALIMENTAVAM A FÚRIA QUE ASSOLAVA SUA MENTE

Quando a sorte parecia estar acabando para Sheridan, sua banda foi procurada por um promotor alemão. Ele acabou indo para Hamburgo, cidade que amava, pois ali podia ser ele mesmo, sem se preocupar com agentes ou empresários. Ele fez sucesso, foi contratado pela Polydor Records e então chegaram os Beatles, que, após verem sua apresentação, deixaram clara a admiração que sentiam por ele. Sheridan respondeu convidando-os para ser sua banda de apoio no disco. Durante dois dias, os Beatles e Sheridan gravaram várias canções, incluindo “My Bonnie”. Por que essa música? Vai saber. Talvez por ser do contra, Sheridan pensou que, numa cidade assolada pelo rock'n'roll, o caminho para se destacar seria adaptar uma famosa música folclórica escocesa. (Ela atendeu a seu propósito, pois essa gravação ajudou Brian Epstein a conhecer os Beatles.)

Involuntariamente, Sheridan seria o responsável pelo encerramento da primeira passagem da banda por Hamburgo. Koschmider proibira o grupo de entrar em bares rivais, que dirá tocar neles. Porém certa noite eles subiram ao palco com Sheridan no bar The Top Ten e a notícia logo chegou aos ouvidos de Koschmider. Ele se vingou. No dia seguinte, denunciou Harrison à polícia por ser menor de idade. Harrison foi preso e deportado.

Peter Eckhorn, do The Top Ten, ofereceu aos outros integrantes do grupo uma temporada no bar com uma acomodação muito melhor. A banda aceitou. Como presente de despedida para Koschmider, Paul e Pete botaram fogo num preservativo dentro do quarto. Koschmider ficou com raiva e chamou as autoridades, acusando a dupla de incêndio criminoso. O grupo foi logo deportado. Menos Stu — o amor venceu e ele decidiu deixar a banda, entrar na faculdade de artes e ficar com Astrid. McCartney assumiu o contrabaixo.

Os Beatles voltaram a Hamburgo mais quatro vezes. Na terceira visita, a tragédia os esperava. No dia 11 de abril de 1962, eles desembarcaram no aeroporto de Hamburgo e foram recebidos por Astrid. Onde está Stu?, eles quiseram saber. O baixista estivera em Liverpool no dezembro anterior e preocupou a muitos com sua palidez. Todavia, após regressar à Alemanha, as longas cartas de Stu para John continuaram e o temor desaparecera.

Astrid lhes disse que Stu morrera no dia anterior. Ele entrou em coma e foi levado às pressas ao hospital. Havia um coágulo em seu cérebro. John ficou particularmente devastado. Pete Best afirmou que ele teve uma crise de choro no aeroporto, sendo a única vez em que o baterista viu lágrimas no rosto de Lennon.

Anos mais tarde, McCartney viria a compreender melhor a natureza exata da dinâmica da banda. Ele e Stu não se davam bem. “Todos nós competíamos pela amizade do John. E, como o Stuart era seu colega na faculdade de artes, ele tinha boa parte de seu tempo, e nós sentíamos ciúmes disso.” McCartney revelou que, certa noite, a banda fez um pacto segundo o qual, se um deles morresse, voltaria para contar aos outros o que podiam esperar. Foi coisa de adolescente, mas deixou algo claro: fazer parte da gangue tinha a mesma importância em vida quanto em morte.

Os Beatles se apresentam no

THE CAVERN

DATA 9 de fevereiro de 1961, Rua Mathew, Liverpool

Para uma banda cuja necessidade de inovar beirava o insaciável, como os Beatles, a relação desenvolvida com o The Cavern Club, na Rua Mathew, em Liverpool, foi absolutamente crucial. Diversas estreias foram feitas ali. Para começar, nenhum grupo havia criado um vínculo tão forte com um bar. Ao fim da relação, os Beatles e o Cavern (e, por extensão, Liverpool) estavam inextricavelmente ligados.

A primeira onda de fãs dos Beatles cresceu e se desenvolveu no The Cavern Club. A plateia era leal e composta principalmente por mulheres. A devoção dos fãs se demonstrou generosa, permitindo à banda não apenas imaginar o sucesso nacional como também obter o ímpeto para experimentar novas ideias. O paletó sem gola que os tornaria famosos teve sua estreia no Reino Unido, no Cavern, bem como diversas canções originais de Lennon e McCartney, incluindo "Love Me Do" e "When I'm Sixty-Four".

O bar tinha raízes em Paris. Alan Sytner, o proprietário fundador, estava de férias na França como estudante e se apaixonou por Paris. Quando comprou o local, ele se lembrou do clube parisiense de jazz Le Caveau de la Huchette e batizou o bar em seu porão de The Cavern como uma homenagem.

O bar abriu numa quarta-feira, 16 de janeiro de 1957, trazendo três bandas de jazz e um conjunto de skiffle. Filas dobravam a esquina, e durante seus primeiros anos de existência o Cavern somente apresentava artistas de jazz e blues, permitindo alguns grupos de skiffle no palco. Os Quarrymen tocaram lá uma noite e, contrariando ordens expressas, Lennon liderou a banda em vários rocks, estilo musical banido por Sytner. Lennon não deu a mínima. "*Be bop a lula*, vou tocar o que quiser..."

LENNON SE RECOSTAVA NO PIANO, COMIA SANDUÍCHES, CONTAVA PIADAS SUJAS, MASCAVA CHICLETE, FUMAVA, BEBIA COCA-COLA E SE ENVOLVIA EM BRINCADEIRAS PESADAS COM OS FÃS

Quando o abusado John voltou ao bar com os Beatles, em fevereiro de 1961, os tempos eram outros. Ray McFall agora era o encarregado, bandas de rock estavam em ascensão, e Lennon era o garoto de jaqueta de couro e calça jeans comandando o grupo mais badalado da cidade. Eles tocavam à noite e no horário do almoço, o que atraía centenas de jovens que trabalhavam em escritórios próximos do bar.

A banda tocava num palco ao redor do qual os fãs se juntavam avidamente. De jeans e couro, eles eram completamente diferentes de qualquer outro grupo do lugar. No palco, as outras bandas vestiam terno ou paletó e gravata. Não os Beatles. Na verdade, Ray McFall teve de ser convencido a deixá-los tocar de jeans, item de vestuário que ele banira do bar.

PARA EQUILIBRAR A AGRESSIVIDADE E O HUMOR CRUEL DE LENNON, MCCARTNEY BANCAVA O BONZINHO. QUANDO JOHN FAZIA CARA FEIA, PAUL SORRIA. QUANDO JOHN FAZIA CARETA, PAUL ABRIA UM SORRISO MAIS LARGO AINDA

No Cavern, moças e moços se apaixonaram pela banda, por seu visual e poder musical. O baterista Pete Best era o preferido das garotas. Rapaz quieto com aparência taciturna, a timidez óbvia de Best simplesmente aumentava o interesse feminino por ele. Mais tarde, McCartney o qualificaria como "mau, melancólico e magnífico". Best se lembra de voltar para casa e encontrar garotas à sua espera no jardim. O comportamento do baterista não era de arrogância nem de superioridade — ele via a devoção das fãs como positiva para a banda.

Como era de esperar, Lennon, por sua vez, era um personagem rebelde, ultrajante. Ele deitava no chão tocando guitarra. Insultava a plateia e enfiava o dedo no nariz no meio do palco. Recostava-se no piano, comia sanduíches, contava piadas sujas, mascava chiclete, fumava, bebia Coca-Cola e se envolvia em brincadeiras pesadas com os fãs. Não estava nem aí — atitude que justificava o argumento de os Beatles serem o primeiro conjunto punk do país. Com frequência, ele mudava a letra das canções por pura farra. Ao cantar "Oh Boy!", de Buddy Holly, Lennon gritava: "All my life I've been waiting, tonight there will be no *masturbating*",* em vez de terminar com o correto "hesitating".

Para equilibrar a agressividade e o humor cruel de Lennon, McCartney bancava o bonzinho. Quando John fazia cara feia, Paul sorria. Quando John fazia careta, Paul abria um sorriso mais largo ainda. Os impulsos de Paul tinham origem no vírus do showbiz, o qual o infectara desde cedo. O instinto sempre o induzia a agradar a plateia, e não a provocá-la. Certa vez, quando faltou luz, Paul se sentou ao piano e levou ao público uma seleção de músicas de Ray Charles, até que a energia voltasse.

O ponto de vista de Paul era simples: assim como a multidão romana que assistia

* "A vida inteira andei esperando, hoje não haverá masturbação." (N. do T.)

aos gladiadores, o público tinha seu destino nas mãos. Por que provocá-los? O desejo de agradar seria transmitido a suas composições, resultando no alto nível de sentimentalismo aparente em algumas de suas criações. Já para Lennon, o público viera assistir à banda e, portanto, esta poderia agir como bem quisesse. A arrogância de Lennon e o pacifismo de McCartney formavam o yin e o yang dos Beatles, o que lhes serviu muito bem até o fim. "Somente John Lennon dizia palavrões", contou um frequentador habitual do Cavern. "Eles tinham a plateia na palma das mãos." Um músico praguejando deliberadamente no palco — mais uma "estreia" para os Beatles.

O repertório dos Beatles era composto principalmente de covers. Embora Paul e John compusessem juntos há anos, acumulando cerca de cem canções, pouquíssimas foram tocadas ao vivo. A maioria delas não sobreviveria à comparação com músicas como "What'd I Say", "Hippy Hippy Shake", "C'mon Everybody", "Twenty Flight Rock", "Lucille", "Hallelujah I Love Her So", "Some Other Guy", "New Orleans", "Will You Love Me Tomorrow", "Red Sails in the Sunset" e "Money".

A banda também se desgarrava do rock'n'roll para tocar músicas como "Besame Mucho" ou "Over the Rainbow", de *O mágico de Oz*. A atitude do grupo em relação às interpretações era simples: sempre soar melhor que o original. Certamente, no caso de "Over the Rainbow", muitos frequentadores do Cavern deviam achar que a versão dos Beatles daria um compacto excelente.

Fazer apresentações frequentes no Cavern gerou níveis elevados de criatividade na banda. Em 1961, a febre da dança twist varreu a Grã-Bretanha. Um ítalo-americano chamado Peppy visitou o bar para demonstrar os passos. Os Beatles assistiram à apresentação e depois se retiraram para o camarim. Quando subiram ao palco, anunciaram que tinham composto uma nova canção, "Pinwheel Twist", e a tocaram. Esse era o motivo de os Beatles serem a principal banda da cidade. Os rivais simplesmente não eram páreos para sua imaginação.

A ARROGÂNCIA DE LENNON E O PACIFISMO DE MCCARTNEY FORMAVAM O YIN E O YANG DOS BEATLES, O QUE LHES SERVIU MUITO BEM ATÉ O FIM

Os Beatles tocaram pela primeira vez no Cavern trajando jeans e jaqueta de couro, e receberam dez libras pela apresentação. Dois anos depois, após se apresentarem 291 vezes, o grupo fez o último espetáculo no bar em agosto de 1963. Eles vestiam terno de *mohair*, e o cachê foi de trezentas libras — grandes conquistas em tão curto período de tempo. O homem que recebeu o dinheiro em nome da banda naquela noite havia visto os Beatles no Cavern pela primeira vez em 9 de novembro de 1961. Seu nome era Brian Epstein, e agora ele era um membro fundamental da gangue.

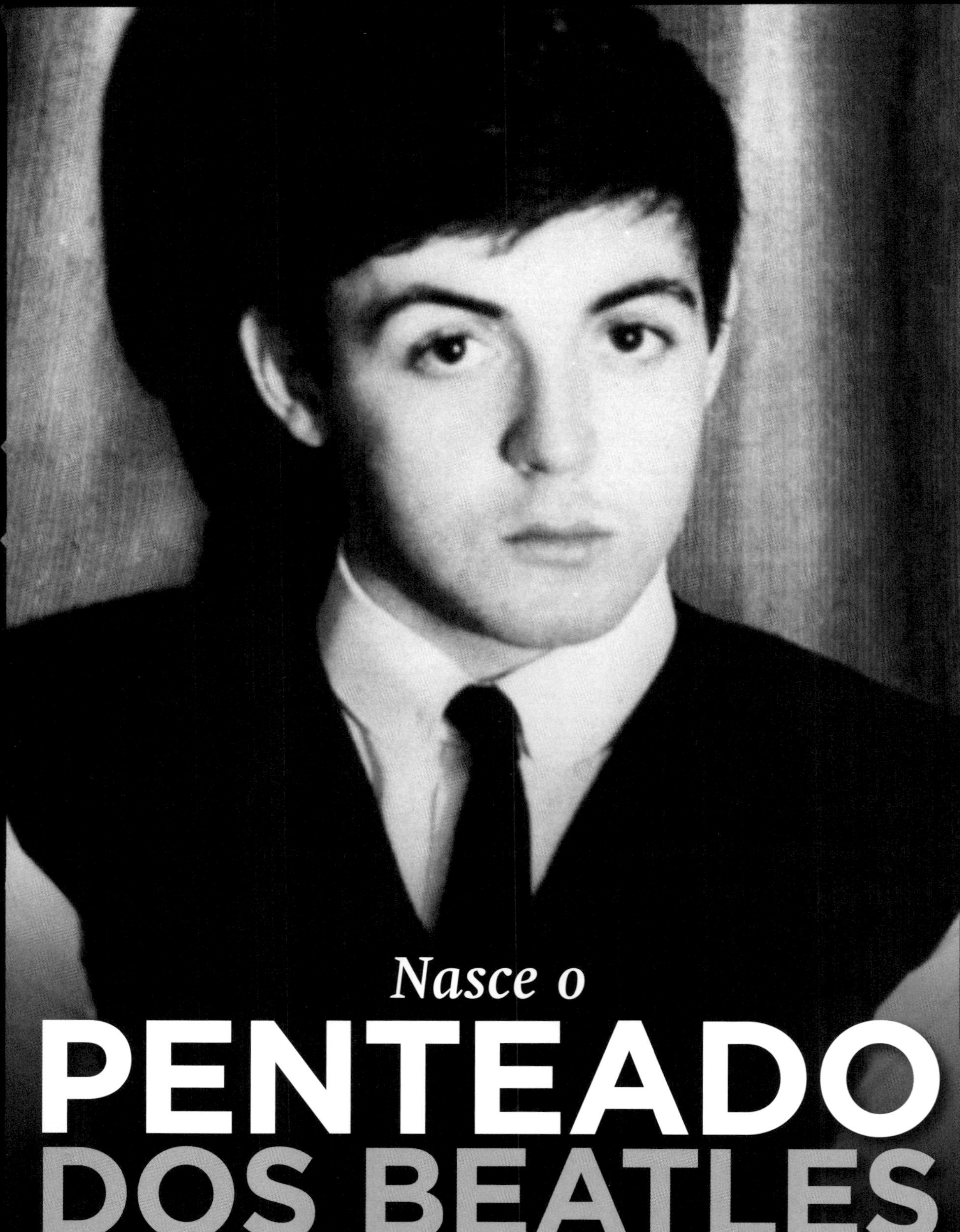

Nasce o PENTEADO DOS BEATLES

DATA Outubro de 1961, Montparnasse, Paris

Era uma soma enorme de dinheiro para a época — cem libras esterlinas —, mas era o aniversário de 21 anos de John e a tia o amava de verdade, então Mimi o presenteou com essa quantia. John ficou eufórico com o dinheiro inesperado. Mimi, é lógico, o aconselhou a ser cauteloso, sugeriu que ele guardasse a quantia no banco, mas John tinha uma ideia muito melhor. Pagaria uma viagem de férias à Espanha para ele e Paul. Para economizar, a dupla viajaria de carona.

McCartney adorou a ideia, é claro, e passou a planejar a viagem imediatamente. Ele sugeriu que ambos usassem chapéu-coco quando pedissem carona. Na época, esse chapéu era o maior símbolo de sucesso no *mainstream*. Pessoas como primeiros-ministros e empresários de destaque o usavam em importantes escritórios nas grandes cidades. Para McCartney, o fato de dois malandros usarem o acessório poderia muito bem intrigar os motoristas e levá-los a encostar o carro por mera curiosidade. E ele não estava errado.

"Ainda tínhamos nossas jaquetas de couro e nossos jeans justos, caso conhecêssemos uma garota", Paul relembrou. "Porém, na hora de pedir carona, usávamos o chapéu. Dois caras de chapéu-coco — os caminhões paravam [...]. Foi assim, e pegando o trem, que chegamos a Paris."

Eles estavam tão cansados quando chegaram à capital francesa que decidiram ficar por ali mesmo. Além disso, um velho amigo de Hamburgo, Jürgen Vollmer, estava na cidade, e juntando-se a ele os dois poderiam conhecer Paris. Essa mudança nos planos viria a se mostrar uma bela reviravolta do destino. Eles encontraram Jürgen em seu hotel na margem esquerda do Sena. O jovem alemão ficou cheio de alegria ao ver os amigos de Hamburgo e se encarregou da estadia da dupla.

DURANTE A VIAGEM, JOHN E PAUL GASTARAM A MAIOR PARTE DO DINHEIRO EM ROUPAS. PORÉM A COISA MAIS IMPORTANTE QUE OS RAPAZES FIZERAM EM PARIS FOI DEIXAR JÜRGEN CORTAR O CABELO DELES

Enquanto batiam perna pela capital, os rapazes perceberam como a juventude francesa se vestia. "Nós vimos os caras caminhando com jaquetas de couro curtas e pantalonas bem largas. Isso é que era moda!", relatou Paul. "Isso iria causar um grande impacto quando voltássemos. Aquilo com certeza ia acontecer. Eram apertadas até o joelho e depois se abriam."

John e Paul compraram para si um par dessas calças e passaram o dia com Jürgen, perambulando por Montmartre, para testar o novo visual. Por mais que desejassem se enquadrar, eles simplesmente não se sentiam à vontade. Após anos vestindo jeans apertados, a roupa era larga demais. Segundo o que Neil Aspinall, gerente de turnê da banda, escreveu na revista *Fab 208* vários anos mais tarde, durante essa viagem John e Paul gastaram a maior parte do dinheiro em roupas. Paul chegou a comprar uma capa policial de plástico, a qual guardou como um tesouro durante anos. Porém a coisa mais importante que os rapazes fizeram em Paris foi deixar Jürgen cortar o cabelo deles.

O CORTE DOS BEATLES ERA BASICAMENTE O CABELO DE CUIA OU TIGELA, PORÉM MAIS COMPRIDO. O PENTEADO ROMPEU COM A TRADIÇÃO POR SER MUITO DIFERENTE DO "CURTO ATRÁS E DOS LADOS"

Em Hamburgo, Jürgen, Klaus e Astrid usavam o cabelo penteado para frente, sobre a testa. Era um corte radical para a época. Certamente você se destacava na rua e virava alvo dos intimidadores. Na época, os Beatles usavam topete com orgulho. Uma noite, George Harrison apareceu no palco com o cabelo penteado para frente, mas recebeu tantos olhares de censura dos espectadores que logo retomou o topete. Em Paris, as regras eram diferentes. Os rapazes aceitaram ter o cabelo cortado como o de Jürgen e assim deram início ao nascimento do penteado beatle, o qual entraria de forma dramática na consciência nacional em 1963.

O corte dos Beatles era basicamente o cabelo de cuia ou tigela, porém mais comprido. Ele era considerado longo por causa do volume e não do comprimento. O penteado rompeu com a tradição por ser muito diferente do "curto atrás e dos lados", adotado por tantos rapazes. O interessante no que diz respeito ao estilo dos Beatles está no fato de eles nunca o terem mencionado. O mundo ficou louco com esse corte, mas não havia um propósito por trás dele, os músicos só o consideravam fabuloso.

A caminho de casa, os dois rapazes pararam em Londres e foram passear em Covent Garden. Ali se depararam com a loja Anello & Davide. Fundada em 1922, a loja fornecia sapatos especiais de dança para teatros. John e Paul ficaram arrebatados pela vitrine, principalmente com uma bota de estilo Chelsea, colocada no fundo, que chamou a atenção dos dois. Com o dinheiro das férias ainda no bolso, John e Paul encomendaram dois pares,

O baixo violino de Paul, da Höfner, fazia parte de seu estilo; a Rickenbacker pontuda de John fazia parte do dele. Como Paul era canhoto, eles pareciam imagens espelhadas um do outro no palco.

mas com uma condição: eles queriam um salto cubano adicionado ao modelo. Pete Best se lembra de quando John regressou a Liverpool falando a respeito do calçado: "'Eu me apaixonei por ele e simplesmente precisava ter um. E o Paul também'. E todos nós também, depois que eles voltaram se exibindo para Merseyside".

Os Beatles retomaram os compromissos trajando uma roupa que os destacava no mesmo instante. "Para dizer o mínimo, nós éramos diferentes", McCartney comentou. Mais tarde, a banda adotou o paletó sem gola, que então ficou conhecido como paletó dos Beatles. Porém, assim que outra banda passava a vesti-los, eles descartavam a peça e adotavam outro estilo.

Os princípios de inovação que dedicavam à música também seriam aplicados às roupas durante toda sua carreira. A habilidade de estar na vanguarda era motivada pela mente aberta. Eles integravam a geração que buscava inspiração em lugares como Estados Unidos, Índia e França. O cabelo podia cair sobre os olhos, mas eles viam o futuro melhor que ninguém.

Os Beatles conhecem BRIAN EPSTEIN

DATA 9 de novembro de 1961, The Cavern, Liverpool

No começo da década de 60, a sociedade britânica era nitidamente dividida em classes. Os colégios aristocráticos produziam o futuro governo, e as escolas de ensino médio decadentes formavam a próxima geração de operários. No dia em que Brian Epstein se aventurou pelo Cavern, a diferença entre classe alta, média e operária era bastante aguda, e é por isso que seu encontro com os Beatles e o subsequente amor pela banda têm tanta importância.

Lá estava um homem polido, de classe média alta, que adorava roupas caras, frequentava teatros e ouvia música clássica, adentrando o bar onde rapazes e moças da classe operária dançavam ao som do estridente rock'n'roll. O mundo do Cavern e o de Brian Epstein eram tão distantes que chegava a ser ridículo, porém o denominador comum eram, logicamente, os Beatles.

O motivo de Brian Epstein ter ido ao Cavern era inicialmente simples. Ele precisava fazer parte de uma turma, apenas não sabia disso na época. Sua sexualidade o transformava num forasteiro. A homossexualidade era ilegal naquele tempo, então Brian vivia sob o risco de ser preso a qualquer momento. Os Beatles também eram forasteiros, criando assim um vínculo que aproximou a banda e o empresário.

Brian Samuel Epstein nasceu em 19 de setembro de 1934 e foi criado numa abastada família judia chefiada por Harry e Queenie Epstein. A riqueza da família provinha de uma grande loja de móveis e de várias outras unidades que vendiam utensílios domésticos e instrumentos musicais.

Brian estudou em muitas escolas famosas e foi expulso de várias delas. Enquanto estava num internato aristocrático, Epstein escreveu uma carta ao pai expressando o desejo de ser estilista de moda. De imediato, Harry reprimiu a ideia e mandou que o filho voltasse para casa. Dentro de um ano, ele estava trabalhando na empresa da família.

A SEXUALIDADE TRANSFORMAVA BRIAN EPSTEIN NUM FORASTEIRO. OS BEATLES TAMBÉM ERAM FORASTEIROS, CRIANDO ASSIM UM VÍNCULO QUE APROXIMOU A BANDA E O EMPRESÁRIO

E então Epstein foi convocado para o serviço militar obrigatório. A princípio ele foi enviado para Aldershot, mas acabou conseguindo uma posição em Londres. Ao voltar para casa numa sexta-feira à noite, por engano um soldado no portão lhe prestou continência. Tamanha era a qualidade das roupas de Epstein que o soldado pensou se tratar de um oficial superior. Tais incidentes levaram a seu afastamento do serviço, sem alardes. Epstein voltou a Liverpool e, após acompanhar algumas garotas judias pela cidade, confessou a homossexualidade aos pais. Foi uma atitude corajosa, embora a mãe já suspeitasse havia anos. O mesmo se deu com algumas das garotas judias que conhecera — elas o apelidaram de "decepção imaculada".

EPSTEIN SE SENTIA PRESO — PELA SOCIEDADE E PELA FAMÍLIA. ELE PODIA TER TODA A RIQUEZA DO MUNDO, MAS NÃO DISPUNHA DE LIBERDADE

A família continuou a expandir o império comercial. Eles abriram uma loja de música na Rua Great Charlotte, chamada NEMS (North End Music Stores), que depois foi transferida para a Rua Whitechapel. Embora Epstein agora se destacasse como administrador das lojas da família, ele permanecia encurralado por todos os lados. Sua sexualidade era ilegal, os círculos nos quais transitava eram altamente conservadores e sua carreira fora determinada pelo pai. Epstein entraria na empresa da família e nela ficaria até se aposentar. Ele se sentia preso — pela sociedade e pela família. Podia ter toda a riqueza do mundo, mas não dispunha de liberdade. Além disso, a natureza de sua sexualidade era um problema real. Epstein gostava de sexo bruto. Talvez como um indicador de sua autoestima, ele gostava de ser dominado e humilhado. Mais tarde, tal tendência viria a afetar sua carreira.

Enquanto ele aguardava o nirvana, um rapaz de nome Raymond Jones entrou em sua loja e pediu o disco de uma banda chamada The Beatles — a gravação de "My Bonnie", com Tony Sheridan. Epstein telefonou para a Polydor Records e descobriu que se tratava de um compacto importado. Ele correu atrás da gravação, mas sua curiosidade fora despertada. Quem era essa banda de Liverpool da qual ele nunca ouvira falar?

De certa forma, Epstein já sabia a resposta. Em 1961, um dos amigos da faculdade de Lennon, Bill Harry, fundara o *Mersey Beat*, jornal dedicado a divulgar as centenas de bandas de Liverpool. Os Beatles ocuparam a capa da publicação, vestidos de couro dos pés à cabeça — imagem que intrigaria de imediato qualquer homossexual em 1961. Aquela edição podia ser encontrada na loja de Epstein, que era frequentada regularmente pela banda e por seus fãs. Pelo menos de forma subliminar, Brian Epstein sabia quem eram os Beatles.

Quando ele e o assistente Alistair Taylor se aventuraram pelo Cavern, sua chegada foi anunciada nos alto-falantes pelo DJ do clube, Bob Wooler, e Epstein ficou aguardando a apresentação da banda no fundo do bar. O que ele viu não era o que estava esperando. Os Beatles quebraram todas as regras do mundo do showbiz. Eles eram rudes, arrogantes, vulgares e desarrumados. Porém, para Epstein, eles possuíam algo incrível, indefinível.

A essência que Epstein estava percebendo era a da liberdade — o elixir da nova década. O empresário vinha de um mundo claustrofóbico e cheio de convenções. Os Beatles haviam construído um mundo sem regras. Na verdade, Epstein ficou tão envolvido pelo humor e vivacidade da banda que em breve estaria se vestindo como eles e ouvindo a mesma música.

Epstein foi aos bastidores, viu a oportunidade e não a deixou escapar. Um mês e um dia mais tarde, Epstein e os Beatles juntaram forças. Epstein se encaixava perfeitamente na noção que a banda tinha de um empresário. Ele sabia se expressar bem, era rico — tinha carro, vestia ternos feitos sob medida — e, portanto, era capaz de negociar com os níveis mais elevados das gravadoras.

Epstein era astuto o bastante para saber que, para o grupo realizar seu objetivo, mudanças enormes deveriam ser conduzidas. Chega de comer, beber, xingar e fumar no palco. E chega de roupas de couro, caso contrário nenhum promotor fora de Liverpool pensaria em contratá-los.

Após uma conversa, ficou decidido que eles adotariam o terno de *mohair* como uniforme. Muitos ficaram chocados por Lennon ter aceitado a proposta, mas isso porque poucos sabiam quanto ele era ambicioso na época. Lennon desejava dinheiro, sexo e aclamação. Além disso, se os Beatles fracassassem, ele ficaria numa situação precária. Longe da música, que futuro lhe restaria além da linha de produção em uma fábrica?

Quando lhe falaram "elimine o couro e mais portas se abrirão para você", Lennon abandonou as roupas dizendo não gostar tanto assim do material. No futuro, ele apontaria esse momento como prova de que a banda havia se vendido, mas Paul não se lembra de ter levado nenhum integrante arrastado, se debatendo e berrando, até o alfaiate.

EPSTEIN ERA ASTUTO O BASTANTE PARA SABER QUE, PARA O GRUPO REALIZAR SEU OBJETIVO, MUDANÇAS ENORMES DEVERIAM SER CONDUZIDAS

Naturalmente, a banda disse a Epstein que palpitaria sobre os ternos que seriam adotados. A última coisa que os Beatles fariam seria ficar parecidos com outras bandas. E foi assim que a relação entre Brian Epstein e o grupo se desenvolveu. Epstein apontava o caminho e eles o trilhavam com seu estilo singular. Trocando em miúdos, ele poderia ajudar a guiar a gangue, mas nunca conseguiria ser o líder. Em breve, os Beatles deixariam isso muito claro.

A banda vestindo o terno de *mohair* feito sob medida, em Liverpool, pela alfaiataria Beno Dorn. Pete Best (o segundo da esquerda para direita) seria em breve substituído, gerando muita polêmica.

GEORGE MARTIN

convida os Beatles para gravar no estúdio Abbey Road

DATA 6 de junho de 1962, St. John's Wood, norte de Londres

Quatro dias depois de voltar de Hamburgo, os Beatles entraram no Abbey Road, o estúdio que — assim como o Cavern antes — contribuiria para defini-los. Originalmente uma residência georgiana, a Gramophone Company (que viria a se transformar em EMI Records) comprou a propriedade em 1929 e a lançou como estúdio dois anos depois. Um de seus primeiros clientes foi Sir Edward Elgar, grande compositor britânico. Os Beatles estavam ali porque, um mês antes, a sorte voltara a atenção para eles.

No dia 8 de maio de 1962, Brian Epstein adentrou a loja de departamentos HMV na Rua Oxford e pediu para ver Bob Boast. (Epstein conhecera Boast no ano anterior em um curso de gestão de varejo na Alemanha e os dois ficaram amigos.) Ele mostrou ao amigo a fita demo que vinha executando sem sucesso para as gravadoras. Boast ouviu e sugeriu que Brian a transferisse para disco, usando suas instalações no primeiro andar.

A seguir, Boast apresentou Epstein a Jim Foy, que deu início ao processo de transferência de fita para disco. Enquanto a música tocava, Foy disse ao empresário que havia gostado das canções. Epstein respondeu que algumas eram composições originais. Na época, era incomum que bandas produzissem material próprio, assim Foy questionou se o empresário já tinha uma produtora musical. Acima deles funcionava o escritório da Ardmore & Beechwood, produtora musical da EMI comandada por Syd Coleman.

A BANDA CHEGOU NO FIM DA TARDE NUM FURGÃO BRANCO. ELES USAVAM CASACO DE COURO PRETO E TERNO, E O ESTILO ERA TÃO ORIGINAL QUE AS PESSOAS OS NOTAVAM INSTANTANEAMENTE

Foy foi buscar Coleman para ouvir o material. Epstein disse a Coleman que estava lisonjeado por seu interesse, mas sua prioridade era um contrato de gravação. Coleman voltou à sua sala carregando Epstein consigo e então telefonou para George Martin, chefe da divisão de artistas e repertório da Parlophone Records, um dos selos da EMI. Martin estava trabalhando com o cantor Matt Monro na Abbey Road quando Coleman ligou, e assim Epstein foi ao seu encontro.

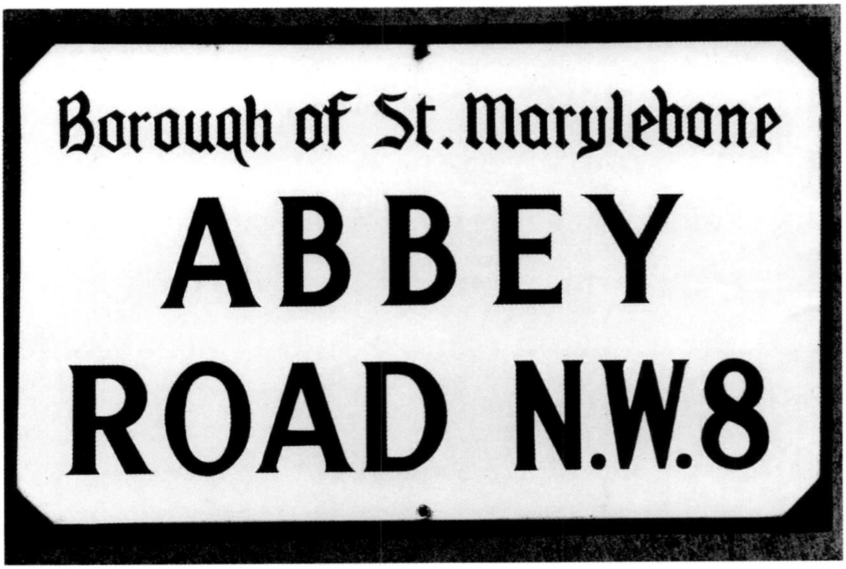

Placa indicando a rua que a banda tornou famosa. Até hoje, turistas do mundo inteiro vão até a Abbey Road para ver o estúdio e cruzar a famosa faixa de pedestres.

Lá ele conheceu o produtor e marcou uma reunião para o dia seguinte.

Na segunda visita, Martin escutou a fita de Epstein e declarou que havia algo interessante na música, mas ele precisaria ver a banda em carne e osso. Uma data foi definida: 6 de junho. O grupo ensaiou durante dois dias no Cavern e no dia 6 de junho viajou para Londres. Quando estavam a caminho, Martin determinou que Ron Richards gravaria a sessão. Richards era o produtor de rock'n'roll de Martin, e seu assistente se chamava Norman Smith. A banda chegou no fim da tarde num furgão branco. Eles usavam casaco de couro preto e terno, e o estilo era tão original que as pessoas os notavam instantaneamente.

Os Beatles montaram o equipamento, e Smith logo viu que ele seria inadequado para o propósito da noite. Sob sua supervisão, fios foram soldados e alto-falantes acrescentados. A sessão poderia então começar. A banda tocou quatro canções: "Besame Mucho" e três de criação própria, "Love Me Do", "P.S. I Love You" e "Ask Me Why".

Foi "Love Me Do" que chamou a atenção de Smith e o fez mandar Chris Neal, operador de fita, chamar Martin até o estúdio. Neal voltou com Martin, que observou a banda tocar e a seguir se sentou com eles. Martin explicou ser essencial que eles conhecessem a técnica de gravação, como as coisas funcionavam, como se dava o processo. A banda manteve um ar de estudada indiferença. Um observador se lembra de Lennon ficar encostado num alto-falante e Harrison deitado no chão.

Por fim, Martin falou: "Escutem, já faz um tempo que estou aqui falando e vocês não respondem. Não gostaram de alguma coisa?"

"Sim, da sua gravata", Harrison respondeu. Durante os próximos quinze minutos, a banda levou Martin e Smith à beira da histeria. Ao fim de tudo, Smith contou que tinha lágrimas rolando pelo rosto, tal era o espírito humorístico do grupo. O humor lhes conferia vivacidade e uma *joie de vivre* contagiantes, que lhes permitiam ultrapassar todas as barreiras. Martin é um bom exemplo disso. A banda se lembra de conhecê-lo e perceber imediatamente seu sotaque elegante. Contudo, assim que quebraram o gelo e empregaram o humor, todas as diferenças caíram por terra.

A BANDA SE LEMBRA DE CONHECER GEORGE MARTIN E PERCEBER IMEDIATAMENTE SEU SOTAQUE ELEGANTE. CONTUDO, ASSIM QUE QUEBRARAM O GELO, TODAS AS DIFERENÇAS CAÍRAM POR TERRA

Assim como no caso de Epstein, de início você não colocaria Martin com quatro rapazes de Liverpool que não tinham interesse pelo passado nem pelas tradições do país. Martin provinha do arborizado norte londrino, frequentou uma escola de prestígio, trabalhou como orçamentista antes de ingressar na Força Aérea Real e chegar à posição de oficial de carreira.

Todavia, Martin também era um homem obcecado por música — desde os 6 anos, seu desejo de infância era "se tornar o próximo Rachmaninoff". Ele também tinha grande predileção por todos os tipos de humor. Na década de 50, produziu um álbum dos Goons e, quando os Beatles souberam disso, se aproximaram muito mais de Martin. A banda e o produtor se deram bem em virtude da música e do humor, duas das características mais fortes e admiráveis dos Beatles. Esses dois elementos dissolveram todas as divisões de classe naquele dia de junho, e George Martin demonstraria ser perfeito para a carreira de gravação da banda. Seu desejo de criar e inovar pode ter emanado do mundo da música clássica, mas era o mesmo desejo que transparecia do grupo.

A banda deixou o estúdio Abbey Road naquela noite cheia de expectativas. Eles sabiam ter dado um passo significativo na busca pelo sucesso. Martin, por sua vez, disse a Smith pouco tempo depois que iria contratar o conjunto. "O que eu tenho a perder?", indagou ao engenheiro. Para o produtor, havia somente um problema com os Beatles: o baterista.

RINGO STARR
se torna baterista da banda

DATA 16 de agosto de 1962, escritório de Brian Epstein, Liverpool

Pete Best entrou na sala de Brian Epstein esperando a conversa habitual sobre shows e casas de espetáculos, pois dentro da banda era com ele que se falava sobre esses assuntos. Dez minutos depois, Best deixara de ser um Beatle. Epstein disse ao baterista, sem meias palavras: "Os rapazes não querem mais você no grupo". Best sentiu seu mundo cair. Certamente Epstein entendera errado. Ele dera tudo de si à banda, e eles o estavam expulsando bem na hora em que o sucesso surgia no horizonte?

Porém Epstein não estava brincando. Ele informou ao chocado Pete Best que a banda já havia convocado Ringo Starr como substituto. Não havia volta.

O incidente chamou tanta atenção quanto qualquer outro na história dos Beatles. Quais foram os verdadeiros motivos para a substituição de Best? Muitos suspeitaram de que sua posição como o Beatle mais desejável levou a essa decisão. Para essas pessoas, Lennon e McCartney morriam de ciúme da atenção que as fãs dedicavam ao baterista reticente. Outros jogam a culpa nas mãos de George Martin.

Depois da sessão de 6 de junho no Abbey Road, Martin disse a Epstein que Best não era "um baterista muito bom, e nós precisamos de um para amarrar o grupo". Posteriormente, Martin afirmou ter sido o catalisador inconsciente da remoção de Best: "Eu não sabia que os Beatles pensavam em se livrar de Pete de qualquer forma".

Por que a banda estava pensando em tomar essa decisão? Podemos iniciar a explicação por Paul McCartney. Seu impulso de melhorar a banda muitas vezes o levava a questionar os outros integrantes musicalmente. Existem vários relatos de Paul, durante alguns ensaios, se sentando à bateria e explicando a Pete como tocar determinadas músicas. Publicamente não houve reclamações sobre o estilo de tocar de Best durante seus dois anos no grupo. E, levando em consideração o repertório de rocks de levada simples dos Beatles, as demandas sobre ele eram bastante óbvias.

MUITOS SUSPEITARAM DE QUE A POSIÇÃO DE BEST COMO O BEATLE MAIS DESEJÁVEL LEVOU A ESSA DECISÃO. PARA ESSAS PESSOAS, LENNON E MCCARTNEY MORRIAM DE CIÚME

McCartney abordou a questão na biografia *Many Years From Now* (1997), escrita por Barry Miles. Ele citou a batida em "What'd I Say", de Ray Charles. "Nós a adorávamos. Um dos fatores decisivos em relação a ter Ringo como baterista da banda estava no fato de ele saber tocá-la muito bem."

BEST NUNCA SE ENCAIXOU POR COMPLETO NA GANGUE. UM RAPAZ TÍMIDO, ELE RARAMENTE SAÍA COM A BANDA, COMPARTILHAVA SUAS PIADAS OU SEU ESPÍRITO

Também vale a pena mencionar que McCartney acabara de compor "When I'm Sixty-Four", canção de elevada sofisticação para alguém tão jovem. É possível que ele soubesse, durante a composição da música, que ela seria difícil demais para Pete.

A capacidade de Best como baterista, seu visual e sua atitude provocavam reações diferentes o tempo todo. Contudo, um fato permanece: ele nunca se encaixou por completo na gangue. Um rapaz tímido, ele raramente saía com a banda, compartilhava suas piadas ou seu espírito. Segundo os primeiros entrevistadores do grupo, Best costumava se sentar longe dos outros, e era uma sorte quando conseguiam extrair sequer um grunhido dele. Best não percebeu que, quando alguém se mostra indiferente a uma gangue, ela acaba se voltando contra ele. "Best era um cara inofensivo, mas não era ágil", diria Lennon mais tarde. "Todos nós tínhamos mentes ágeis, mas ele nunca captava esse lado."

O melhor baterista de Liverpool — o único que fazia solos naquela época — era Johnny Hutchinson, da banda The Big Three. Eles também eram empresariados por Epstein, mas nunca seguiam as instruções do empresário. Se o tivessem feito, talvez o sucesso nacional teria sido deles. Antes da dispensa de Best, Epstein indagou "Hutch", como o baterista era conhecido, sobre a possibilidade de se juntar aos Beatles. Hutch não aceitou. Para ele, sua banda era muito superior ao grupo; além disso, ele e Lennon nunca se deram bem.

O homem escolhido pelos Beatles era perfeito para o posto. Um baterista de grande reputação e dado a atos falhos de maneira regular, Ringo Starr foi abordado pela banda dois dias antes da demissão de Best. Ele os conhecia bem, tendo tocado com os rapazes em Hamburgo e no Cavern. George Harrison particularmente passara a gostar de Ringo e defendeu sua inclusão diante de John e Paul.

Então, qual era o lance desse novo rapaz escolhido pela banda, o garoto nascido Richard Starkey em 7 de julho de 1940? Dos quatro Beatles, Ringo é o que tinha as origens mais humildes. Ele cresceu na região de Dingle e foi criado apenas pela mãe — os pais se divorciaram quando o menino tinha 3 anos. Assim como outros colegas de banda, sua infância foi marcada por um pai ausente.

Aos 3 anos de idade, Ringo se mudou para Admiral Grove, frequentando a Escola St. Silas. A seguir, ele passou para a Escola Secundária Dingle Vale. "Às vezes, me lembro desses dias com grande clareza", ele diria a Billy Shepherd (vulgo Peter Jones) no primeiro livro autorizado dos Beatles, *The True Story of The Beatles* (1964). "Eu me lembro de minha mãe me dar dinheiro para jantar. Eu comprava alguns centavos em batata frita, um pedaço de pão e guardava o resto para o parque de diversões ou o cinema."

Aos 7 anos, ele enfrentou uma inflamação no peritônio e passou um mês internado. O caso estabeleceria a tendência de boa parte de sua infância: a enfermidade o perseguiria até a adolescência. Aos 13 anos, Ringo foi a Londres, onde teve pleurisia. Ele passou outra estadia longa e depressiva no hospital e, quando teve alta, não voltou à escola.

Ringo virou aprendiz numa empresa de engenharia. Ele também se deixou contagiar pela onda do skiffle. Aos 18 anos e meio, a mãe e o padrasto lhe deram uma bateria de presente. "Por que eles acharam que eu gostaria de tocar bateria?", ele questionou um dia. "Suponho que sempre fui um pirralho barulhento."

Ele também era um rapaz divertido, porém sem ter essa intenção, pois a boca era mais rápida que o cérebro. Muitas vezes ele chamava o padrasto (*stepfather*) de *stepladder* (que significa "escada"), e mais tarde inventaria frases como "oito dias por semana" ("*Eight days a week*"), a qual entraria para o folclore dos Beatles. Era essa característica cativante que Lennon, com sua inclinação por trocadilhos, adorava.

Ringo entrou no mundo da música ao formar o Eddie Clayton Skiffle Group. Depois participou de outras bandas, como Rory Storm and The Hurricanes e The Raving Texans. Rory Storm era na verdade Alan Caldwell, e sua irmã namorava um certo George Harrison. Em 1959, Ringo ingressou na The Raving Texans de forma regular e passou três anos tocando com eles. Foi durante esse período que adquiriu seu apelido e a reputação de baterista requintado.

Em outubro de 1960, o grupo conseguiu um show em Hamburgo, e foi lá que Ringo conheceu os homens que mudariam sua vida. Quando Pete passou a faltar com frequência às apresentações, os Beatles pediam para Ringo assumir as baquetas – e, sempre que isso acontecia, os outros integrantes sentiam tudo se encaixar.

George viria a observar: "Embora Pete não tenha ficado tanto tempo conosco [...], quando se é jovem não existe um jeito bacana de ser expulso de uma banda, nem uma maneira bacana de expulsar." Em entrevista realizada meses após a dissolução da banda, Lennon observaria: "Somente um canalha faria isso. Essa é a verdade. E os Beatles são os maiores canalhas da face da terra".

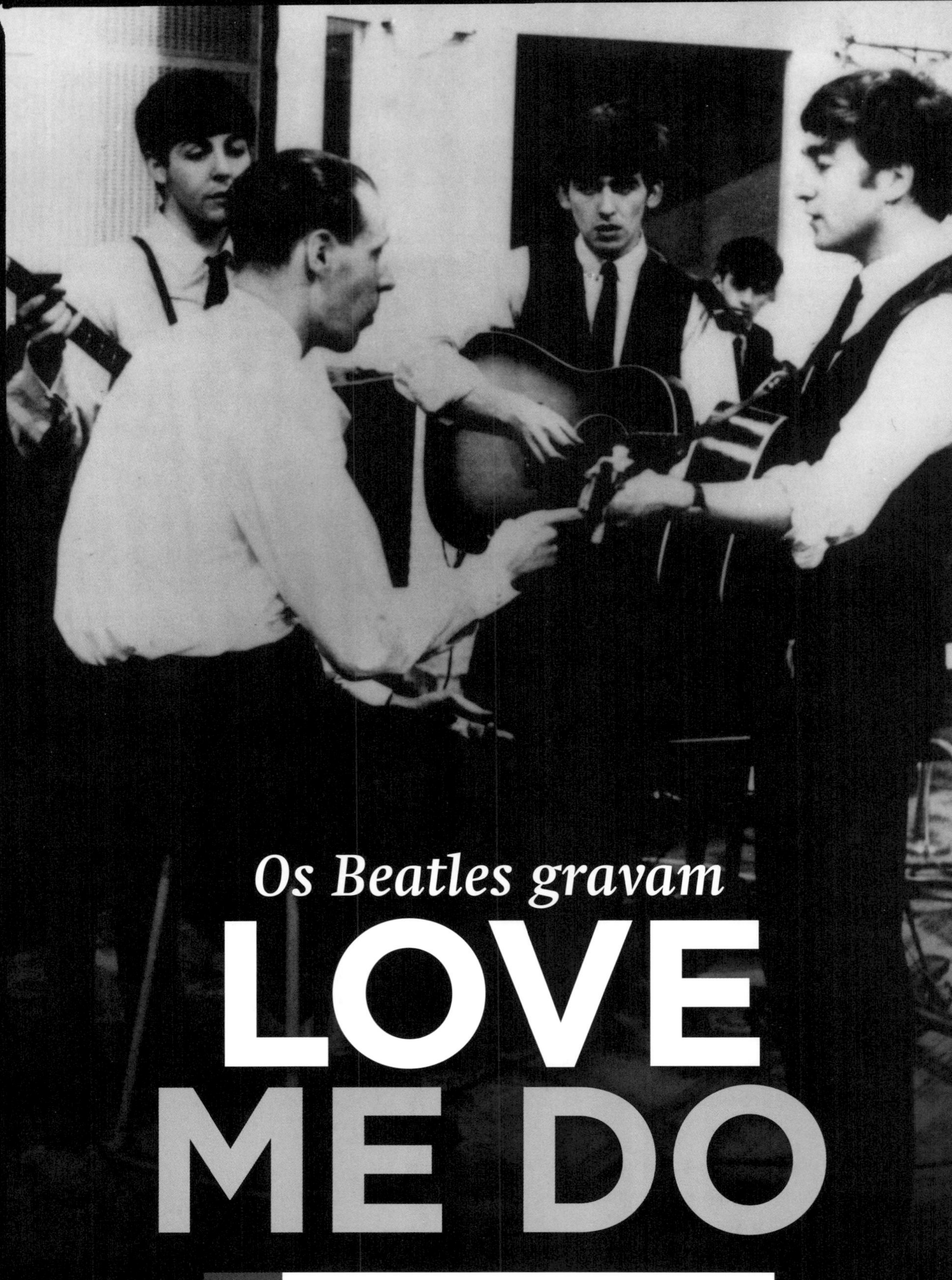

Os Beatles gravam LOVE ME DO

DATA Setembro de 1962, estúdio Abbey Road, Londres

Na década de 60, as gravadoras eram rígidas em relação a seu tempo e a seu dinheiro. Elas reservavam às bandas e produtores apenas três horas para gravar os dois lados de um compacto simples, que era mixado ao fim da sessão. Após o lançamento, o grupo recebia apenas um centavo de *royalties* a cada cópia vendida.

Nos estúdios da Abbey Road, a EMI criara um cronograma severo, dividindo o dia em três sessões definidas: das 10 à 13 horas; das 14 às 17 horas, e das 19 às 22 horas. As bandas deveriam chegar na hora marcada com o material devidamente ensaiado. A única atividade permitida era o trabalho, e os grupos permaneciam sempre obedientes e educados. Então entraram os Beatles. O afastamento gradual do protocolo seguido no Abbey Road mudaria a forma pela qual todas as bandas trabalhariam no futuro — mais uma estreia para o grupo.

Na primeira passagem pelo Abbey Road, em 6 de junho de 1962, os Beatles gravaram quatro canções entre 18 e 20 horas. Quando depois voltaram ao estúdio, os músicos passaram três horas ensaiando o material, pararam para comer e então começaram a sessão de gravação às 19 horas, terminando às 22.

George Martin já havia definido como seria o primeiro compacto da banda, enviando a Liverpool a canção que para ele deveria ser o lançamento de estreia: um sucesso certeiro composto por Mitch Murray, chamado "How Do You Do It?". Essa era a prática normal. Grupos raramente compunham seu próprio material; em vez disso, produtores e editores musicais se reuniam oferecendo canções uns aos outros, as quais eram recebidas de compositores profissionais.

Não surpreendentemente, a banda odiou a música. Era um som branco e lamentoso, o mais distante possível da visão que tinham de como uma canção deveria ser, como roqueiros com um pé no rhythm and blues (R&B). Na sessão de gravação noturna, a banda colocou as cartas na mesa: desejavam tocar material próprio, não o de outros. George Martin sorriu e disse que, quando tivessem composto uma canção tão boa quanto "How Do You Do It?", ele aprovaria a sugestão. Os Beatles não deram o braço a torcer. Eles estavam ali para quebrar o padrão.

Respeitosamente, a banda gravou a composição, mas pôs muito mais energia na segunda gravação da noite, "Love Me Do". Lennon revelou mais tarde que McCartney a compusera quando adolescente, muito antes de terem dado início à parceria nas composições. A contribuição de Lennon foi com a gaita, inspirada em "Hey! Baby", sucesso de Bruce Channel. Se anteriormente as harmônicas foram empregadas com propósito rítmico, nas mãos de Lennon o instrumento virava um recurso melódico. A canção animada, mas um tanto desinteressante, agora ganhava sonoridade única.

No fim da sessão, George Martin não estava feliz com nenhuma das gravações. Ele pediu para os rapazes voltarem dentro de uma semana. Quando regressaram, um deles ficou chocado: Ringo. Insatisfeito com sua batucada em "Love Me Do", Martin providenciara um músico de estúdio, Andy White, para tocar bateria. De acordo com Ron Richards, presente à sessão, Ringo aceitou a medida com tranquilidade e boa vontade. Por dentro, porém, estava extremamente aborrecido. Ele percebeu uma situação similar à de Pete Best se desenvolvendo ao seu redor. O problema surgira na última sessão, quando o baterista teve de tocar bateria e maracás ao mesmo tempo.

Coube a Ringo, então, apenas chacoalhar as maracás no lado B, "P.S. I Love You", outra música de McCartney, escrita em Hamburgo ao estilo das Shirelles. Dez tomadas dessa canção e outras dezoito de "Love Me Do" foram completadas pela banda. Eles também tocaram uma nova composição para Martin, "Please Please Me", composta por Lennon, inicialmente destinada ao lado B.

"Nós a tocamos algumas vezes", Lennon contaria mais tarde, "e, quando chegamos à questão do outro lado do compacto, pretendíamos usar 'Please Please Me' [...]. Estávamos ficando muito cansados, e simplesmente não acertávamos a música."

O problema da canção era o seu andamento. Lennon, que a escrevera com Roy Orbison em mente, a mostrara ao grupo como um blues meio lento. Numa sessão posterior, Martin mandou que a banda a acelerasse, e com isso lhes garantiu um enorme sucesso nas paradas. A dedicação valeu a pena. Martin mixou "Love Me Do" e "P.S. I Love You", e dias depois avisou o grupo de que essas composições, material deles, estariam no compacto de estreia. "How Do You Do It?" seria dada a outra banda. Os rapazes ficaram eufóricos.

NO FIM DA SESSÃO, GEORGE MARTIN NÃO ESTAVA FELIZ COM NENHUMA DAS GRAVAÇÕES. ELE PEDIU PARA OS RAPAZES VOLTAREM DENTRO DE UMA SEMANA. QUANDO REGRESSARAM, UM DELES FICOU CHOCADO: RINGO

No dia 5 de outubro, o compacto foi lançado e começou uma jornada curiosa nas paradas de sucesso. Normalmente eles entram nas paradas, sobem ao ponto mais alto e depois caem. "Love Me Do" seguiu uma trajetória completamente diferente. Estreou em 49º lugar, foi para 46º, 41º e 32º, caindo depois para o 37º posto. Geralmente isso sinalizaria o fim. Contudo, na semana seguinte atingiu o 29º lugar, depois 23º e 21º, antes de cair novamente para o 26º posto. Daí, chegou a 19º, caiu outra vez para 22º,

Apesar de sua batucada ter sido rejeitada em "Love Me Do", o estilo simples de Ringo se provou perfeito para a banda em seu desenvolvimento musical. E seus atos falhos eram uma grande inspiração para as letras.

antes de atingir o 17º lugar, sua posição mais alta.

Correram boatos de que Epstein comprara dez mil cópias por meio da loja NEMS, dando fôlego para o compacto subir nas paradas. Para outros, o número enorme de seguidores da banda no noroeste da Inglaterra explicava todas as vendas. Independentemente de qual fosse a verdade, o sucesso do compacto deu grande impulso ao grupo. Eles ficaram empolgados ao se ouvirem no rádio e se sentiram satisfeitos com o fato de que os ganhos com o trabalho ao vivo tinham aumentado. Porém, o mais importante de tudo é que "Love Me Do" lhes abriu as portas da televisão e do rádio. E com isso nascia o fenômeno conhecido como beatlemania.

A BEATLEMANIA
toma conta da Grã-Bretanha

DATA 13 de outubro de 1963, London Palladium

A beatlemania começou em 1963, entre o fim do caso Profumo* e o assassinato de JFK. Ela nasceu da disposição dos Beatles a aceitarem uma rotina tão rigorosa que teria feito a maioria das bandas desistir por exaustão. Mas não eles. Calejados pelas experiências vividas em Hamburgo e Liverpool, o grupo completou três turnês pelo Reino Unido e a primeira no exterior, fez numerosas aparições no rádio e na televisão, deu diversas entrevistas à imprensa escrita e gravou dois álbuns. Ao fim daquele ano, os Beatles haviam instigado o fenômeno conhecido como beatlemania e se apresentado à realeza.

A jornada rumo ao momento em que ficaram conhecidos até no Palácio de Buckingham teve início no dia 19 de janeiro de 1963, quando a banda participou do famoso programa de televisão *Thank Your Lucky Stars*. Perto das seis horas daquela tarde de sábado, milhões de adolescentes viram os Beatles tocarem "Please Please Me", canção brilhante que gruda na cabeça. A partir daí, o conjunto se viu imerso em um cronograma inexorável de shows e mais shows, sessões de gravação e incontáveis aparições na mídia.

Em relação às gravações, a primeira sessão memorável da banda aconteceu em 11 de fevereiro. Nesse dia, eles gravaram dez canções, quatro delas originais ("I Saw Her Standing There", "Misery", "Do You Want to Know a Secret?" e "There's a Place") e seis covers ("Anna", "Chains", "Boys", "A Taste of Honey", "Baby It's You" e "Twist and Shout"). Essa última foi gravada às 22 horas. Devastada pelo esforço do dia, a garganta de Lennon exprimiu um vocal bruto que ecoaria ao longo dos anos. No dia seguinte, os Beatles toca-

GAROTAS BERRAVAM DESCONTROLADAS, CORRIAM PARA O PALCO, DESMAIAVAM, BRIGAVAM ENTRE SI, ENFRENTAVAM OS SEGURANÇAS DENTRO DOS RECINTOS E OS POLICIAIS DO LADO DE FORA

* Ministro de guerra do governo britânico, John Profumo (1915-2006) foi obrigado a renunciar após se envolver com Christine Keeler, suposta amante de um espião soviético. (N. do T.)

ram em duas apresentações: uma em Sheffield, outra em Oldham.

Em meio a todos esses shows e gravações, a banda não recusava nenhum pedido da mídia; eles não podiam se dar ao luxo de escolher onde apareceriam. Em 1963, a televisão britânica consistia em dois canais — BBC e ITV —, e ambos dedicavam pouco tempo à música popular. Ao mesmo tempo, o rádio quase nunca tocava música pop e os jornais raramente escreviam a respeito. Comparada à vasta efusão da mídia de hoje em dia, a exposição era bastante limitada. Para a notícia se espalhar, o grupo precisava romper essas muralhas, e o fazia com um charme e vivacidade que contagiavam a todos.

MCCARTNEY ERA TÃO ASTUTO AO LIDAR COM A IMPRENSA QUE, APÓS SUA PRIMEIRA ENTREVISTA À TELEVISÃO, O IRMÃO MIKE PERGUNTOU POR QUE PARECIA QUE ELE ESTAVA DISFARÇANDO O SOTAQUE DE LIVERPOOL

McCartney era o líder nesse campo. Sensatamente, a banda o encarregava da maior parte do falatório. Eles sabiam que sua abordagem calorosa e fascinante renderia muitos amigos na imprensa. McCartney era tão astuto ao lidar com a imprensa que, após sua primeira entrevista à televisão, o irmão Mike perguntou por que parecia que ele estava disfarçando o sotaque de Liverpool. Ele respondeu: "Eu sei disso, você sabe disso, mas eles não sabem". McCartney tinha consciência de que um sotaque muito acentuado de Liverpool poderia repelir a nação. Liverpool era considerada por muitos uma cidade bruta, cheia de gente desagradável. Para os Beatles atingirem o sucesso, eles precisariam reduzir os vínculos com a cidade, incluindo o sotaque. De fato, foi nesse ano que a banda se mudou na surdina para a capital.

Os fãs que os assistiam no Cavern ficaram aborrecidos. Em fevereiro, quando o DJ do bar, Bob Wooler, anunciou que a banda estava entre as dez mais com "Please Please Me", a plateia ficou em silêncio, como se estivesse num velório. Nesse momento eles começavam a se despedir do grupo que amavam com tanta paixão. Agora os Beatles pertenciam ao país inteiro.

A maior oportunidade na televisão surgiu quando foram convidados como a grande atração do *Sunday Night at The London Palladium,* programa de Val Parnell, em 13 de outubro. Antes da apresentação, fãs dos Beatles tomaram a entrada do teatro, gritando por eles. Estavam presentes vários jornalistas e fotógrafos. Foram eles quem cunharam o termo "beatlemania", estampado em todos os jornais do dia seguinte. O show foi assistido por quinze milhões de pessoas.

Em termos de apresentações ao vivo, os Beatles realizaram três turnês pelo Reino Unido. Em duas delas, atuaram como grupo de abertura para Helen Shapiro e depois para Roy Orbison — ao fim de ambas as excursões, já eram as atrações principais. Foi então que Brian Epstein informou aos promotores que a banda tocaria somente em teatros. Os salões de baile e os bares em que haviam agendado não estavam equipados para suportar a reação frenética do público, que colocava os quatro em grave perigo físico. Garotas berravam descontroladas, corriam para o palco, desmaiavam, brigavam entre si, enfrentavam os seguranças dentro dos recintos e os policiais do lado de fora.

FORA UM ANO INCRÍVEL, MAS MELHORARIA AINDA MAIS, POIS A BEATLEMANIA SE TORNARIA UMA FEBRE MUNDIAL

No fim do ano, a banda — cujas apresentações duravam exaustivas sete horas em Hamburgo — agora fazia shows de meia hora, quando muito, em meio ao bombardeio de gritos femininos. Essa seria a natureza de seus shows pelos próximos três anos.

Notavelmente, as cobranças sobre o grupo pareciam somente aumentar sua criatividade. Eles cravaram o primeiro topo das paradas com "From Me to You" e romperam todas as barreiras com "She Loves You". O frescor e a sonoridade da gravação deixaram a nação atônita. "She Loves You" transformou os Beatles em obsessão nacional, incluindo a família real.

Numa segunda-feira, 4 de novembro, a banda apresentou quatro canções diante de Sua Alteza Real, a rainha-Mãe, e da princesa Margaret no Teatro Prince of Wales, zona oeste de Londres. Eles tocaram sua primeira música no topo das paradas, "From Me to You", depois seguiram com "She Loves You", "Till There Was You" e "Twist and Shout". Ao introduzir a última canção, Lennon falou à plateia: "As pessoas nos assentos mais baratos podem acompanhar com as mãos. E o resto de vocês pode chacoalhar as joias". Foi uma frase brilhante, uma alfinetada marota no preconceito de classe envolta com humor caloroso e inteligente. Até mesmo a realeza deu risadinhas. Novamente, os Beatles empregaram a música e o humor para ultrapassar divisões de classe supostamente insuperáveis.

Brian Epstein também riu, mas foi de alívio. Quando havia perguntado a Lennon nos bastidores o que ele diria à realeza presente, o músico fuzilara: "Vou mandar chacoalharem suas joias de merda". A personalidade aberta e beligerante do guitarrista fez Epstein acreditar plenamente que ele faria tal declaração, levando aquele sonho fantástico a um fim abrupto.

A banda terminou o ano com uma temporada de duas semanas de um show natalino em Finsbury Park, onde eles tocaram, usaram fantasias e participaram de esquetes cômicos. Cem mil ingressos foram vendidos em três semanas. Fora um ano incrível, mas melhoraria ainda mais, pois a beatlemania se tornaria uma febre mundial.

A beatlemania se concentrava nos dois compositores principais, Paul e John, mas todos os integrantes contavam com adoradores e fãs.

MARSHA ALBERT

envia uma carta ao DJ de sua cidade

DATA Dezembro de 1963, Washington, D.C.

Em dezembro de 1963, Marsha Albert, adolescente norte-americana de 15 anos, escreveu uma carta a Carroll James, um dos figurões da cidade. Ele era DJ em Washington, D.C., soltando a voz na estação WWDC, e Marsha queria desesperadamente que ele tocasse a canção de uma banda desconhecida chamada The Beatles. A música se chamava "I Want to Hold Your Hand".

Marsha viu os Beatles pela primeira vez na televisão. Em novembro, a CBS News filmou, para o *The Jack Paar Show*, o grupo tocando ao vivo na Grã-Bretanha e então as imagens foram exibidas nos Estados Unidos. Paar apresentou o material não por pensar que tinha descoberto um fenômeno mundial, mas por julgá-lo "divertido". Essa seria a reação geral dos Estados Unidos aos Beatles durante o próximo mês. Divertido. Excêntrico.

Marsha era diferente de Paar. Ela estava completamente arrebatada pela banda, a ponto de querer espalhar a novidade. Carroll James foi seu primeiro alvo. "Eu escrevi dizendo que achava que eles seriam muito populares por aqui", ela contou mais tarde. "E, se ele [James] conseguisse um de seus discos, seria genial."

Ela tinha toda razão, e o crédito deve ser dado a James por ter corrido atrás e garantido uma cópia importada do compacto. Então ele convidou a jovem para ir ao estúdio e introduzir a música antes de ela ser tocada. "Carroll James me ligou no dia em que conseguiu o disco e falou que, se eu fosse até lá às 17 horas, poderia anunciá-la", lembra Marsha. Ela foi até lá, e às cinco horas da tarde se aproximou do microfone e anunciou os Beatles no ar pela primeira vez no continente — que, em inacreditáveis dois meses, seria deles. Marsha falou: "Senhoras e senhores, transmitidos pela primeira vez nos Estados Unidos, aqui estão os Beatles cantando 'I Want to Hold Your Hand'".

QUANDO A MÚSICA TERMINOU, CARROLL PEDIU PARA OS OUVINTES TELEFONAREM E OPINAREM. A RESPOSTA FOI ALÉM DE QUALQUER EXPECTATIVA. CENTENAS CORRERAM AOS TELEFONES

Quando a música terminou, Carroll pediu para os ouvintes telefonarem e opinarem. A resposta foi além de qualquer expectativa. Centenas correram aos telefones, a maioria se manifestando a favor. O gerente da estação não era estúpido e a gravação passou a ser executada com frequência. Foi a primeira oportunidade desfrutada pelos Beatles nos Estados Unidos, embora naquele momento eles ainda desconhecessem o fato. Tudo o que sabiam até então era que o país os vinha tratando muito mal.

PERUCAS DOS BEATLES FORAM FABRICADAS E ENVIADAS ÀS LOJAS DE DISCOS. OS DISTRIBUIDORES FORAM INCENTIVADOS A USÁ-LAS. ENQUANTO ISSO, ADESIVOS PROCLAMANDO "OS BEATLES ESTÃO CHEGANDO" DE REPENTE TOMARAM CONTA DE NOVA YORK

A visão do selo norte-americano da gravadora em relação a eles era sintomática da apatia do país quanto aos Beatles. A Capitol, divisão da EMI nos Estados Unidos, simplesmente se recusara a lançar os primeiros compactos do grupo, optando por licenciá-los a selos menores. *Please Please Me* e *From Me to You* saíram pela Vee-Jay Records, de Chicago, enquanto *She Loves You* veio à luz pela Swan. (Para fãs de R&B como os Beatles, havia glória nesse acordo — a Vee-Jay lançou discos de John Lee Hooker e Jimmy Reed; a Swan, de Eddie Bo.)

Epstein sabia que, para que eles fizessem qualquer incursão séria pelo mercado norte-americano, essa situação teria de mudar. Ele precisava conquistar a Capitol. E decidiu usar seu trunfo: a beatlemania. Em novembro, um determinado Epstein viajou para os Estados Unidos e se reuniu com Bob Precht, produtor de *The Ed Sullivan Show*, um dos programas mais vistos no país. Eles se reuniram em Nova York e Precht logo expressou sua visão a respeito dos adorados "rapazes" de Epstein. Eles eram uma trupe humorista, não é mesmo? Então, seria até interessante...

Epstein ajeitou a gravata e começou a fazer a cabeça de Precht. O representante londrino do *The Ed Sullivan Show* já havia alertado os chefes a respeito da beatlemania. Epstein descreveu a Precht um retrato mais detalhado da histeria que tomara conta da Grã-Bretanha. Precht escutou. No fim da reunião, os Beatles ouviram a promessa de encabeçar três programas que transcorreriam em semanas consecutivas. Três participações, não uma. Quem afirma que Epstein nunca administrou adequadamente os Beatles, acusando-o de ser inepto e ingênuo, deveria estudar esse episódio.

Quando Epstein contou à Capitol Records a respeito de seu feito, eles se sentaram e a gravadora começou a mudar a forma de pensar. Reuniões foram realizadas, e agora com decisões favoráveis ao grupo. A Capitol aceitou lançar em janeiro *I Want to Hold Your Hand* e prometeu investir cinquenta mil dólares na campanha de marketing. Perucas dos Beatles foram fabricadas e enviadas às lojas de discos. Os distribuidores foram incentivados a usá-las. Enquanto isso, adesivos proclamando "Os Beatles estão chegando" de repente tomaram conta de Nova York.

NO DIA 26 DE DEZEMBRO DE 1963, A CAPITOL RECORDS LANÇOU *I WANT TO HOLD YOUR HAND*. DE FORMA SURPREENDENTE, FORAM VENDIDAS 250 MIL CÓPIAS NOS TRÊS PRIMEIROS DIAS

No dia 26 de dezembro de 1963, a Capitol Records lançou *I Want to Hold Your Hand*. De forma surpreendente, foram vendidas 250 mil cópias nos três primeiros dias. A demanda era tanta que a Capitol contratou gravadoras rivais para prensar o compacto. Em meados de janeiro de 1964, a canção disparava nas paradas e, em 1º de fevereiro, seis dias antes de chegarem a um país no qual nunca haviam tocado uma nota sequer, os Beatles atingiam o primeiro lugar nos Estados Unidos. Enquanto isso, a Vee-Jay e a Swan começaram a promover seus compactos dos Beatles. *I Want to Hold Your Hand*, que viria a vender mais de cinco milhões de cópias, foi substituído no topo por *She Loves You*. Antes deles, somente Elvis conseguira derrubar do primeiro lugar uma de suas próprias canções.

Lennon estava estupefato. "Ninguém tem um sucesso nos Estados Unidos", ele afirmou a amigos. A banda estava em Paris na época, começando uma temporada de duas semanas no Teatro Olympia. Não foi muito memorável. Uma apresentação anterior em Paris fora arruinada por problemas no equipamento, e a plateia, curiosamente contendo mais rapazes que garotas, era muito menos ruidosa que a britânica. (Na verdade, ao voltarem à Grã-Bretanha, para mostrar o alívio por estar em casa, George Harrison desceu do avião em Londres acenando com a bandeira britânica.)

Qualquer desconforto causado aos Beatles em Paris foi rapidamente dissolvido quando eles chegaram ao hotel e descobriram que os Estados Unidos haviam adotado a banda por completo. Mais tarde, já instalados no quarto, um fotógrafo sugeriu que simulassem uma briga de travesseiros para as câmeras. "Essa é a coisa mais estúpida que já ouvi", Lennon retrucou. Um minuto depois, volúvel como sempre, pegou um travesseiro e jogou em Paul.

Quanto a Marsha, ela teve a chance de conhecer os Beatles no dia 11 de fevereiro, quando Carroll James a levou junto para uma entrevista que teria com eles. "Olá, Marsha", disse Paul. "A boa e velha Marsha", proferiu John e, de forma carinhosa, George a chamou de "Marsha Mellow". Parece que o comentário mais pertinente veio de Ringo. Ele simplesmente falou: "Obrigado, Marsha".

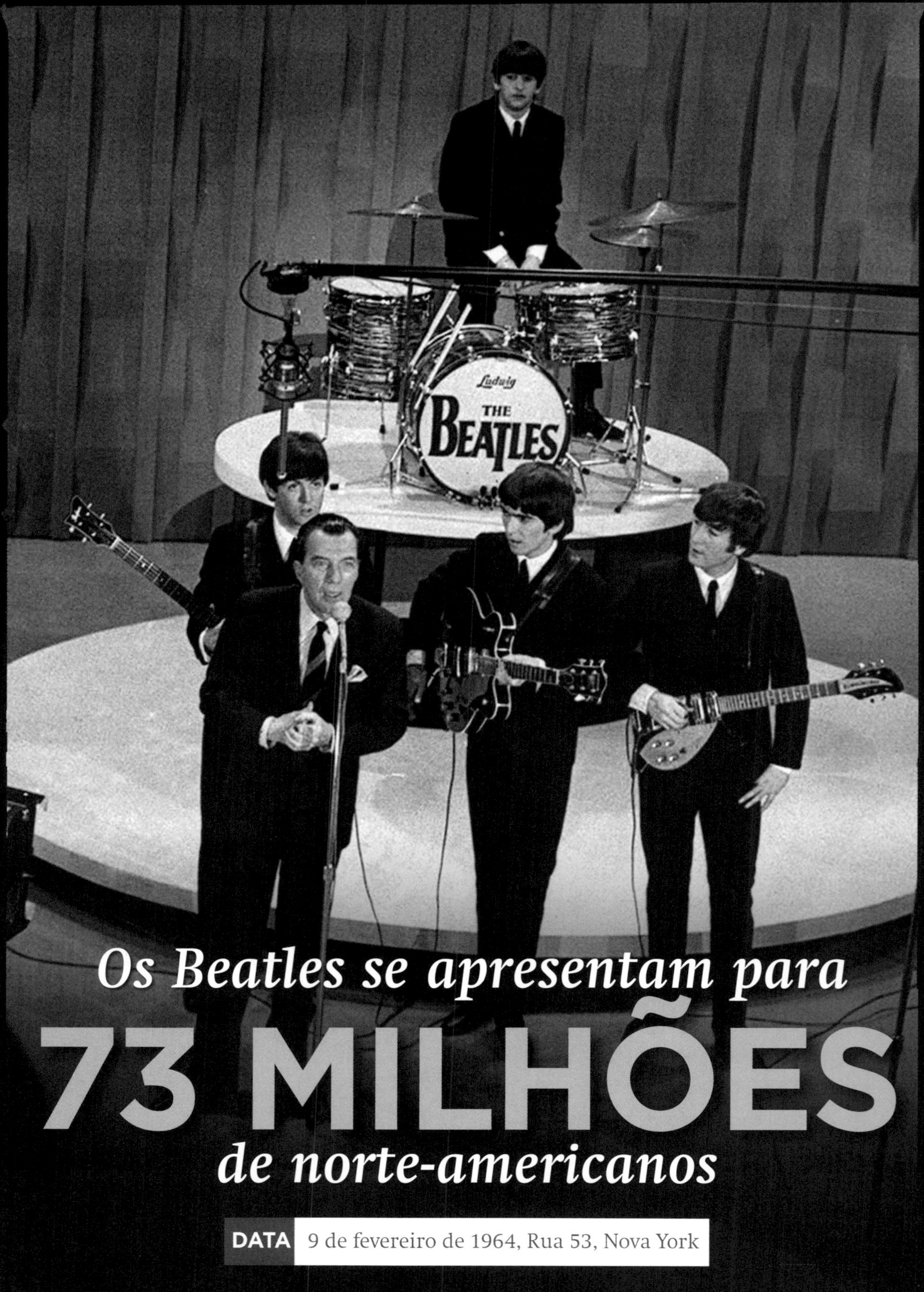

Os Beatles se apresentam para 73 MILHÕES *de norte-americanos*

DATA 9 de fevereiro de 1964, Rua 53, Nova York

Pandemônio. Foi um pandemônio total e absoluto. No aeroporto, na entrevista coletiva, no hotel e, depois, durante os shows — loucura completa. Os Beatles chegaram ao Aeroporto JFK no dia 7 de fevereiro de 1964, e os gritos disparados pelos fãs à espera deles eram tão altos que, segundo os espectadores, literalmente abafaram o barulho do pouso do avião.

Milhares de jovens norte-americanos, boa parte rapazes, gritavam ansiosos e agitavam cartazes dando boas-vindas ao grupo no país. Os Beatles aparecerem para presenciar um cenário agora já esperado nos aeroportos: jovens berrando à espera de aprovação e atenção. A banda acenava e sorria, sorria e acenava, e sorria novamente, agindo assim até se ver dentro de uma sala, encarando a primeira entrevista coletiva nos Estados Unidos.

As armas já haviam sido sacadas. Os jornalistas diante deles não eram fãs dos Beatles, para dizer o mínimo. Eram calejados, cínicos, e depois de terem conhecido a campanha da Capitol Records, ouvido a música e visto fotografias dos quatro músicos cabeludos, acreditavam se tratar de mero golpe publicitário — uma bolha que eles estavam ávidos por estourar. Mas as coisas não aconteceram como planejado. Agora, os Beatles eram uma experiente máquina de mídia. Eles conheciam o exercício de cor, e sabiam que ditos espirituosos e apartes engraçados sempre agradariam ao público. Os norte-americanos estavam completamente despreparados para esse tipo de brincadeira. Os entrevistados nesses eventos — músicos, astros do cinema e assim por diante — sempre seguiam o roteiro. É um prazer estar aqui, é ótimo ver vocês, vou dar um olá para meus fãs, blá-blá-blá, bocejo, bocejo, bocejo.

Como era de esperar, os Beatles foram completamente diferentes.

OS JORNALISTAS DIANTE DELES NÃO ERAM FÃS DOS BEATLES, PARA DIZER O MÍNIMO. ELES ERAM CALEJADOS E CÍNICOS. PARA ELES, TRATAVA-SE DE MERO GOLPE PUBLICITÁRIO, UMA BOLHA QUE ELES ESTAVAM ÁVIDOS POR ESTOURAR

"O que vocês acham de Beethoven?" "Genial. Principalmente seus poemas", foi a resposta de Ringo.

Os Beatles e Ed Sullivan fazem uma pausa durante os ensaios do programa. A banda se deu bem com Sullivan, que os apresentaria no show pioneiro realizado no estádio Shea, em 1965.

"Um psiquiatra afirmou recentemente que vocês não passam de um bando de Elvis Presleys britânicos." "Ele deve ser cego", respondeu John.

"Em Detroit, Michigan, estão distribuindo adesivos para automóveis com os dizeres 'Acabem com os Beatles'." "É mesmo? Bom, vamos lançar a campanha 'Acabem com Detroit'", disse Paul.

Várias gargalhadas se seguiram — somente os rapazes sabiam que Paul usara exatamente a mesma piada em sua última entrevista à televisão britânica, realizada após a temporada na França.

Depois da coletiva, com uma equipe de documentário chefiada de perto pelos irmãos Maysles, os Beatles foram levados de carro ao Hotel Plaza. Aguardavam por eles funcionários bastante tensos. O Plaza era um estabelecimento de luxo que se orgulhava havia tempos da clientela rica e de sua aura educada e discreta. O hotel aceitara a reserva acreditando que os Beatles fossem empresários. Quando perceberam o engano, foram tomados por tamanho pânico que um de seus executivos procurou uma emissora de rádio e ofereceu a banda a qualquer hotel que os aceitasse. Ninguém topou.

O grupo se instalou na suíte e assistiu à cobertura de si mesmos na televisão (menos George, que, meio gripado, preferiu se deitar). Com os Beatles remanescentes estavam diversos fotógrafos e funcionários aflitos do hotel. Um dos fotógrafos pediu que John se deitasse na cama, assim ele conseguiria um bom ângulo para fotografar suas botas. "Ah, não, por favor, não faça isso no Plaza", disse um funcionário. "Está tudo bem", respondeu John. "Nós compraremos a cama." A arrogância começava a transparecer.

Enquanto isso, no saguão, o violinista se recusava a tocar canções dos Beatles. Não era o instrumento adequado para aquela música, ele explicava com desdém. Do lado de fora do hotel, centenas de moças só faziam esperar, gritando sempre que viam uma sombra pela janela, e cantando o tempo todo: "Yeah, yeah, yeah..." Em determinado momento da vigília, elas cercaram um policial, porque ele havia tocado em um Beatle. Muitos achavam que o mundo começara a enlouquecer.

No dia seguinte, após visitar o Central Park, a banda (menos George) perguntou se podia conhecer o Harlem. Sem dúvida, eles viram o Teatro Apollo, onde vários de seus ídolos musicais haviam se apresentado. Na verdade, a banda exibiu um forte instinto *mod**, e os rapazes passaram boa parte do tempo em Nova York telefonando para estações de rádio e pedindo suas canções preferidas da Motown e de R&B.

O HOTEL ACEITARA A RESERVA ACREDITANDO QUE OS BEATLES FOSSEM EMPRESÁRIOS. QUANDO PERCEBERAM O ENGANO, FORAM TOMADOS POR TAMANHO PÂNICO QUE UM DE SEUS EXECUTIVOS PROCUROU UMA EMISSORA DE RÁDIO E OFERECEU A BANDA A QUALQUER HOTEL QUE OS ACEITASSE. NINGUÉM TOPOU

Depois do Harlem, o trabalho começou e eles ensaiaram para o *The Ed Sullivan Show* no estúdio da CBS na Rua 53, com Neil Aspinall substituindo George — que apareceu mais tarde. Após os ensaios, o grupo foi comer, preparando-se para o grande dia. Naquela noite, três Beatles ficaram assistindo à televisão e Paul foi furtivamente ao Playboy Club. Na noite seguinte, levou os colegas até lá. Então eles tiveram em seu currículo outra estreia. Estimados 73 milhões de pessoas tinham assistido à banda tocar cinco canções: "All My Loving", "Till There Was You" e "She Loves You", na primeira metade do programa, e "I Saw Her Standing There" e "I Want to Hold Your Hand" na segunda.

Setenta e três milhões de pessoas estavam interessadas numa banda que nunca tocara uma nota sequer em seu país, uma ban-

* Subcultura adotada por jovens na década de 60. Seus integrantes muitas vezes usavam ternos sob medida e ouviam jazz, ska e R&B. (N. do E.)

da que dois meses antes era completamente desconhecida e ainda por cima trazia um visual e um estilo considerados pecaminosos por muitos. Tratava-se de um fato para lá de incrível. A partir daí, os Beatles tinham os Estados Unidos em suas mãos. Não é de admirar que se sentissem tão poderosos, tão invencíveis.

SETENTA E TRÊS MILHÕES DE PESSOAS ESTAVAM INTERESSADAS NUMA BANDA QUE NUNCA TOCARA UMA NOTA SEQUER EM SEU PAÍS, UMA BANDA QUE DOIS MESES ANTES ERA COMPLETAMENTE DESCONHECIDA

No dia seguinte, o grupo acordou e leu críticas positivas e negativas à apresentação. Para o jornal *The Daily News*, Elvis Presley não passava de "um dente-de-leão desinteressante comparado ao elixir 100% servido pelos Beatles". Já o *The New York Herald* discordou: "75% publicidade, 20% penteado e 5% um lamento animado" foi a análise publicada.

Naquele dia, o conjunto conversou com vários jornalistas. Novamente eles exibiram mentes aguçadas e réplicas mordazes e espirituosas.

"Qual é a maior ameaça à carreira da banda: a bomba H ou a caspa?" "A bomba H. Caspa nós já temos", Ringo responde.

"Já escolheram a atriz principal de seu filme?" "Estamos tentando convencer a rainha Elizabeth. Ela vende bem", disse George.

Na terça-feira, 11 de fevereiro, os Beatles realizaram o show de estreia nos Estados Unidos, no Washington Coliseum. A banda foi obrigada a se apresentar num palco giratório. Após cada música, eles giravam 180 graus. Mais de oito mil fãs berravam, choravam e se lamuriavam. Novamente, em uma só palavra: pandemônio.

Depois do espetáculo, a banda participou de uma festa organizada em sua homenagem, promovida pela embaixada britânica. A noite foi um desastre completo. Eles foram pessimamente tratados por pessoas que realmente deveriam estar mais bem informadas. Uma senhora abordou Lennon e disse: "Escute, autografe isto para minha filha! Não entendo por que ela gosta de vocês! Deve estar louca". E esse não foi um caso isolado. Mais tarde, e corretamente, Lennon lançou o comentário ácido: "Essas pessoas são piores que os fãs. Elas não têm a menor educação". Pouco depois de Lennon falar essas palavras, um convidado se aproximou por trás de Ringo e cortou uma mecha de seu cabelo. Quando iam embora, o embaixador se desculpou pelo comportamento dos convidados. "Quem é você mesmo?", retrucou um dos músicos.

Em Nova York, a banda realizou dois shows no prestigioso Carnegie Hall — e novamente houve caos absoluto. O evento foi promovido por Sid Bernstein, e vários astros compareceram, mas não conseguiram ingressos. A esposa do governador de Nova York chegou em cima da hora com a filha, exigindo entrada e artigos dos Beatles. Novamente, Lennon ficou furioso com a exibição de tanta impertinência.

O grupo apresentou dois shows de meia hora e no dia seguinte voou para Miami no intuito de ensaiar para a segunda aparição no *The Ed Sullivan Show*. Enquanto estavam lá, um golpe publicitário foi engendrado e eles foram levados para conhecer o promissor boxeador Muhammad Ali, então conhecido como Cassius Clay. O boxeador estava treinando para enfrentar Sonny Liston e não tinha a menor ideia de quem eram os quatro magrelos britânicos. No entanto, como as câmeras estavam ali, ele imaginou que algo estava acontecendo e brincou com os Beatles — fossem eles quem fossem —, depois vestiu o calção, as luvas e fingiu derrubar os quatro para a imprensa. Enquanto saíam da academia de boxe, Lennon falou baixinho que Clay nunca venceria Liston — crença comumente aceita que o lutador reduziu a pó no dia 25 de fevereiro daquele ano.

No domingo, 16 de fevereiro, a banda tocou seis músicas ao vivo no Hotel Deauville, em Miami, para o *The Ed Sullivan Show*. Todas as canções eram de autoria dos Beatles: "She Loves You", "This Boy", "All My Loving", "I Saw Her Standing There", "From Me to You" e "I Want to Hold Your Hand". Segundo estimativas, a audiência girou novamente em torno dos setenta milhões.

A banda permaneceu em Miami, nadou, tomou sol, correu atrás de garotas e se apaixonou completamente pela grande modernidade dos Estados Unidos. Em comparação com a Grã-Bretanha e suas leis rígidas, prédios cinza e autoridades arrogantes, a América era colorida, divertida e tudo mais que um jovem Beatle poderia esperar.

EM COMPARAÇÃO COM A GRÃ-BRETANHA E SUAS LEIS RÍGIDAS, PRÉDIOS CINZA E AUTORIDADES ARROGANTES, A AMÉRICA ERA COLORIDA, DIVERTIDA E TUDO MAIS QUE UM JOVEM BEATLE PODERIA ESPERAR

Ringo resumiu seus sentimentos no livro *The Beatles: antologia* (2001). Ele contou como a banda se acostumou a grandes multidões e a aterrissar em aeroportos onde milhares de fãs os aguardavam aos berros. Porém os Estados Unidos funcionavam numa escala muito maior, e os fãs demonstravam muito mais entusiasmo que em qualquer outra situação vivenciada por eles anteriormente. Para os Beatles, que viviam tendo que se esquivar de perguntas sobre o talento do grupo e sobre quanto tempo ficariam no topo, as felicitações dos Estados Unidos tinham um significado enorme. Ringo também se lembrou do trajeto saindo do aeroporto, principalmente dos fãs fazendo fila no caminho. "Eles estavam todos lá fora, e havia barreiras, cavalos e policiais por todos os lados [...], enquanto nós ficávamos dando risadinhas de dentro do carro. Eu falo em nome de todos: nós não conseguíamos acreditar!"

VOX

A primeira apresentação ao vivo da banda nos Estados Unidos aconteceu no Washington Coliseum, em 11 de fevereiro de 1964, evento marcado pelo caos absoluto.

Os Beatles lançam seu primeiro filme,

OS REIS DO IÊ-IÊ-IÊ

DATA Março-abril de 1964, Reino Unido

Mais uma estreia da banda: *Os reis do iê-iê-iê*. O filme dos Beatles foi o primeiro longa-metragem da história a lucrar antes mesmo do lançamento. Esse era o tipo de poder que eles tinham, um poder nunca antes concedido a quatro músicos. Eles eram uma sensação, um fenômeno que ninguém conseguia compreender. Tudo o que queriam, eles conquistavam. Tudo em que tocavam virava magia. Aonde quer que fossem, o mundo inteiro os acompanhava.

Todos os dias, uma multidão de fãs, imprensa e polícia lutava ao redor deles, empurrando, puxando e gritando; e lá estavam, no centro de tudo, os sempre sorridentes, risonhos e brincalhões Beatles. "A beatlemania foi além da compreensão", Lennon refletiria mais tarde, e ele tinha toda razão.

A primeira proposta do cinema lhes foi feita em Londres. O filme se chamava *The Yellow Teddy Bears*. A trama girava em torno de uma escola feminina — na qual distintivos de ursinhos amarelos eram usados para denotar promiscuidade — e de um professor bem-intencionado. Inicialmente, o conjunto se interessou. Eles cresceram acompanhando o cinema, um caminho que tinham muito interesse em trilhar. O cinema lhes dava opções. Como Lennon diria mais tarde ao biógrafo Ray Coleman, "Pelo menos o cinema permite que você cresça".

Contudo, assim que o contrato foi posto na mesa, a banda não gostou. Os produtores queriam que eles aparecessem em cena tocando algumas canções, das quais abocanhariam os direitos autorais. Os Beatles desistiram. Eles acreditavam firmemente que, embora uma canção possa durar um mês, um filme vive para sempre. Conscientes de sua imagem, os Beatles concordaram que o filme do qual participariam deveria ser algo muito especial para justificar seu envolvimento.

ELES CRESCERAM ACOMPANHANDO O CINEMA, UM CAMINHO QUE TINHAM MUITO INTERESSE EM TRILHAR. O CINEMA LHES DAVA OPÇÕES

E então *The Goon Show* entra na jogada. Em 1959, Peter Sellers estava procurando uma maneira de transferir o *Goon Show* do rádio para a televisão. Ele precisava de um diretor capaz de compreender visuais e hu-

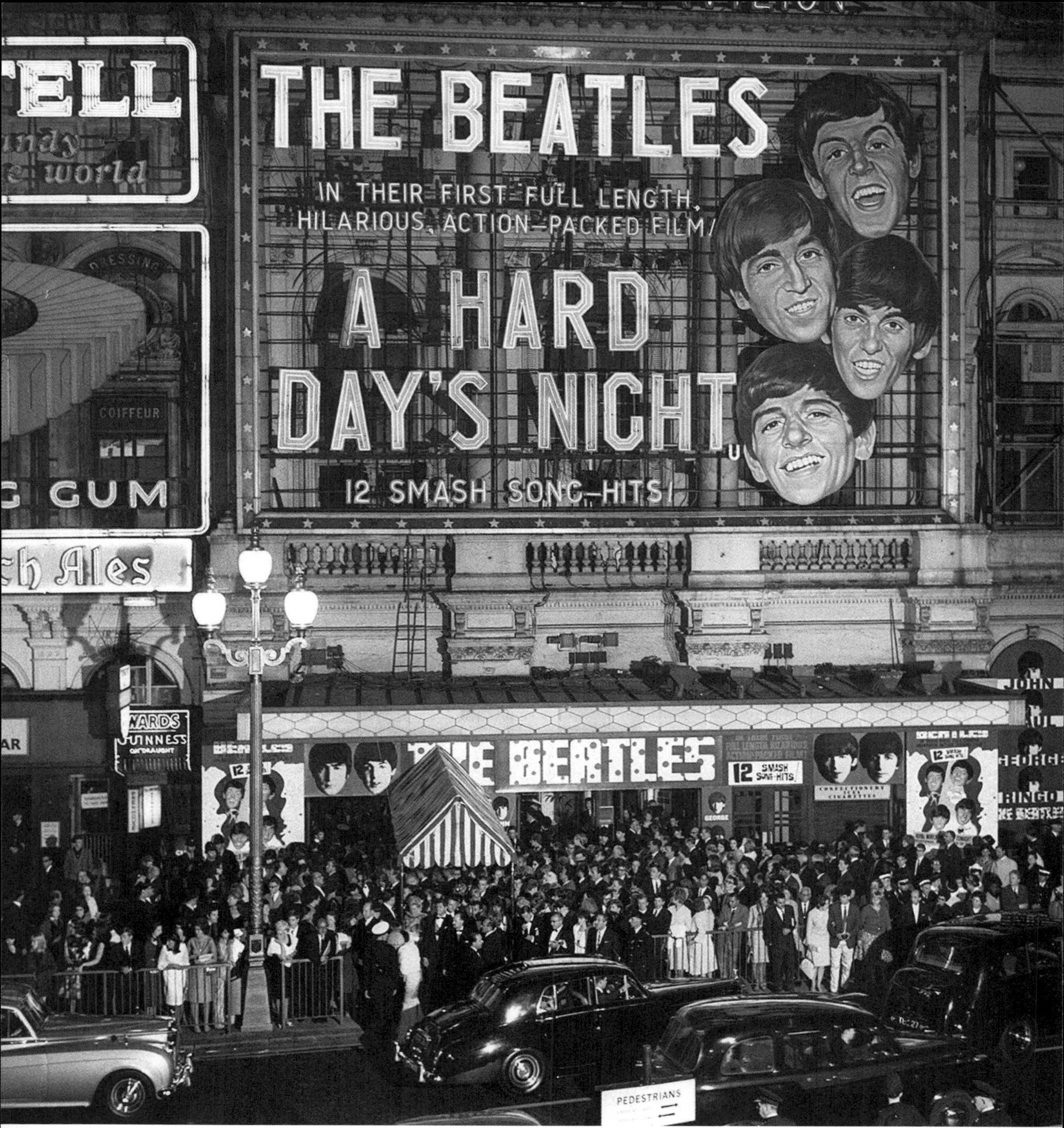

mor surrealistas. Uma noite, ele viu *The Dick Lester Show*, programa improvisado (contando, entre outros, com Alun Owen, roteirista de Liverpool) que procurava reproduzir o humor ao estilo do *Goon Show* na televisão. Sellers entrou em contato com o diretor do programa, um homem de 23 anos chamado Dick Lester.

Utilizando uma câmera cinematográfica de 16 mm recém-adquirida por Sellers,

A estreia do primeiro filme da banda, *Os reis do iê-iê-iê*, aconteceu no dia 6 de julho de 1964, no Teatro Pavilion, em Londres.

além de um campo no norte de Londres e um elenco contando com Spike Milligan e Graham Stark, eles fizeram um curta-metragem de onze minutos chamado *The Running, Jumping and Standing Still Film* (1960). Lester não só o dirigiu, como também compôs a música. A filmagem era para uso privado, mas foi vista por um crítico de televisão que insistiu em sua inscrição no Festival de Edimburgo. Foi o que eles fizeram, e o filme acabou sendo lançado na Grã-Bretanha.

A seguir, Lester foi contratado para dirigir o filme *It's Trad, Dad!* (1962), uma comédia musical que entrou às pressas em produção para aproveitar a tendência de jazz tradicional que estava impregnando a parada pop no Reino Unido. Entre os músicos que participaram do filme estavam Chubby Checker, Helen Shapiro, Gene Vincent, Chris Barber e Acker Bilk.

Os Beatles viram as duas obras de Lester, mas foi o curta que chamou atenção de verdade. "Nós discutimos isso [a possibilidade de um filme] com Brian em várias ocasiões, e ele perguntou se tínhamos algumas ideias a esse respeito", contou Paul McCartney. "Só conseguíamos pensar na pessoa que tinha feito o *Running Standing*, porque era um curta brilhante."

Lester foi uma criança prodígio, capaz de ler e escrever cerca de 250 palavras aos 2 anos. Ele entrou na universidade aos 15 e se formou em psicologia clínica. Trabalhou com música e televisão, cantou numa banda vocal e foi diretor de cena na CBS. Ele se mudou para Londres e passou a dirigir o programa de jazz *Downbeat*, na ATV. Lester também se tornou amigo do roteirista Alun Owen, que colaborava com o *The Dick Lester Show*.

Foi a Owen que ele se voltou em busca do roteiro, mas somente após Johnny Speight, posteriormente criador da clássica série televisiva *Till Death Us Do Part*, recusar. Owen, que se descrevia como um "boêmio com raízes operárias", era perfeito; ele era de Liverpool e seu último grande sucesso na televisão, *No Trams to Lime Street* (1959), era ambientado em sua cidade natal.

ELES ACREDITAVAM FIRMEMENTE QUE UM FILME VIVE PARA SEMPRE. CONSCIENTES DE SUA IMAGEM, OS BEATLES CONCORDARAM QUE O FILME DO QUAL PARTICIPARIAM DEVERIA SER ALGO MUITO ESPECIAL PARA JUSTIFICAR SEU ENVOLVIMENTO

A banda viu a reprodução e então Owen foi convidado para acompanhar os rapazes durante uma excursão, para que observasse a personalidade de cada um e capturasse sua linguagem peculiar. Owen fez isso, embora tenha ficado pouco tempo ao lado do grupo. Na verdade, ele escreveu o roteiro em aproximadamente um mês, tempo curtíssimo para tamanho empreendimento.

A filmagem foi marcada para março, daí a urgência. Enquanto isso, o grupo entrou em estúdio no aniversário de 21 anos de George e, durante quatro dias, gravou sete canções e uma versão de "Long Tall Sally", de Little Richard. Os Beatles eram uma banda que florescia mesmo sob pressão — a qual vinha implacavelmente de todos os lados. Apesar do peso dessa enorme expectativa, o estilo de composição de Lennon e McCartney melhorou incomensuravelmente.

Basta ouvir "If I Fell" e "You Can't Do That", de John, e "And I Love Her" e "Things We Said Today", de Paul, para constatar o progresso. É espantoso que tanta criatividade tenha sido alcançada em meio ao caos da beatlemania. Como ambos vieram a afirmar mais tarde, o sucesso os estimulava a subir a patamares mais elevados. Quando Dick Lester informou a Lennon e McCartney que o filme seria batizado com um dos atos falhos de Ringo (certa vez, após trabalhar dia e noite no estúdio, Ringo observou ter sido "a hard day's night", a noite de um dia duro, título original do filme), ele solicitou que compusessem uma canção com esse título.

Lester achava que a tarefa demandaria dos rapazes pelo menos uma semana. No dia seguinte, a dupla entregou a canção "A Hard Day's Night". E era soberba. Foi essa habilidade de trabalhar de forma brilhante, sob enorme pressão, que sustentou a posição da banda como a número um durante tantos anos.

As gravações começaram em 2 de março e terminaram em 24 de abril. Nos primeiros dias, a filmagem aconteceu num trem rumo à região sudoeste da Inglaterra. Entre outras locações, estavam os Estúdios de Cinema Twickenham e o Teatro Scala, em Londres. O filme era uma tentativa de capturar a banda vivenciando o fenômeno da beatlemania enquanto exibia a personalidade de cada um.

COMEÇAR UM FILME EM MARÇO E TÊ-LO PRONTO PARA EXIBIÇÃO EM JULHO FOI UM FEITO INCRÍVEL, MAS NÃO ESTRANHO NA BEATLELÂNDIA, ONDE EVENTOS MÁGICOS PARECIAM OCORRER NATURALMENTE

Era uma tendência cinematográfica iniciada pelo movimento neorrealista na Itália, levada a cabo mais tarde na Grã-Bretanha por diretores como Karel Reisz (*Tudo começou num sábado*, 1960) e Lindsay Anderson (*O pranto de um ídolo*, 1963). Os Beatles estavam dispostos a trilhar um caminho artístico similar. Eles tinham total consciência de que os filmes de música popular até aquele momento foram produções risíveis e não queriam participar dessa tradição. O respeito artístico próprio, outra qualidade que ajudava a banda a manter o sucesso, não o permitiria. Mais tarde, Lennon declararia: "Sem contar nossos amigos, como poderíamos nos encarar se tivéssemos nos permitido envolver nesse tipo de filme?"

Lester e a banda trabalhavam bem juntos. O diretor estava ciente da visão do grupo e fez questão de incorporar a espontaneidade dos rapazes como comediantes sempre que possível. De forma correspondente, a banda improvisou em muitas cenas, embora a necessidade de filmar de perspectivas diferentes roubasse boa parte da naturalidade. "O diretor tinha consciência de que não sabíamos atuar", Lennon declarou posteriormente. "Então ele praticamente precisava nos pegar desprevenidos, mas isso é impossível no cinema, porque é necessário repetir as coisas inúmeras vezes. Apesar disso, ele fez o possível. Os minutos naturais saltam aos olhos."

Para Ringo, filmar foi formidável. "Eu achei incrível a ideia de produzir um filme. Eu adorava cinema quando era criança. Eu ia muito [...]. Era uma grande terra da fantasia para mim." Em determinado momento, os executivos norte-americanos pediram para Lester cortar a voz dos Beatles e dublá-los com atores dos Estados Unidos. Indignado, Lester os mandou pastar. Os Beatles fizeram o mesmo.

Conforme a filmagem se aproximava do fim, a trilha sonora já estava pronta. Responsável pelo lançamento do disco nos Estados Unidos, a United Artists prensou meio milhão de cópias do LP. No dia 25 de junho, uma quinta-feira, eles deram uma cópia a uma importante estação de rádio nova-iorquina para uma apresentação antecipada. A reação positiva do público a essa nova coleção de canções dos Beatles foi tamanha que, na segunda-feira, as encomendas subiram a um milhão de cópias. Inacreditavelmente, uma semana mais tarde, chegaram a dois milhões. Cinemas dos Estados Unidos, da Grã-Bretanha e da Europa encomendaram mais de 1.700 cópias do longa-metragem. A plateia ainda não havia visto o filme, mas ele já estava dando lucro.

A fita foi editada e montada numa velocidade absurda. Começar um filme em março e tê-lo pronto para exibição em julho foi um feito incrível, mas não estranho na Beatlelândia, onde eventos mágicos pareciam ocorrer naturalmente. O grupo participou de duas grandes estreias para promovê-lo: uma em 6 de julho, em Londres, e outra em 10 de julho, em Liverpool, cidade natal dos músicos.

A banda estava profundamente nervosa por voltar para casa. Depois que eles se mudaram de Liverpool, boatos e murmúrios desagradáveis os acompanharam até Londres, dizendo que todos os odiavam, que eram traidores, um bando de Judas que não deveria ter saído do Cavern. Conhecendo os conterrâneos, eles esperavam que alguma raiva pública lhes fosse lançada assim que pisassem na cidade.

Nada disso. Após desembarcarem no Aeroporto Speke (hoje conhecido como Aeroporto de Liverpool John Lennon), os nervosos músicos entraram nas obrigatórias limusines, completamente pasmos ao serem saudados por duzentos mil moradores eufóricos. "Depois disso, nada mais importa", Harrison afirmou entusiasmado ao olhar aquele mar de gente. "Isso é o máximo."

A banda corre por uma viela de Notting Hill durante a filmagem de *Os reis do iê-iê-iê*. A Grã-Bretanha ainda não havia se recuperado completamente da devastação causada pela Segunda Guerra Mundial, e a exuberância da banda muitas vezes contrastava com o ambiente dilapidado.

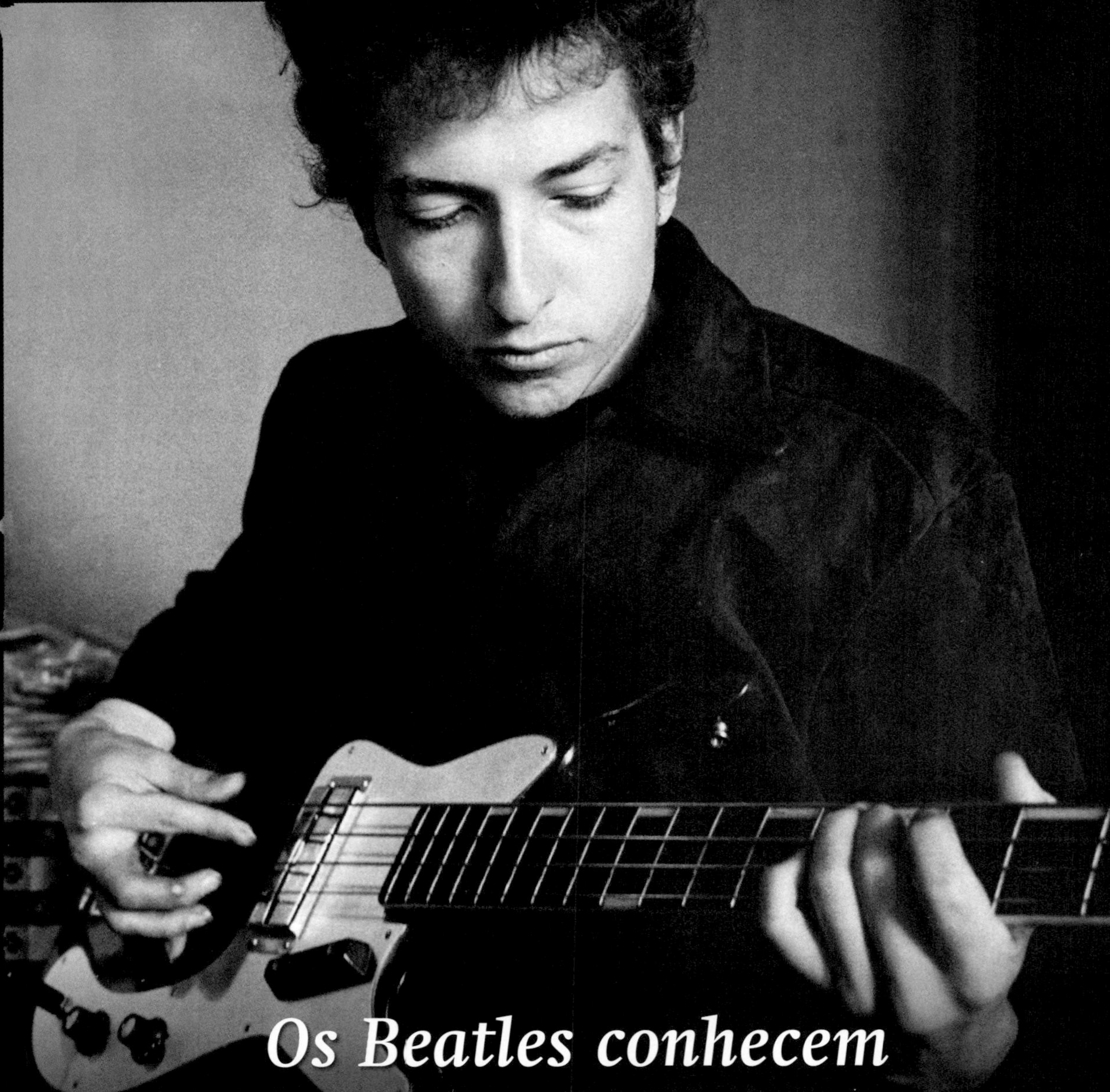

Os Beatles conhecem BOB DYLAN

DATA 28 de agosto de 1964, Hotel Delmonico, Nova York

Não eram apenas os fãs que desejavam ficar o mais próximo possível dos criadores da beatlemania. Os ricos e famosos se mostravam igualmente ansiosos por ter contato social com esses magos cabeludos de Liverpool. Lennon se enfurecia com a maioria deles. Ele não tinha o menor interesse em conhecer cantores de meia-idade, a comunidade do cinema de Hollywood ou os grandes ricaços. Em circunstâncias normais, tais pessoas não lhe dariam um só momento de atenção; agora ele deveria bancar o amigo só porque fazia parte dos Beatles?

Em particular, Lennon detestava quem dava "carteirada" para se aproximar dele. Enquanto os verdadeiros fãs ficavam horas esperando em condições horríveis apenas para ter um relance de seus ídolos, a banda era forçada a sorrir e posar com os filhos dos privilegiados. "Era sempre a filha do delegado ou a do prefeito; as crianças mais detestáveis, por terem os pais mais detestáveis", contou Lennon. "Essas pessoas eram empurradas sobre nós, e éramos forçados a vê-las o tempo todo. Eram experiências muito humilhantes."

Lennon tinha interesse em conhecer somente quem havia causado impacto em sua consciência — Elvis era o primeiro da lista, seguido por gente como Ray Charles e vários artistas da Motown — ou aqueles que estavam em voga, e Bob Dylan se encaixava perfeitamente nessa categoria.

Embora Paul McCartney tivesse ouvido uma coisa ou outra de Dylan, foi somente após terem ido a Paris que ele e os outros se envolveram para valer com sua obra. Durante uma entrevista na rádio, um gentil DJ francês lhes deu um exemplar do álbum *The Freewheelin' Bob Dylan*.

EMBORA O PÚBLICO BEATNIK DE DYLAN VISSE CINICAMENTE OS BEATLES COMO "MÚSICA ADOLESCENTE", O CANTOR TOMOU O CAMINHO OPOSTO. ELE CONSIDERAVA OS ACORDES DA BANDA "ESCANDALOSOS"

"Aquela deve ter sido a primeira vez que ouvi Dylan", John contaria depois. "Estávamos fazendo um lance na rádio por lá, e o cara tinha o disco no estúdio [...]. Nós o levamos para o hotel. E, durante o resto de nossas três semanas em Paris, não paramos de ouví-lo. Ficamos malucos pelo Dylan."

COM O VÍCIO AINDA SE ESTABELECENDO, RINGO FUMOU O BASEADO SOZINHO. ELE DESCONHECIA A NORMA SEGUNDO A QUAL O CIGARRO DEVERIA CIRCULAR ENTRE OS PRESENTES

O homem que arranjou o encontro foi o jornalista Al Aronowitz. Sua reportagem relatando a chegada dos Beatles aos Estados Unidos, que fora publicada na revista *The Saturday Evening Post*, foi apreciada pela banda por causa da perspectiva e da abordagem séria. Aronowitz também visitou Liverpool e conviveu com John. Ele falou maravilhas ao roqueiro sobre o poder da maconha. Posteriormente, o jornalista escreveria: "Para mim, a maconha era uma droga maravilhosa [...]. Como Aldous Huxley me ensinara, a erva me abriu as portas da percepção".

Na época, Aronowitz passava bastante tempo com Dylan e assim conseguiu juntar os astros. Dylan, por sua vez, era fã da banda. Durante uma turnê no começo daquele ano, ele ouviu os Beatles no rádio e foi imediatamente arrebatado pela musicalidade inteligente dos garotos. Embora o público beatnik de Dylan visse cinicamente o grupo como "música adolescente", o cantor tomou o caminho oposto. Ele considerava os acordes da banda "escandalosos".

Quando Dylan chegou à suíte dos Beatles, o grupo — também contando com a presença de Brian Epstein e Mal Evans — o saudou e foi lhe perguntando o que desejava beber. Dylan quis vinho. Mal Evans ficou incumbido de providenciar. Enquanto aguardavam, o grupo lhe contou que tinha anfetamina, caso ele quisesse. Dylan sugeriu que fumassem. A princípio a banda ficou intrigada, então a ficha caiu. Encabulados, eles desviaram o olhar até Epstein confessar que nunca haviam fumado maconha, o que não era inteiramente verdade. Após um show em Southport, o grupo experimentou a droga e passou a noite fazendo hora, esperando o efeito bater. No dia seguinte, deixaram a erva de lado. Naquele momento, eles apenas bebiam uísque e tomavam anfetamina.

Quando disseram que não fumavam maconha, Dylan pareceu intrigado. "Mas e aquela música?", ele questionou. "Aquela sobre ficar alto?" Mais confusão se instalou até que compreendessem a questão. Dylan confundira o verso "I can't hide" ("Não consigo esconder") com "I get high" ("Eu fico alto"), de "I Want to Hold Your Hand". John explicou tudo e acrescentou que, se Bob quisesse enrolar um baseado, não havia problema.

Tratava-se de algo perigoso. Fumar maconha podia resultar numa sentença de prisão pesada. O mundo aguardava do lado de fora do quarto do hotel, incluindo muitos policiais. Pensando nisso, toalhas molhadas foram colocadas na soleira das portas e o grupo passou para um segundo quarto, distante do corredor. Dylan enrolou o primeiro baseado e o entregou a Lennon, que de imediato o repassou a Ringo, "seu provador real", o que nos diz muito sobre a hierarquia da banda.

Com o vício ainda se estabelecendo — posteriormente, Starr frequentaria os Alcoólicos Anônimos —, Ringo fumou o baseado sozinho. Ele desconhecia a norma segundo a qual o cigarro deveria circular entre os presentes. Mais baseados foram enrolados e a erva rapidamente fez efeito. Como costuma acontecer com muitos fumantes de primeira viagem, os Beatles tiveram um acesso de riso. Epstein dizia estar tão alto quanto o teto, enquanto os outros rolavam de rir. Dylan atendia o telefone do quarto e, para o prazer da banda, berrava: "Isto é a beatlemania!" A festa durou até a madrugada, quando Dylan foi embora.

Os artistas manteriam um respeito mútuo e saudável. Dylan nunca viu o grupo como uma ameaça. Ambos tocavam para públicos distintos. Certamente, os fãs de Dylan eram mais velhos, muito mais antenados, com maior consciência social que os do conjunto britânico. Para os Beatles, o efeito de Dylan e da droga foi enorme. Logo se tornariam usuários frequentes de maconha, começando o dia com um baseado na mão e fumando até dizer chega. O segundo filme da banda, *Help!*, foi feito com os rapazes chapados a maior parte do tempo. A maconha os ajudava a matar o tédio que começavam a sentir.

Artisticamente, o maior efeito foi sobre Lennon. Ele passou a usar a música de Dylan como trampolim para suas composições. A canção mais óbvia nesse sentido foi "You've Got to Hide Your Love Away" e, mais tarde, "Norwegian Wood", ambas com melodias nitidamente dylanescas. Por sua vez, Dylan respondeu com "4th Time Around", do disco *Blonde on Blonde*.

PARA OS BEATLES, O EFEITO DE DYLAN E DA DROGA FOI ENORME. LOGO SE TORNARIAM USUÁRIOS FREQUENTES DE MACONHA, COMEÇANDO O DIA COM UM BASEADO NA MÃO

O talento lírico de Dylan e sua personalidade também inspiraram Lennon. Dylan provinha das tradições folclóricas norte-americanas e não compunha por encomenda, como John e Paul fizeram algumas vezes. Pelo contrário, ele utilizava as palavras para exprimir visões políticas e pessoais. Essa abordagem foi transmitida a John, que começou a se afastar da estrutura "rapaz conhece moça" — a qual lhe rendera muitos sucessos — e passou a criar canções mais introspectivas, como "Baby's in Black", "Help!" e "In My Life". Naturalmente, Lennon reconheceu a influência de Dylan, mas acrescentou: "Garanto que ele também pegou muita coisa nossa!"

John e George experimentam LSD

DATA Abril de 1965, Strathearn Place, Londres

Eles bebericaram o café e de repente a sala aumentou de tamanho. Cynthia Lennon olhou com atenção e viu que George Harrison e a namorada, Pattie Boyd, haviam se transformado em pequenos pontos no horizonte. Inacreditável. Um minuto antes, ambos estavam sentados bem na sua frente. Ela respirou fundo, questionando que diabos estava acontecendo. Enquanto isso, John, sentado ao seu lado, parecia completamente perdido, e Cindy, namorada do dentista, começou a gritar: "O Bismarck está afundando!" O LSD tinha acabado de entrar na Beatlelândia, e tudo mudaria para sempre.

O responsável por isso foi um dentista. John Riley estava instalado na Rua Harley e tinha muitos clientes famosos, incluindo George Harrison. Com 30 e poucos anos, Riley era carismático, moderno e tinha uma namorada glamorosa, Cindy Bury. Riley e George se deram bem e se tornaram bons amigos. George chegou a convidá-lo para ir às Bahamas quando eles estavam gravando o segundo filme, *Help!*.

Em abril de 1965 foi marcado um jantar, e George e John com as mulheres, Cynthia e Pattie, foram ao apartamento do dentista em Strathearn Place. A conversa naquela noite girou em torno da chegada de uma superdroga chamada LSD a Londres. Era a primeira vez que Harrison ouvia falar na substância. Tal estado de ignorância não duraria muito tempo. Após o jantar, sorrateiramente Riley colocou LSD no café deles.

GEORGE COMEÇOU A SENTIR OS BENEFÍCIOS DA DROGA. ELE QUERIA DIZER AO MUNDO QUE AMAVA A TUDO E A TODOS

Conforme a droga começava a exercer seus estranhos poderes alucinantes, os quatro convidados sentiram o ímpeto de sair da casa. Riley tentou impedi-los e confessou ter colocado a droga no café. Seu ato foi mal compreendido. As garotas acharam que ele queria organizar uma orgia. Com a sensação de pânico ressaltada, os dois casais saíram correndo para o carro de George, estacionado ali perto, e rumaram ao Pickwick Club, onde o trio Paddy, Klaus & Gibson se apresentava. Depois foram ao Ad Lib Club.

Para chegar ao bar, os clientes tinham de entrar num elevador e subir quatro andares. Enquanto subiam, uma luz vermelha se acendeu e imediatamente eles acharam que o elevador pegara fogo. Os quatro entraram gritando no Ad Lib.

De algum modo, eles conseguiram se sentar a uma mesa. Um colega, também astro do pop (de nome não revelado), se sentou ao lado de Lennon. "Posso me sentar aqui?", indagou ao líder dos Beatles. "Só se não falar comigo", rosnou o guitarrista. Então, o dentista apareceu. Ele os seguira até o bar. Riley se sentou e imediatamente se transformou num porco.

George começou a sentir os benefícios da droga. "Eu me senti apaixonado", ele contaria. "Não por algo ou alguém em particular, mas por tudo. Tudo era perfeito, havia uma luz perfeita. Senti um desejo enorme de ficar andando pelo bar e dizendo às pessoas que eu as amava, gente que eu nunca tinha visto antes." Foi uma experiência e tanto para quem era considerado o mais cômico do grupo. George possuía pouco do carisma de John, do otimismo de Paul e da personalidade agradável de Ringo. Porém agora ele queria dizer ao mundo que amava a tudo e a todos.

Os quatro deixaram o bar, entraram no carro de George e voltaram à sua residência em Surrey, a pouco mais de vinte quilômetros por hora. Cynthia se jogou na cama, ainda sentindo os efeitos alucinógenos e com medo de nunca mais recuperar a sanidade. George e Pattie deixaram John no andar de baixo desenhando em pedaços de papel, convencido de que a casa do amigo era um submarino e sua função como capitão era guiar o grupo pelas águas turbulentas (mesmo nesse estado distorcido, ele se via como líder). Por coincidência, o submarino era amarelo.

O LSD JOGAVA POR TERRA TODO O PRECONCEITO. PARA LENNON, O INSOLENTE DE LÍNGUA AFIADA, TRATAVA-SE DE UMA REVELAÇÃO. O ÁCIDO O COLOCOU NUM CAMINHO COMPLETAMENTE NOVO

Passaram-se quatro meses antes de John e George voltarem a tomar ácido lisérgico, dessa vez durante a turnê norte-americana de 1965, numa enorme casa alugada para eles em Hollywood. Ringo também tomou. Paul não. Ele estava preocupado demais com os efeitos da droga em longo prazo. Ele adorava maconha; LSD era outro papo. O baixista deixava os outros viajarem rumo ao desconhecido. Paul muitas vezes comparava seu relacionamento com John descrevendo dois homens parados à beira do abismo. John sempre pulava de cabeça e depois contava a Paul sua experiência. O mesmo se deu com o LSD.

O grupo The Byrds também estava lá com eles, bem como o ator Peter Fonda. Quando criança, Fonda enfrentou uma enfermidade grave. Por duas vezes seu coração parou, tendo de ser reanimado. Enquanto todo mundo viajava, Fonda colava em Lennon e dizia: "Eu sei como é estar morto". Deleitando-se com o sol, a paisagem e as modelos diante de si, Lennon ficava fugindo, com Fonda em seu encalço e repetindo: "Eu sei como é estar morto". John usaria essa frase na composição "She Said She Said", do álbum *Revolver* – obra que, em seu uso de sons e imagens, refletia o consumo de drogas pelo grupo.

O LSD OS AFASTOU DAS GAROTAS HISTÉRICAS, LEVANDO-OS AO CORAÇÃO DA CULTURA UNDERGROUND LONDRINA

No entanto, não foi essa a primeira canção da banda inspirada pelo ácido lisérgico. Essa honra cabe a outra composição de Lennon, "The Word", do sexto LP da banda, *Rubber Soul*. Embora na época fosse vista como uma canção de amor, não era nada disso. Muitos defensores do LSD já vivenciaram emoções eufóricas e profundas. George desejar falar "Eu te amo" para todos os presentes no Ad Lib Club, na primeira vez em que ingeriu o ácido, é um exemplo típico de seu efeito. O LSD jogava por terra todo o preconceito, e para Lennon, o insolente de língua afiada, tratava-se de uma revelação. O ácido o colocou num caminho completamente novo. Dessa forma, "The Word" celebrava os sentimentos profundos de amor que ele vivenciava.

Durante três anos, John tomou LSD regularmente, e a droga o ajudou a moldar seu estilo de composição. O ácido lisérgico tirou os Beatles da beatlemania e os transformou num grupo completamente diferente. A droga mudou sua música, suas perspectivas, suas roupas e sua vida. Somado ao impulso incontrolável de progredir artisticamente, o LSD os afastou das garotas histéricas, levando-os ao coração da cultura underground londrina. Em breve, sua missão seria disseminar a palavra.

A primeira canção criada por John após a experiência inicial com o LSD foi "Help!". Depois do ácido, o guitarrista raramente compunha canções de amor como as que lhe renderam enorme fortuna, optando por analisar a si mesmo e ao passado – como em "In My Life" e "Nowhere Man" – ou retomar os impulsos beatniks e começar a compor de forma muito mais fragmentada, na qual as imagens faziam todo o trabalho – como em "Strawberry Fields Forever" e "I Am the Walrus". Foi uma transformação notável. Os Beatles levaram a cabo algo que nenhuma banda fizera: eles se reinventaram e ainda mantiveram a posição de maior grupo musical do mundo. Já as experiências de McCartney com LSD levaram a banda numa direção totalmente inesperada.

Os Beatles fazem seu MAIOR SHOW

DATA 15 de agosto de 1965, estádio Shea, Nova York

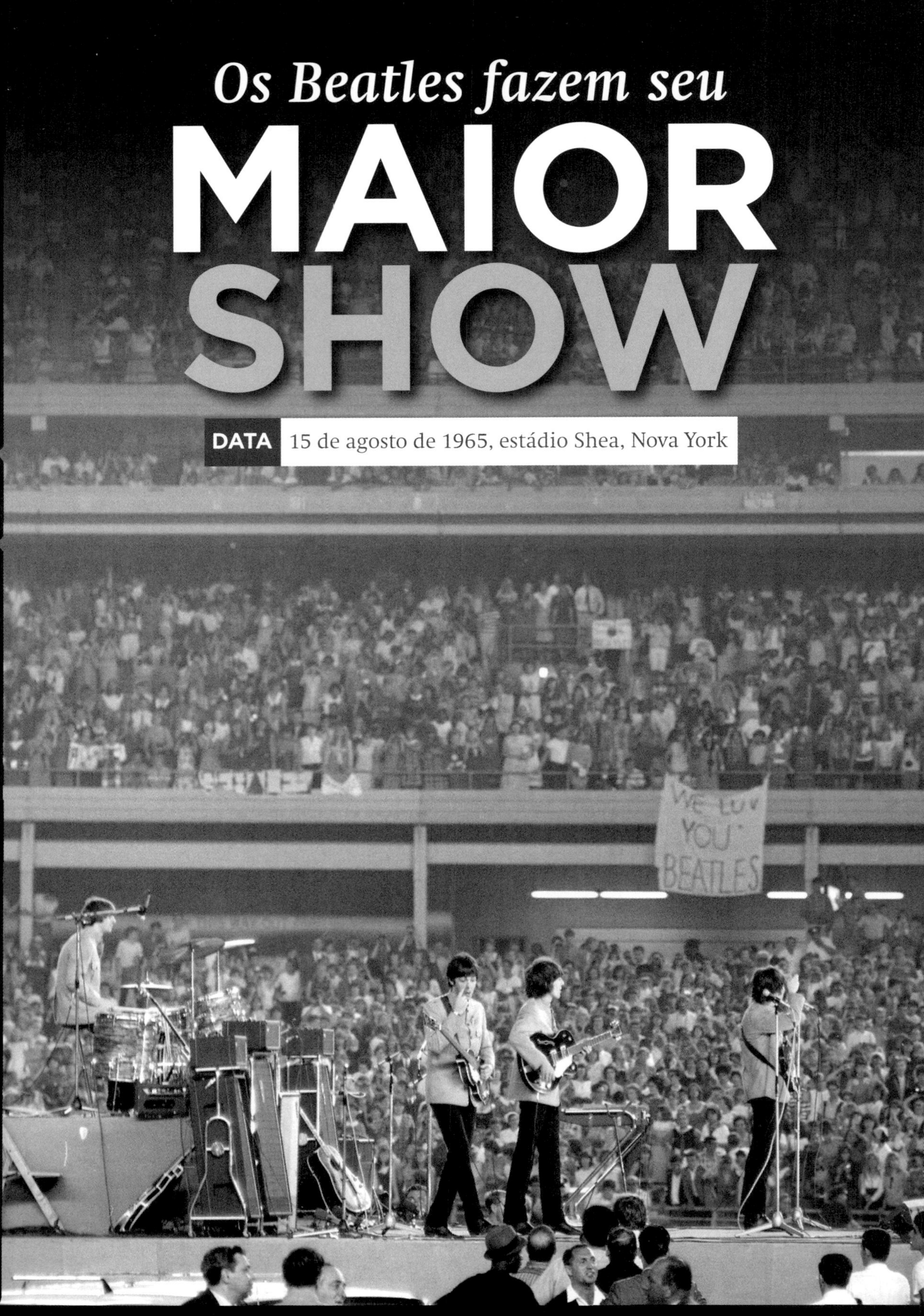

"E agora, senhoras e senhores, honrados em seu país, condecorados por sua rainha, eles adoram estar nos Estados Unidos... Aqui estão os Beatles." Assim Ed Sullivan apresentou a banda no memorável show no estádio Shea. Mais de 55 mil pessoas compareceram, e impressionantes 304 mil dólares foram arrecadados com a venda de ingressos. Mesmo hoje, esse continua sendo um dos maiores shows já realizados, um empreendimento audacioso que solidificou o status triunfante do grupo e deu início à sua futura derrocada.

O estádio era a casa de equipes de beisebol e futebol americano de Nova York — respectivamente, Mets e Jets —, e nunca fora utilizado para um espetáculo. Nenhum estádio de futebol americano havia sido — mais uma estreia para o conjunto. Sid Bernstein, promotor dos Beatles nos Estados Unidos, sabia que eles seriam capazes de lotar aquele local gigantesco. Quando mencionou a ideia a Epstein, o empresário da banda disse que precisava de um sinal de pelo menos cinquenta mil dólares. Bernstein não dispunha de tanto dinheiro, mas tinha inteligência. Ele publicou um anúncio em um jornal nova-iorquino, em janeiro de 1965, solicitando a compra antecipada de ingressos. Assim ele esperava arrecadar o suficiente para bancar o sinal. Contudo, ao abrir a correspondência um mês depois, cem mil dólares o aguardavam, o dobro da quantia exigida. Ele passou a trabalhar de imediato.

A VOX HAVIA PROJETADO AMPLIFICADORES DE CEM WATTS ESPECIALMENTE PARA A BANDA TOCAR EM LOCAIS DO GÊNERO, MAS ELES SE MOSTRARAM INEFICAZES. TUDO NÃO PASSAVA DE BARULHO E CAOS

A abertura do show contou com artistas como Brenda Holloway and The King Curtis Band e Sounds Incorporated (contratados pela NEMS). A banda não assistiu a nenhum desses shows. Eles usaram um helicóptero para chegar até um local nas proximidades do estádio. Depois um caminhão blindado do banco Wells Fargo repleto de policiais os conduziu até lá. No caminho, os policiais gentilmente cederam seus distintivos à banda, os quais os Beatles prenderam aos casacos beges sem colarinho e com jeitão militar antes de subirem ao palco.

O palco ficava a centenas de metros dos fãs. O grupo nunca ficara tão longe do público. Mais tarde, Ringo afirmou: "Foi a primeira vez que tocamos para milhares de pessoas, e fomos a primeira banda a fazer isso, mas aconteceu de forma totalmente contrária ao que tínhamos a intenção de fazer, isto é, divertir as pessoas de perto".

LENNON FOI O PRIMEIRO A PIRAR. DURANTE A CANÇÃO "I'M DOWN", ELE COMEÇOU A TOCAR O ÓRGÃO COM OS COTOVELOS, AO ESTILO DE JERRY LEE LEWIS. O ROSTO DO ROQUEIRO SE CONTORCIA LOUCAMENTE

No camarim, o grupo teve uma crise de ansiedade, mas no palco o frio na barriga evaporou, principalmente quando John começou a fazer palhaçadas. As brincadeiras do líder deram à banda a permissão necessária para relaxar e curtir o momento, em vez de levar o espetáculo tão a sério.

O show começou com "Twist and Shout", canção que fazia referência às raízes roqueiras e que os Beatles tornaram tão deles a ponto de a maioria das pessoas acreditar que era uma composição própria. Depois atacaram com "She's a Woman", "I Feel Fine", "Dizzy Miss Lizzy" e "Ticket to Ride". Então George passou a ser o centro das atenções e cantou "Everybody's Trying to Be My Baby", de Carl Perkins. Após versões frenéticas de "Can't Buy Me Love" e "Baby's in Black", os holofotes se viraram para Ringo, que cantou "Act Naturally", de Buck Owens. Para finalizar o show, o grupo escolheu "A Hard Day's Night", "Help!" e "I'm Down".

Enquanto eles tocavam, os gritos, berros e apelos dos 55 mil adolescentes arremetiam sobre eles, sem nunca perderem a intensidade. Os espectadores adultos — policiais, roadies e toda a equipe do show — tinham de tapar os ouvidos para suportar. A VOX havia projetado amplificadores de cem watts especialmente para a banda tocar em locais do gênero, mas eles se mostraram ineficazes. Tudo não passava de barulho e caos. Enquanto isso, fãs frequentemente rompiam a cerca montada entre eles e tentavam alcançar o grupo, sem sucesso. A distância era muito longa, e a polícia, mais veloz.

Lennon foi o primeiro a pirar. Durante a canção "I'm Down", ele começou a tocar o órgão com os cotovelos, ao estilo de Jerry Lee Lewis. O rosto do roqueiro se contorcia loucamente, enquanto ele suava em bicas. John gritava obscenidades para a plateia, que simplesmente berrava mais alto. Paul assumiu o trabalho habitual, falando jovialmente com os fãs, incapazes de ouvir uma palavra sequer. George e Ringo ficaram parados ali e se deixaram levar. A banda tocou doze canções, e os Estados Unidos gritaram em aprovação.

"Pelo que nos falaram, foi o maior show ao vivo de todos os tempos", Lennon contaria. "[...] lá em cima com o microfone, você não tenta entender as coisas, você esquece quem é. Assim que você liga os instrumentos e o barulho começa, trata-se apenas de um grupo tocando novamente em qualquer lugar [...]."

Essa citação nos oferece um belo vislumbre de por que a banda aceitou, de bom grado, fazer turnês tão exaustivas. No palco, eles esqueciam a beatlemania e se tornavam apenas músicos. "Eu sempre me sinto seguro no palco", Lennon diria posteriormente. "Até mesmo quando invadem, eu me sinto bem quando os equipamentos estão ligados." Contudo, era longe do palco que a loucura se tornava perigosa.

George Martin, o produtor, afirmou uma vez: "Aonde quer que fossem, havia uma multidão tentando agarrá-los [...]. Eles só tinham paz [...] no quarto do hotel, assistindo à televisão e ouvindo os gritos do lado de fora [...]. Na verdade, era uma vida infernal".

O estádio Shea ofereceu muitas "estreias" naquela noite, mas ninguém sabia até então que a banda chegara ao pico do sucesso. Nunca mais eles tocariam para tantas pessoas num concerto, e nunca mais lotariam uma arena tão grande. A beatlemania começaria a passar. Eles voltaram no ano seguinte para tocar novamente no estádio, mas eram indivíduos muito diferentes daqueles que tocaram na noite de 1965. A criatividade imbatível e o fascínio pelas drogas levariam a banda numa direção completamente diferente. Dentro de dois anos, a gritaria chegaria ao fim — a febre passaria para os Monkees, a resposta norte-americana aos Beatles —, e os fãs da banda se tornariam a representação do novo movimento hippie.

O ESTÁDIO SHEA OFERECEU MUITAS "ESTREIAS" NAQUELA NOITE, MAS NINGUÉM SABIA ATÉ ENTÃO QUE A BANDA CHEGARA AO PICO DO SUCESSO

Num nível mais prosaico, concertos como os do estádio Shea eram um pesadelo e não favoreciam ninguém. Os fãs pagavam um bom dinheiro para se sentar em cadeiras e tentar ver seus ídolos, que aparentemente estavam tocando em algum ponto perdido na distância. Enquanto isso, a banda que queria ser maior que Elvis não conseguia se ouvir tocando. Eles começaram a lembrar da época do Cavern, quando podiam tocar rock'n'roll a noite inteira para um público que aplaudia todas as notas, e depois todos voltavam felizes para casa. Eles não faziam mais nada disso.

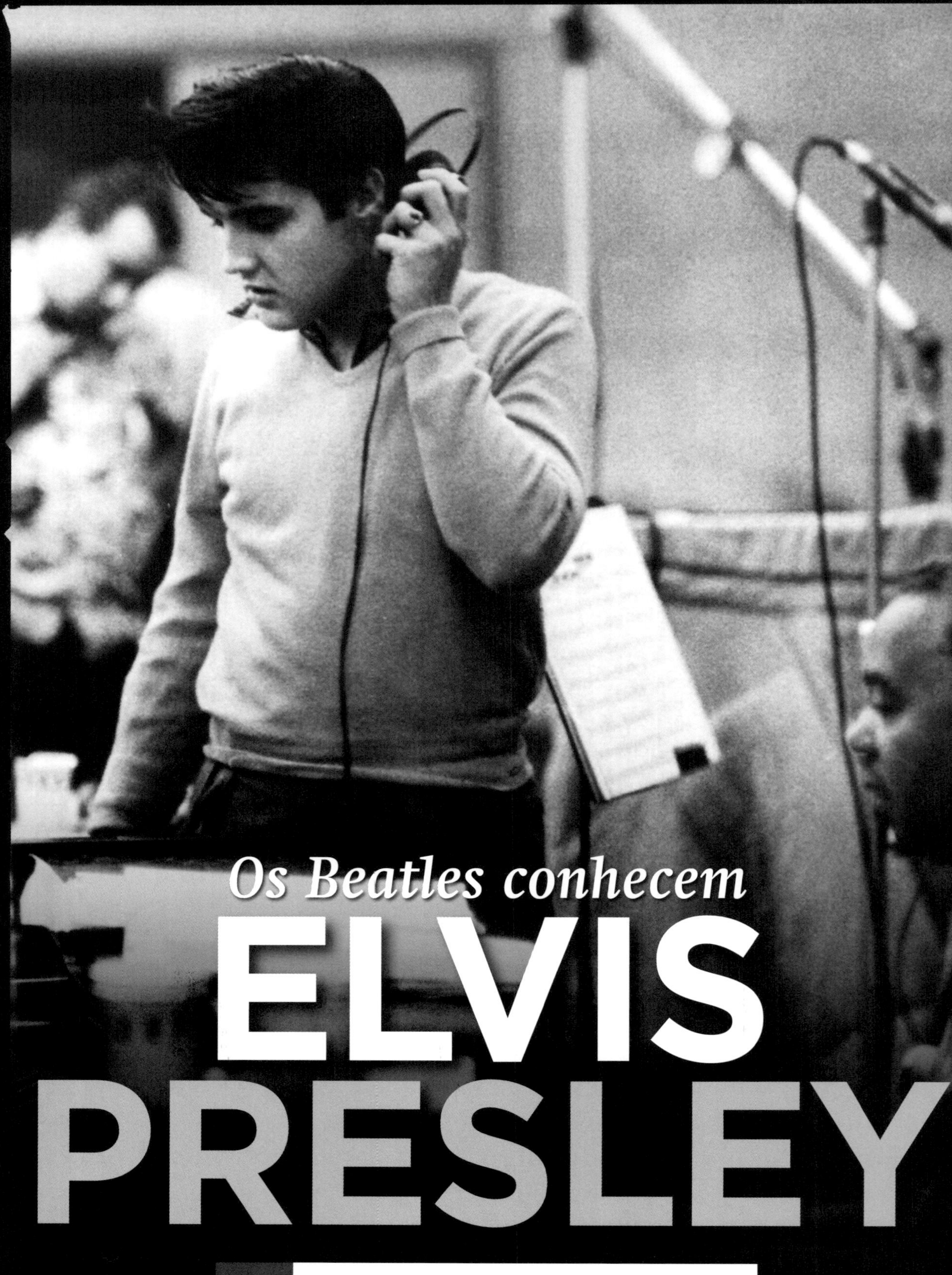

Os Beatles conhecem

ELVIS PRESLEY

DATA 27 de agosto de 1965, Hollywood, Los Angeles

Dizem que nunca se esquece o primeiro amor. No caso dos Beatles, isso significava somente uma pessoa: Elvis Aaron Presley. O cantor significava muito para eles, porque Elvis havia literalmente mudado a vida dos rapazes. Sem Elvis, não haveria Beatles, e ponto-final.

Antes de Elvis chegar feito uma explosão, os Beatles eram garotos inquietos e descontentes, vivendo num mundo pré-adolescente sem foco e ouvindo todos os estilos musicais — teatro de variedades, blues, jazz e country. Todas essas influências terminariam por servir de base para suas próprias composições e iriam distingui-los brilhantemente dos outros grupos. Mas então Elvis chegou de repente, não deixando pedra sobre pedra.

A música de Elvis era diferente de tudo que eles já haviam escutado. Era estridente, crua, bruta e, acima de tudo, sexy. De repente, os adolescentes tinham um foco, um símbolo que poderiam usar para acabar de vez com o mundo cinza e constantemente hostil do pós-guerra no qual haviam crescido. E foi isso que os Beatles fizeram: eles mudaram o mundo. Graças a Elvis.

Particularmente para Lennon, Elvis era um cara especial. Ele deu a John algo nunca antes experimentado: direção. Quando viu Elvis projetado enormemente numa tela de cinema, a confusão adolescente que assolava seu cérebro havia anos desapareceu como num passe de mágica. Ele soube que se tornaria roqueiro, pura e simplesmente. Por ter lhe dado esse conhecimento, John devia muito ao homem que chamavam de Rei do Rock'n'Roll.

Quando os Beatles se tornaram conhecidos no mundo inteiro, vários tipos de celebridades ansiosamente formaram filas para conhecê-los. A maioria o fazia por curiosidade e preocupação, desejando saber quem eram aqueles rapazes cabeludos e abusados. Os Beatles apertaram algumas dessas mãos e recusaram outras. No entanto, eles sabiam que o único que realmente desejavam conhecer era Elvis. Mesmo que o Rei do Rock não vivesse mais seus dias de glória, a banda ainda o tinha na mais alta conta. Ele era Elvis e pronto.

DE REPENTE, OS BEATLES SENTIRAM UMA EMOÇÃO QUE NÃO OS ACOMETIA HAVIA ANOS: A ADORAÇÃO DE FÃ. A AUTOESTIMA E A SENSAÇÃO DE PODER DESAPARECERAM

Foram necessários três dias de planejamento, com mensagens indo e vindo entre os dois lados em relação a horários e lugares, tudo ultrassecreto. Contudo, assim que o encontro foi acertado, alguém claramente deu com a língua nos dentes, pois, quando os Beatles chegaram à casa de Elvis em Hollywood, centenas de fãs os aguardavam. A banda avançou pela propriedade para ser recebida pelo pessoal de Elvis, todos eles, incluindo Priscilla, a futura esposa do Rei, empolgados por conhecê-los. Elvis estava indiferente. Quatro magricelos da velha Grã-Bretanha tomando sua coroa? Nada disso, meu chapa.

ENTÃO APARECERAM INSTRUMENTOS MUSICAIS. ELVIS PEGOU UM BAIXO, JOHN, PAUL E GEORGE TOMARAM VIOLÕES, E RINGO IMPROVISOU USANDO A LATERAL DA POLTRONA PARA MARCAR O RITMO

Ele os recebeu na entrada da casa. Vestia camisa vermelha, calças pretas e colete igualmente preto. De repente, os Beatles sentiram uma emoção que não os acometia havia anos: a adoração de fã. A autoestima e a sensação de poder desapareceram enquanto encaravam o homem que tanto significava para eles.

Mais tarde, John Lennon afirmou: "Aquele era o cara que todos nós idolatramos durante anos, desde quando estávamos começando em Liverpool. Ele era uma lenda viva, e nunca é fácil conhecer uma lenda viva".

O grupo se dirigiu a uma grande sala de estar. Para condizer com a hierarquia da banda, John e Paul se sentaram ao lado de Elvis, enquanto Ringo e George se sentaram no chão. Os Beatles então se viram completamente sem assunto, simplesmente sem saber o que falar ao homem que mudara a vida deles. Assim, apenas olhavam para o Rei e sorriam. Por fim, Elvis falou: "Se vocês forem ficar aí parados me olhando, vou me deitar". Aquilo desanuviou a tensão.

Então apareceram instrumentos musicais. Elvis pegou um baixo, John, Paul e George tomaram violões, e Ringo improvisou usando a lateral da poltrona para marcar o ritmo. Eles tocaram uma série de canções, de Cilla Black a Presley, dos Beatles aos Shadows, com Paul assumindo o piano mais tarde. Eles tocaram por cerca de uma hora e depois deixaram os instrumentos de lado.

A conversa então se virou para as experiências ligadas à fama. Lennon comentou que os Beatles eram quatro, e um podia contar com o outro, enquanto Elvis tinha de enfrentar o fogo sozinho. Segundo alguns relatos, Lennon não teria conseguido controlar a língua, criticando o Rei por abandonar o rock'n'roll cru para se dedicar ao cinema e gravar canções pouco significativas. Elvis respondeu: "Bom, eu posso muito bem gravar alguma coisa e derrubar vocês do topo". Risadas levemente desconfortáveis preencheram a sala. Houve mais bate-papo sobre carros e aviões, George dividiu um baseado com um funcionário de Elvis no jardim e Ringo jogou sinuca. Brian Epstein e o coronel Tom Parker se divertiram com a roleta.

EM SUA REUNIÃO COM NIXON, ELVIS ATACOU OS BEATLES. ELES USAVAM DROGAS E ERAM UM EXEMPLO TERRÍVEL PARA A JUVENTUDE NORTE-AMERICANA

A reunião terminou com Elvis afirmando ter trabalho no dia seguinte. Então a banda sugeriu que ele os encontrasse na noite seguinte no hotel onde estavam hospedados. O Rei respondeu que veria o que poderia fazer, acompanhando o grupo até a porta. Eles se despediram e, sabendo que Elvis era um grande fã de Peter Sellers, Lennon gritou imitando o ator: "Valeu pela música, Elvis. E vida longa ao Rei!"

No dia seguinte, um funcionário de Elvis foi ao hotel dos Beatles informar que o patrão não iria visitá-los. Lennon enviou um bilhete ao Rei: "Se não fosse você, eu nada seria". Quando o recebeu, Elvis apenas sorriu. Embora em público os Beatles sempre tenham mantido a versão de que o encontro fora uma festa — foi uma grande noitada, Elvis foi fabuloso e assim por diante —, em particular eles estavam decepcionados.

Aconteceu uma reviravolta estranha ligada a esse encontro, descoberta muitos anos depois, quando arquivos do FBI revelaram que Elvis fez uma visita não agendada ao presidente dos Estados Unidos, Richard Nixon, em dezembro de 1970, para lhe entregar uma carta. Por escrito, o Rei pedia para o presidente torná-lo agente do FBI, permitindo-lhe espionar para o governo. Ele entregou a carta às 6h30 da manhã e voltou ao hotel, onde ficou aguardando. Temendo a publicidade ruim caso ignorasse tamanho ídolo musical, a Casa Branca o convidou para tomar café com o presidente.

Em sua reunião com Nixon, Elvis atacou os Beatles. De acordo com o Rei, eles usavam drogas e eram um exemplo terrível para a juventude norte-americana, um foco de atividade antiamericana. Como artista, Elvis estava numa posição perfeita para ficar de olho em subversivos e relatar transgressões às autoridades. Nixon ouviu suas ideias para mantê-lo feliz e o despachou, entregando a Presley o que ele mais desejava: um distintivo do FBI.

O Rei voltou para casa cheio de alegria. Ele era agente do FBI, amigo e chapa de Richard Milhous Nixon. Entretanto, nunca gravou as canções que colocariam os Beatles em seu devido lugar e nem sequer percebeu que, quando seu encontro com o presidente aconteceu, os Beatles já haviam se separado.

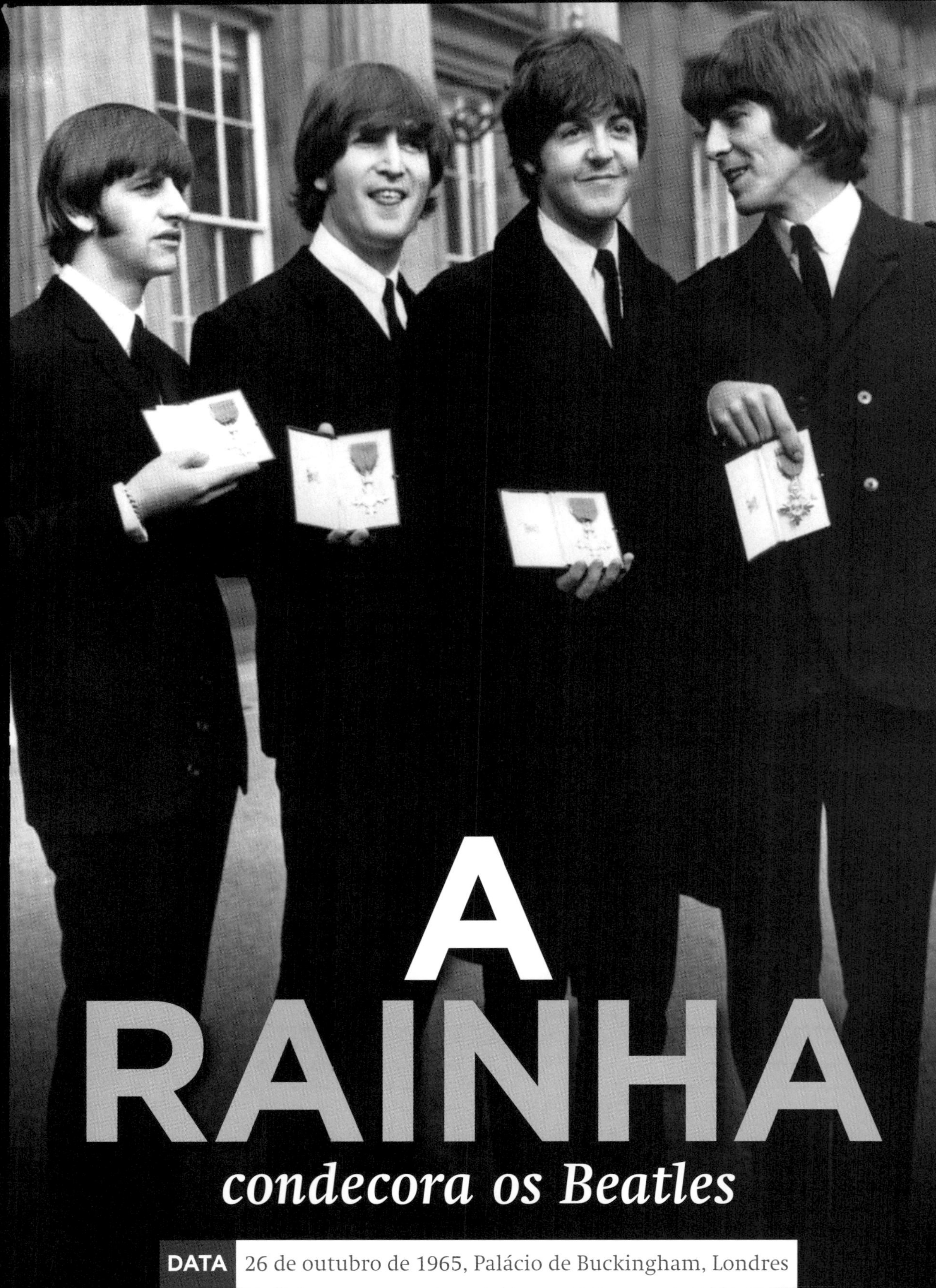

A RAINHA *condecora os Beatles*

DATA 26 de outubro de 1965, Palácio de Buckingham, Londres

Embora, anos mais tarde, Lennon alegasse frequentemente que os Beatles se venderam quando trocaram a roupa de couro por ternos de *mohair*, a afirmação é um tanto injusta. Porém, se realmente cometeram esse crime contra sua própria geração, certamente foi no dia em que se dirigiram ao Palácio de Buckingham para ser consagrados Membros do Império Britânico (MBE) pela rainha Elizabeth.

Em qualquer nível, tratava-se de um evento notável — a família real honrando quatro rapazes da classe operária de Liverpool que se revelaram sujeitos descarados e insolentes? Muito impressionante. O fato de também serem quatro caras altamente promíscuos e usuários regulares de drogas foi sem dúvida mantido longe dos olhos reais.

Ringo e Paul afirmaram que todos eles ficaram muito impressionados quando Brian Epstein deu a notícia. "Todos nós ficamos muito empolgados", foi a recordação de Ringo. Então, contou Paul, certo cinismo começou a se insinuar. Quando conheceram o real significado daquilo — receber quarenta libras anuais e ter direito a entrada gratuita na galeria acústica da Catedral de São Paulo, em Londres —, parte da empolgação começou a sumir.

De sua parte, John disse que não desejava participar do evento, embora Cynthia conte as coisas de outra maneira. Segundo ela, o ex-marido nunca se recusou a receber a condecoração. Na verdade, ele estava animado porque impressionaria tremendamente tia Mimi. Lennon contou outra história. O guitarrista alegou — assim como outras pessoas ao redor — que a carta recebida por ele, perguntando formalmente se aceitaria o prêmio, foi jogada sobre um monte de correspondências de fãs, e somente a intervenção de Epstein, entre outros, o convenceu a mudar de ideia. Sem dúvida, foi-lhe explicado que, se a notícia de seu desdém pela rainha se tornasse pública — como inevitavelmente viria a acontecer —, o dano causado ao grupo seria colossal. Os Beatles podiam ser artistas muito famosos, mas a rainha era da realeza e, na Grã-Bretanha, não se brinca com a realeza. A imprensa teria feito picadinho dele e da banda. Valeria a pena?

A ironia da situação não escapou à mente ágil de Lennon. Conforme o conjunto se tornava mais bem-sucedido, mais eles ficavam presos. A música popular deveria conceder liberdade a seus filhos mais ilustres, mas, em vez disso, eles se viam emaranhados num cenário infindável de situações intragáveis, as quais não conseguiam controlar nem delas escapar. Além disso, ainda mais irônico era o fato de que Brian Epstein, o homem responsável por convencer Lennon a aceitar o prêmio, tenha sido esnobado pelo Palácio. Na consciência nacional, Epstein era um Beatle como os outros, mas o empresário não foi convidado para a cerimônia. Para observadores, sua religião e sua preferência sexual depunham contra ele. Apropriadamente, George lhe estendeu a mão, declarando que o prêmio na verdade representava Brian Epstein. A princesa Margaret, uma das integrantes mais liberais da família real, também afirmou isso para demonstrar apoio a Brian.

AINDA MAIS IRÔNICO ERA O FATO DE QUE BRIAN EPSTEIN, O HOMEM RESPONSÁVEL POR CONVENCER LENNON A ACEITAR O PRÊMIO, TENHA SIDO ESNOBADO PELO PALÁCIO

A relutância de Lennon foi contra-atacada por sua capacidade de pôr de lado o preconceito e absorver a situação. Artisticamente, Lennon, o compositor, estava sempre faminto por novas experiências. Conversar com a rainha atendia a esse requisito. Ele afirmou: "Embora não acreditemos na família real, não dá para não ficar impressionado quando se está no palácio diante da rainha. Parecia um sonho".

Depois Lennon afirmou que eles riam como loucos porque haviam fumado maconha no banheiro. Peter Brown, que trabalhou na NEMS Records, foi a fundo nessa história no livro *The Love You Make, An Insider's Story of The Beatles* (1984), alegando que Lennon havia enrolado um baseado para o príncipe Charles, então com 16 anos, que era fã do grupo. Lennon queria que ele ficasse ligado.

George Harrison rapidamente repudiou essa versão. Eles foram ao banheiro e fumaram cigarros, não baseados. "Nunca fumamos maconha na cerimônia de investidura. Anos depois, garanto que o John poderia estar pensando e se lembrando: 'Ah, sim, nós fomos ao banheiro e fumamos um baseado...' Mas isso não aconteceu."

Quando os Beatles conheceram a rainha, ela perguntou a Ringo se ele havia fundado o grupo. Ele contou que fora o último a entrar. A rainha quis saber há quanto tempo a banda existia; imediatamente, Paul e Ringo cantaram "My Old Dutch", antiga música do teatro de variedades composta por Albert Chevalier. Ali estavam dois nativos de Liverpool cantando uma canção *cockney** para a rainha. Somente na Beatlelândia tais eventos poderiam ocorrer — não é à toa que Lennon se lembrava do encontro como "um sonho".

E também não surpreende que, na conservadora Grã-Bretanha, vários soldados tenham devolvido suas medalhas em protesto contra o fato de quatro músicos cabeludos de Liverpool terem recebido a mesma homenagem que eles. A verve de Lennon foi brilhantemente mordaz: "Eles ganharam as deles por matarem pessoas. Nós ganhamos as

* Espécie de dialeto da classe baixa londrina. (N. do T.)

nossas por não matá-las". Ele também sentiu pena de Elizabeth.

Como Lennon afirmou ao biógrafo Hunter Davies no livro *A vida dos Beatles* (1968): "Realmente acho que a rainha acredita naquilo tudo. Ela precisa. Eu não acredito que John Lennon, o Beatle, seja diferente de qualquer outra pessoa, porque ele não é. Sou apenas um cara. Contudo, garanto que a rainha se considera diferente".

Depois, numa entrevista ao programa de televisão *Newsfront*, com Mitchell Krause, ele acrescentou: "Imagine ser criado assim durante dois mil anos! Deve ser muito esquisito. Deve ser difícil para eles tentar ser seres humanos [...] você sente pena de gente assim, porque eles são como nós, mas numa versão piorada".

Após receber as medalhas — com o Palácio de Buckingham cercado por fãs aos gritos —, a banda foi embora numa limusine para dar continuidade ao grande sonho. Porém, ao longo dos anos, a medalha importunaria Lennon. Os outros não viam problema no fato, encarando tudo com certa ironia. Dois anos mais tarde, quando foram fotografados para a icônica capa do disco *Sgt. Pepper's Lonely Hearts Club Band*, Paul e George colocaram as medalhas no peito dos uniformes alugados.

Enquanto isso, Lennon dera sua medalha para tia Mimi, fã de carteirinha de todas as coisas ligadas à realeza, sabendo como aquilo seria importante para ela. Entretanto, o guitarrista não conseguiria deixar o assunto para lá. Os outros encaravam a situação numa boa, mas o coração de Lennon era diferente; ele precisava confrontá-la dentro de sua consciência para aceitar e tocar em frente. Por fim, em novembro de 1969, ele tirou a medalha do consolo da lareira de Mimi e a devolveu ao Palácio, com um bilhete no qual afirmava estar devolvendo em protesto contra o envolvimento britânico na África e no Vietnã, e por seu novo compacto estar caindo das paradas.

EM 1969, JOHN TIROU A MEDALHA DO CONSOLO DA LAREIRA DE MIMI E A DEVOLVEU AO PALÁCIO EM PROTESTO

Posteriormente, ele afirmou: "Foi hipocrisia minha aceitá-la, mas fico feliz por ter feito isso — assim, quatro anos depois, pude usá-la como um gesto". Ele tinha 29 anos quando tomou tal atitude, e era bastante diferente do homem que conhecera sua inimiga e sentira pena dela naquele dia em outubro de 1965.

A música de LENNON E McCARTNEY *vira programa de TV*

DATA 17 de dezembro de 1965, estúdio da TV Granada, Manchester

Em 1965, Johnnie Hamp, assim como o resto do país, estava fascinado e intrigado pelo fenômeno conhecido como beatlemania. E, como o resto do mundo, ele era um grande fã da banda. Hamp chegara à posição de chefe de entretenimento leve da TV Granada e sabia que o grupo se afogava em convites. Para ter a aprovação da banda, o projeto teria de ser estiloso, criativo e estar em harmonia com seus altos padrões.

Foi assim que se concebeu a ideia de um programa apresentado por John e Paul, mas destinado a trazer outros artistas cantando as composições da dupla. Hamp passou a bola para o grupo. A televisão raramente honrava a música popular dessa maneira, e os rapazes rapidamente deram sua aprovação.

Indagados se desejavam sugerir artistas, o grupo pediu Ella Fitzgerald, cuja versão de "Can't Buy Me Love" dera aos Beatles uma presença inesperada no mundo do jazz. Infelizmente a cantora não estava disponível para participar. Entre os que poderiam, estavam o compositor cinematográfico Henry Mancini, a dupla Peter e Gordon, Dick Rivers (roqueiro da França que cantou uma versão de "Things We Said Today" em francês), Esther Phillips, Lulu, Peter Sellers, Cilla Black, Billy J. Kramer e Marianne Faithfull.

O programa ressaltou a grande versatilidade da composição de Lennon e McCartney — "She Loves You", "A Hard Day's Night" e "We Can Work It Out" representando a habilidade de criar canções altamente contagiantes, e "Yesterday", em especial, exibindo um lado mais maduro e profundo. O programa foi realizado num momento em que o LSD ainda não afetara fortemente as composições de John. No mês de abril do ano seguinte, eles começariam a gravação do disco *Revolver*, obra que os levaria a um patamar completamente novo de excelência artística. O programa de TV, então, demarcaria de muitas formas o fim dessa primeira fase do jeito de compor, principalmente de John.

Existe apenas um relato testemunhal sobre os dois músicos compondo antes do LSD, encontrado no livro *A vida fantástica dos Beatles* (1964), de Michael Braun. Ele teve permissão para acompanhar a dupla escrevendo a canção "One and One Is Two" para o cantor Billy J. Kramer. Quando a sessão começou, Paul estava ao piano e John ao vilão. Paul escreveu os primeiros versos e os cantou para John. George enfiou a cabeça pela porta e sugeriu a remoção de um dos versos repetidos; John concordou e passou a avaliar outras palavras que seriam adequadas à canção. Então, John assumiu o piano e Paul pegou o violão. Eles gravaram três vezes a canção finalizada antes de Paul gravar um recado para o editor Dick James. Enquanto isso, ouvia-se John falar: "Será o fim de Billy J. quando ele pegar essa música".

A ambição inicial de Lennon e McCartney na vida era estar à altura da excelência artística da dupla de compositores Gerry Goffin e Carole King, cujas canções eles adoravam. Quando deram início à parceria, seu estilo de trabalhar era criar canções de um jeito calculado. Nunca pensavam em produzir músicas expressando sentimentos pessoais.

Mais tarde, John diria ter guardado as reflexões pessoais para seus livros, *In His Own Write* (1964) e *A Spaniard in the Works* (1965),* mas até estes pensamentos tiveram seus significados obscurecidos pelos trocadilhos. É por isso que as primeiras canções dos Beatles eram dirigidas diretamente aos fãs — "Love Me Do", "She Loves You", "From Me to You", "All My Loving". Agindo dessa forma, eles compunham canções que cada fã poderia pensar ter sido escritas pessoal e exclusivamente para si. John viria a confessar: "Eu tinha um John Lennon separado, que escrevia músicas para conquistar, e não creio que as letras tenham profundidade nenhuma, eram apenas uma piada".

As antenas dos rapazes eram aguçadas, atentas e captavam todos os tipos de influências. "Please Please Me", de Lennon, foi inspirada em "Please", de Bing Crosby, datada de 1932, na qual o cantor vivia intercambiando as palavras "please" ("por favor") e "pleas" ("apelos"). "Run for Your Life", de John, foi inspirada num verso da canção "Baby, Let's Play House", de Elvis Presley. Naturalmente, outros músicos os inspiraram. John sempre tentava igualar-se a Smokey Robinson, um de seus ídolos, e a banda vivia querendo compor uma autêntica canção da Motown.

AO CONTRÁRIO DE JOHN, PAUL ÀS VEZES PENAVA COM AS PALAVRAS, MAS COMPENSAVA COM MELODIAS EXTRAORDINÁRIAS

O estilo de compor de John mudou depois que ele ouviu Bob Dylan e passou a adotar uma abordagem mais pessoal. Suas canções "You've Got to Hide Your Love Away", "Help!" e "I'm a Loser" sinalizavam essa nova direção, e sua canção "Nowhere Man" tem a distinção de ser a primeira dos Beatles a não falar de amor.

Duas pessoas da mídia também tiveram seu papel no progresso de Lennon. A jornalista Maureen Cleave questionou por que suas canções nunca tinham palavras com mais de duas sílabas. Ele respondeu compondo "Help!" e deliberadamente inseriu palavras como "independence" (independência) e "appreciate" (agradecer/valorizar). Outra influência veio do apresentador de TV Kenneth Allsop. Ele se impressionou com o livro de John, *In His Own Write*, e questionou por que ele explorava sentimentos profundos na pa-

* Os dois livros foram lançados em volume único no Brasil, sob o título *Um atrapalho no trabalho* (1985), com transcriação do poeta Paulo Leminski. (N. do T.)

lavra impressa, mas não nas canções. Lennon assimilou a crítica e respondeu com "I'm a Loser", uma confissão espantosa para um Beatle sorridente no auge da fama. Essa linhagem de composições atingiu o ápice com "In My Life", que apresenta uma melodia bonita e vocal saudoso e contido, evocando de forma brilhante o passado de John, seus amigos, sua família, sua Liverpool.

McCartney sempre foi mais objetivo. Suas primeiras canções se atinham mais às manhas do mercado e, caso ele ultrapassasse essas fronteiras, geralmente era em reação a John. Quando o parceiro compôs "I'm a Loser", Paul revidou com "I'm Down"; quando John veio com "In My Life", Paul escreveu "Penny Lane", também examinando seu passado em Liverpool.

Ao contrário de John, Paul às vezes penava com as palavras, mas compensava com melodias extraordinárias. Trata-se do homem que acordou com a melodia de "Yesterday" na cabeça, convencido de ser da autoria de outra pessoa, de tão familiar que ela soava. Somente essa canção, regravada por milhares de artistas, garantiria a qualquer pessoa um lugar entre a nata do meio musical. Quando se descobre que a canção "Michelle" foi composta durante a adolescência e tocada como piada nas festas beatnik em Liverpool, a admiração só pode crescer.

Musicalmente, os Beatles nasceram numa época e num local que vieram bem a calhar. Liverpool é uma cidade musical. Enquanto cresciam, havia centenas de locais que ofereciam música ao vivo de todos os estilos. A música brotava dos bares e das boates tanto quanto os bêbados. Os quatro Beatles absorveram toda essa música e foram profundamente influenciados por ela — o que significa que eles absorveram country, jazz, blues, R&B antigo e suingue. McCartney também prestava atenção na música que o pai tocava em casa. Jim McCartney adorava os clássicos das décadas de 30 e 40, e o filho muitas vezes empregaria tais aparatos e sons na própria obra. Com John se deu o mesmo. "Honey Pie" e "Good Night", do disco duplo *The Beatles* (*The White Album*),* são apenas dois exemplos.

A natureza intolerante da cultura jovem da música (sou roqueiro, então não vou escutar soul; sou *mod*, então não ouço Elvis) não afetava os Beatles. Eles adoravam músicas de todos os tipos e naturezas, e, ao alinhar o talento com a música do passado absorvida inconscientemente, foi possível forjar um estilo e som singulares.

O programa *The Music of Lennon and McCartney* foi transmitido no dia 17 de dezembro de 1965. Poucos poderiam ter previsto que os dois artistas que apresentaram os números e depois tocaram uma nova canção, "We Can Work It Out", estavam prestes a levar sua música a outro patamar com *Revolver*, álbum tido por muitos como o melhor deles — e, portanto, como o melhor da história.

---

* O *Álbum Branco*. (N. do E.)

John diz que os Beatles são

MAIS POPULARES QUE JESUS

DATA 4 de março de 1966, Weybridge, Surrey

No começo de 1966, o jornal *Evening Standard* conseguiu entrevistas exclusivas com toda a banda, além de Brian Epstein. A repórter escolhida para a tarefa foi Maureen Cleave, amiga de Lennon — relação que pode ser adivinhada por sua perspicaz descrição do músico como arrogante, imprevisível, encantador e sagaz.

Como parte do perfil, Cleave mencionou a coleção de livros de Lennon. Ela contou que o músico era um leitor voraz e havia destinado uma sala especialmente para guardar os volumes. Lá ela viu edições encadernadas a couro de Leon Tolstói, Oscar Wilde, além de obras dos poetas Swift e Tennyson e dos escritores Huxley e Orwell. Ela também observou com grande interesse a coleção de livros da série *Just William*, leitura preferida do músico na infância. Também havia alguns exemplares incomuns. Cleave mencionou *Forty-One Years in India*, do marechal de campo Lorde Roberts, e *Curiosities of Natural History*, de Francis T. Buckland, alinhados nas prateleiras.

Um livro que Lennon havia lido recentemente e que não foi mencionado pela repórter seria *The Passover Plot: New Light on the History of Jesus* (1965), de Hugh Schonfield. Segundo a tese do autor, Jesus não era o Filho de Deus, mas um homem de sangue real cuja missão era resgatar o povo judeu do jugo romano. Ele pretendia simular a morte na cruz, para ser encontrado vivo na tumba três dias depois, e assim obter poderes similares aos de um deus sobre as massas. O problema foi que um soldado romano o feriu com uma lança e ele sangrou até morrer na cruz. Ainda segundo Schonfield, os doze apóstolos tinham "inteligência limitada", não passando de matutos se comparados à gente sofisticada que morava em Jerusalém.

Foi a respeito desse tema que Lennon soltou a afirmativa que lhe causaria incontáveis aborrecimentos e teria um impacto pesado sobre sua carreira. Ele declarou: "O cristianismo vai encolher e desaparecer. Eu não preciso argumentar a esse respeito; estou certo e vão ver que tenho razão. Hoje, nós somos mais populares que Jesus; não sei qual vai acabar primeiro, o rock'n'roll ou o cristianismo".

A BANDA ESTAVA SE EXPANDINDO, CRESCENDO, E A INTENÇÃO DESSAS ENTREVISTAS ERA PREPARAR O CAMINHO. EM VEZ DISSO, OS COMENTÁRIOS DE LENNON AFUNDARAM A BANDA NA MAIOR POLÊMICA DE SUA VIDA

Quando a reportagem foi publicada, em 4 de março de 1966, o jornal não deu destaque para a opinião de Lennon acerca do cristianismo, e sua declaração também não causou comoção no país. O relacionamento da Grã-Bretanha com a religião organizada era — e ainda é — morna. A religião costuma estar associada a questões cívicas. Por exemplo, o Dia do Armistício (realizado em respeito ao fim da Primeira Guerra Mundial) não carrega ali o mesmo peso desfrutado no Mediterrâneo ou no Cinturão Bíblico dos Estados Unidos. Além disso, os pensamentos de astros da música pop não eram exatamente aguardados com ansiedade. Como observa Steve Turner, eminente escritor sobre os Beatles, "as opiniões de astros do pop sobre qualquer coisa além de música não eram levadas muito a sério na Grã-Bretanha de 1966".

OS DJS PEDIRAM A OPINIÃO DOS OUVINTES SOBRE O TEMA. NATURALMENTE, 99% DELES CONSIDERARAM QUE LENNON PISARA FEIO NA BOLA

Esse era um pesadelo particular dos músicos — a recusa do mundo em deixá-los crescer —, por isso a ideia por trás das reportagens do *Evening Standard* era apresentar os Beatles como jovens seguros de si e em processo de afastamento da imagem de músicos cabeludos. Ainda desconhecida por muitos, a música que eles estavam criando agora — inspirada em parte pelo LSD e pela maconha — estava a quilômetros de distância da simplicidade brilhante dos trabalhos iniciais. A banda estava se expandindo, crescendo, e a intenção dessas entrevistas era preparar o caminho. Em vez disso, os comentários de Lennon afundaram a banda na maior polêmica de sua vida. E, involuntariamente, a culpa era de sua empresa.

No dia seguinte à publicação do artigo de Cleave, Tony Barrow, então assessor de imprensa dos Beatles, telefonou para uma revista adolescente norte-americana, *Datebook*, oferecendo os direitos de publicação das entrevistas. Era importante que os Estados Unidos ficassem a par das mudanças em andamento no grupo, e a *Datebook* era um bom veículo para transmitir esse recado. Criada em 1965, a *Datebook* era uma revista adolescente que abordava seus assuntos com inteligência, dando o que os jovens queriam, mas de forma que os levasse à reflexão. Na época, assuntos recentes tinham sido Mary Quant e os efeitos de uma nova droga maravilhosa, o LSD.

O editor era Art Unger. Ele conhecia muito bem o valor financeiro dos Beatles, pois produzira uma publicação exclusiva chamada *All About The Beatles* que vendeu quase um milhão de cópias. O grupo viu a revista, gostou dela e lhe deu acesso à turnê.

Após comprar os direitos dos perfis elaborados por Cleave, Unger cortou os dois primeiros parágrafos da reportagem sobre Lennon e destacou a afirmativa mais provocadora. A matéria foi publicada com a manchete: "Não sei qual vai acabar primeiro, o rock'n'roll ou o cristianismo". O editor agiu da mesma forma no perfil de McCartney, no qual o baixista condenava o racismo norte-americano com termos duros. Unger era inteligente e sabia que, para ter ampla divulgação da revista, bastava enviar um exemplar para o sul.

Doug Layton e Tommy Charles eram dois DJs de Birmingham, Alabama, bem no meio do Cinturão Bíblico. Era ali que o cristianismo em todas as suas versões tinha maior apelo, com muita gente considerando essa parte dos Estados Unidos "fundamentalista" em relação à religião. O *Layton and Charles Show* era o principal programa matinal da rádio WAQY. Quando a revista chegou às suas mãos, na última semana de julho, Layton desconsiderou a posição de McCartney quanto ao racismo e, ao vivo, questionou Charles: "Você ouviu o que o John Lennon falou?" Tommy respondeu não estar sabendo de nada. Layton então o informou: "Ele falou que os Beatles são mais populares que Jesus".

Charles reagiu de bate-pronto: "Ah, para mim já chega! Não vou mais tocar os Beatles", e assim começou uma incendiosa polêmica que engolfaria o grupo.

A seguir, os DJs pediram a opinião dos ouvintes sobre o tema. Naturalmente, 99% deles consideraram que Lennon pisara feio na bola e precisava ser punido. Charles tinha o castigo perfeito para a banda. No dia 19 de agosto, os Beatles deveriam tocar em Memphis. Naquele mesmo dia, as pessoas indignadas com os comentários de Lennon fizeram uma pilha com material dos Beatles — discos, broches, livros e tudo o mais — e botaram fogo.

Nesse instante, o assunto ainda era uma questão local e, portanto, controlável. Infelizmente para os Beatles, essa situação duraria pouco tempo. Enquanto dirigia até o trabalho, Al Benn, gerente da filial da agência de notícias UPI, ouviu o *Layton and Charles Show*. Naquela manhã, ele redigiu uma matéria e a enviou diretamente para Nova York. A história se espalhou pela nação inteira. No início de agosto, os Estados Unidos conheciam os comentários de Lennon. Dezenas de estações de rádio baniram os Beatles da programação — embora, como Turner assinalou, várias delas não tocassem músicas da banda e só estivessem se aproveitando da publicidade.

NO DIA 19 DE AGOSTO, A BANDA DEVERIA TOCAR EM MEMPHIS. NAQUELE MESMO DIA, AS PESSOAS INDIGNADAS COM OS COMENTÁRIOS DE LENNON FIZERAM UMA PILHA COM MATERIAL DOS BEATLES – DISCOS, BROCHES, LIVROS E TUDO O MAIS – E BOTARAM FOGO

No Reino Unido, Brian Epstein e os rapazes começavam a ficar seriamente preocupados. No dia 5 de agosto, quando o *New York Times* publicou a história na capa, Epstein divulgou um comunicado à imprensa esclarecendo que a afirmativa de Lennon fora tirada de contexto. "Ele não pretendia se vangloriar da fama dos Beatles", afirmou Epstein. "Sua intenção era destacar que o efeito dos Beatles pareceu ser mais imediato, certamente sobre a geração mais jovem." O comunicado pouco fez para deter a onda de sentimentos implacáveis contra o grupo, a qual agora tomava conta dos Estados Unidos. Senadores se pronunciaram contra a banda, professores de religião condenaram Lennon, empregando os termos mais veementes possíveis, e fogueiras alimentadas com discos dos Beatles ardiam em chamas.

Em 11 de agosto, o conjunto voou para os Estados Unidos. Lennon em particular estava nervoso. De acordo com a esposa, Cynthia, quando partiu para a turnê, ele estava

assustado e abatido. O cantor nunca pretendera provocar tanta raiva e ódio afirmando algo que ele entendia ser verdade. A primeira coisa que eles fizeram foi realizar duas entrevistas coletivas: a primeira para a imprensa nacional, e a outra para os jornalistas que os acompanhariam na turnê. Antes de aparecerem diante das câmeras, Lennon se aconselhou com Epstein e Tony Barrow. O guitarrista foi pego no meio do tiroteio. Uma parte dele — o Lennon arrogante e todo-poderoso — era avessa a se desculpar. A outra parte — o músico inteligente — sabia que ele e, portanto, os Beatles navegavam em águas muito perigosas.

SENADORES SE PRONUNCIARAM CONTRA A BANDA, PROFESSORES DE RELIGIÃO CONDENARAM LENNON, EMPREGANDO OS TERMOS MAIS VEEMENTES POSSÍVEIS, E FOGUEIRAS ALIMENTADAS COM DISCOS DOS BEATLES ARDIAM EM CHAMAS

Na coletiva realizada no hotel em Chicago, ele se explicou da seguinte forma: “Não estou dizendo que somos melhores, maiores nem estou nos comparando a Jesus Cristo como pessoa, ou a Deus como uma entidade ou seja lá o que for. Eu só disse o que disse, e foi errado, ou foi entendido da forma errada. E agora virou isso tudo”. Contudo, ele não pediu desculpas. Na segunda entrevista, ele conseguiu proferir as palavras que os Estados Unidos esperavam ouvir. Ao saber que Tommy Charles exigia um pedido de desculpas, Lennon afirmou: “E ele o terá. Eu me desculpo, caso ele esteja aborrecido e falando sério, eu sinto muito. Eu peço desculpas pelo que disse por causa da confusão formada. Porém eu nunca quis me expressar de forma vil, antirreligiosa ou qualquer coisa assim. E não posso falar nada além disso. Não há mais nada a ser dito, chega de palavras. Mas se for uma desculpa, se for isso o que ele deseja, ele a terá. Eu peço desculpas a ele”.

De repente o clima mudou. Alguns jornalistas manifestaram apoio à banda, informando-lhes que o Cinturão Bíblico era “muito famoso pela atitude cristã”. Logo tudo foi esquecido. Porém, em meio ao questionamento feroz, houve outra indagação muito pertinente. “Essa é uma tentativa de levantar sua popularidade em queda?”, quis saber um jornalista.

A banda parte rumo aos Estados Unidos em agosto de 1966. Somente eles sabiam que aquela seria a última turnê. Depois dela, os roqueiros trilhariam um novo caminho, tornando-se um grupo de estúdio durante os próximos três anos.

Os Beatles gravam REVOLVER

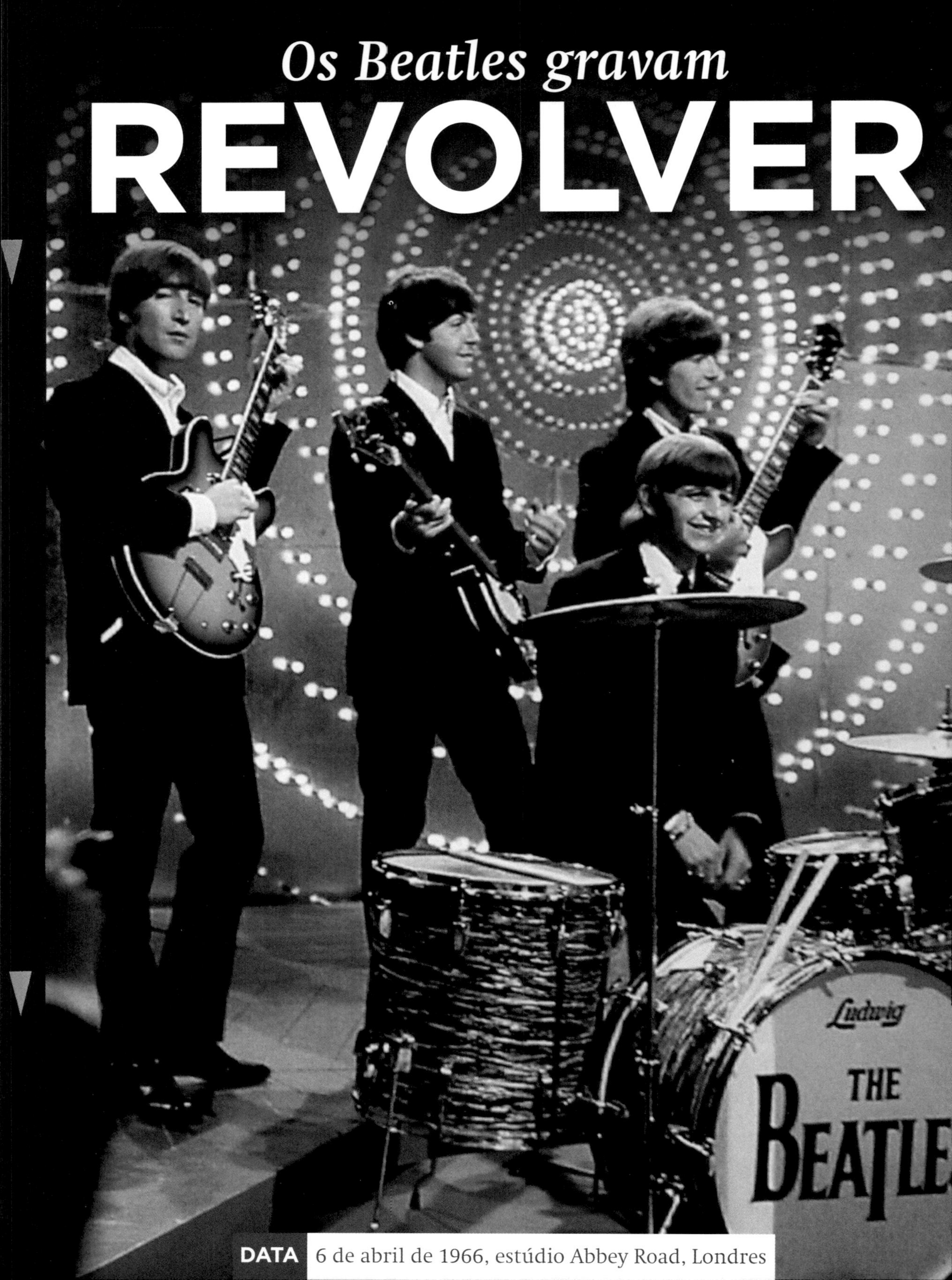

DATA 6 de abril de 1966, estúdio Abbey Road, Londres

Os Beatles não eram os únicos tomando ácido e observando o mundo explodir num caleidoscópio de cores. Bob Dylan era um colega de viagem, que usava todos os tipos de substâncias químicas para se afastar da música folk e ir na direção de um furacão de sons e palavras pertencentes totalmente a ele. Seu histórico álbum duplo, *Blonde on Blonde*, lançado em 1966, começava com "Rainy Day Women # 12 & 35", cujo refrão estimulava todo mundo a ficar chapado.

Não há necessidade de esclarecimentos aqui. A maior parte das músicas no álbum de Dylan se encaixava perfeitamente na emergente cultura das drogas. As longas canções, as imagens imprecisas, o uso dos instrumentos (uma banda de metais na faixa de abertura, por exemplo) e os vocais que pareciam cansados deste mundo refletiam de modo brilhante a experiência com as drogas.

Nova York era assim. Em Los Angeles, Brian Wilson, dos Beach Boys, ocupava-se tentando reproduzir os sons que ele ouvira durante uma viagem de luz fantástica. Wilson comparava sua viagem a "uma experiência religiosa". Isso não era incomum. A maioria dos "viajantes" acreditava piamente ser possível chegar mais perto de Deus tomando ácido. Em meio às viagens, Wilson ouviu o álbum *Rubber Soul*, dos Beatles, e pirou. Para ele, os britânicos haviam criado o primeiro álbum propriamente feito da história. Até então, os discos costumavam trazer um ou outro sucesso da banda, antes lançados como compactos, e outras faixas para encher linguiça. Os Beatles vinham se afastando dessa fórmula já havia algum tempo, como sugeria o disco *Help!*. A resposta de Wilson foi despachar os Beach Boys em turnê e então compor, produzir e arranjar um dos maiores álbuns de todos os tempos: *Pet Sounds*.

Em 1966, duas semanas após o lançamento de *Pet Sounds* no Reino Unido, *Revolver* chegou às lojas, mandando Wilson de volta ao trabalho, dessa vez para desenvolver o famoso álbum *Smile*. McCartney adorou *Pet Sounds*, e dá para entender por quê. O talento de Wilson para evocar melodias, criar grandes ondas de alegria com harmonias e instrumentação surpreendentes, concebeu um estilo completamente único. McCartney agora estava determinado a superar *Pet Sounds*. Ele certamente devia estar elaborando um arsenal artístico formidável para esse fim.

Nos últimos tempos, McCartney havia se mudado da casa da namorada, Jane Asher, na Rua Wimpole; comprara uma casa em St.

Johns Wood, Londres, e passara a se expor a tantas influências diferentes quanto fosse possível. Morar com Asher já havia mostrado a McCartney as alegrias das formas de arte tradicionais, tais como a música clássica e o teatro, e isso se refletiu em algumas de suas canções mais famosas, incluindo "Yesterday" e "Eleanor Rigby".

CYNTHIA AGORA TINHA UM FANTASMA COMO MARIDO. DURANTE METADE DO TEMPO, O GUITARRISTA ESTAVA EM OUTRO MUNDO; NA OUTRA METADE, ELE REGRESSAVA EM PÉSSIMO ESTADO, BERRANDO PARA SER DEIXADO EM PAZ

Contudo, Paul queria mais. Ele desejava ficar por dentro do cenário alternativo de Londres. Para tanto, convocou o amigo Barry Miles, proprietário da primeira livraria alternativa da capital, The Indica (por causa da *Cannabis indica*), e um dos fundadores do jornal *underground* chamado *The International Times*. Agora McCartney tinha acesso ao mundo alternativo.

"Não creio que ele me considere uma influência importante, mas ele conheceu gente interessante por meu intermédio", contou Miles. "Eu levava [Allen] Ginsberg ou [William S.] Burroughs até a casa dele. Ele era muito sistemático na exploração do cenário londrino [...]. Ele estava antenado." O interesse de McCartney pelo esquisito e o maravilhoso parece incongruente, dado seu talento para compor canções altamente comerciais que ultrapassam todas as barreiras. Entretanto, Paul sempre foi aberto a sugestões. De forma instintiva, ele sabia que seu talento iria somente prosperar com suas descobertas. Na verdade, quando começou a explorar as obras de artistas intrigantes, como Karlheinz Stockhausen e Luciano Berio, ele afirma ter considerado esse povo estranho. Mais tarde, o roqueiro passou a considerar estranhas as pessoas que não gostavam da vanguarda. Vale ressaltar, no entanto, que McCartney não gostava de tudo que lhe era apresentado. Posteriormente, o baixista admitiu que gostava somente de uma música de Stockhausen, o resto era "adocicado demais".

O efeito de se deixar expor a uma multidão de ideias veio à tona quando McCartney começou a criar suas colagens sonoras vanguardistas usando um gravador Brenell, antecedendo o experimento *Two Virgins*, de Lennon e Ono, em pelo menos dois anos. Sua obra mais famosa foi batizada de "Carnival of Light", gravada em janeiro de 1967. A origem da faixa veio do designer David Vaughan, autor de um desenho psicodélico feito num dos pianos de Paul. Vaughan entregou o piano no endereço do compositor, na Avenida Cavendish, e perguntou se McCartney contribuiria com uma música para o Million Volt Light and Sound Rave, evento a ser realizado no Teatro Roundhouse, em Londres, no começo de 1967. Para a surpresa de Vaughan, McCartney aceitou dar uma contribuição musical.

Segundo Mark Lewisohn, historiador dos Beatles, "Carnival of Light" foi uma colagem — nunca lançada — composta por treze minutos de "batida distorcida e hipnótica, sons de órgão, um solo de guitarra distorcido, o som de um órgão de igreja, vários efeitos (entre eles o som de gargarejo) e, talvez o mais assustador de tudo, John Lennon e McCartney berrando e vociferando feito dementes algumas frases aleatórias como 'Are you all right?' ['Você está bem?'] e 'Barcelona!'".

O amigo John, enquanto isso, estava satisfeito em deixar Paul fazer a exploração e depois lhe contar tudo. Ele se sentia feliz por ficar chapado em Weybridge — para o mal-estar da esposa, Cynthia. Relutante em ingerir a droga depois da "experiência dental", como George a chamava, Cynthia agora tinha um fantasma como marido. Durante metade do tempo, o guitarrista estava em outro mundo; na outra metade, ele regressava em péssimo estado, berrando para ser deixado em paz. Cynthia e o filho do casal, Julian, pisavam em ovos quando John estava por perto.

O LSD também abriu um abismo dentro da banda. A desconfiança de Paul com seus efeitos em longo prazo significava que pela primeira vez os Beatles não estavam agindo em consonância. Por fim, McCartney tomou a droga, mas somente quatro ou cinco vezes. Em contrapartida, Lennon alegou ter feito milhares de viagens numa tentativa de matar seu ego, empreendimento apoiado por Timothy Leary, escritor e guru do LSD.

Miles se recorda de McCartney ter levado Lennon à Indica para comprar livros, incluindo *The Psychedelic Experience*, de Timothy Leary. A primeira canção a ser gravada para o *Revolver* seria "Tomorrow Never Knows", de Lennon, cuja letra foi praticamente tirada do texto de Leary e depois transformada numa das músicas mais radicais dos Beatles.

O LSD TAMBÉM ABRIU UM ABISMO DENTRO DA BANDA. A DESCONFIANÇA DE PAUL COM SEUS EFEITOS EM LONGO PRAZO SIGNIFICAVA QUE PELA PRIMEIRA VEZ OS BEATLES NÃO ESTAVAM AGINDO EM CONSONÂNCIA

E o que estava acontecendo com George Harrison? Quando a banda produziu *Revolver*, ele havia dominado a cítara indiana suficientemente bem para criar uma canção inteira ao redor do instrumento, "Love You to". O guitarrista descobrira o Círculo da Música Asiática, organização destinada a promover as artes indianas. Ele passou três meses visitando a organização em Finchley, Londres, para aprender técnicas diversas.

John, Paul e Ringo também estavam impressionados com a música indiana e empregavam algumas de suas técnicas nas composições. Quando Lennon tocou "Tomorrow Never Knows" na guitarra para eles, usou apenas um acorde e a cantou sobre aquele zumbido. Os ritmos quebrados de músicas como "Rain" também demonstram que eles conheciam o funcionamento da música indiana.

A noção de experimentação que cercava o grupo contagiou George Martin e seu engenheiro de som, Geoff Emerick. Quando o compositor de "Tomorrow Never Knows" diz ao pessoal do áudio que quer a canção soando como mil monges cantando numa colina, e em seguida vai embora, o que fazer?

"A banda nos incentivou a quebrar as regras", contou Emerick. "Quando começamos *Revolver*, foi determinado que os instrumentos não deveriam ter o som habitual. O piano não deveria soar como um piano, a guitarra não deveria ter som de guitarra. Havia um monte de coisas que eu queria experimentar..."

Embora Lennon leve o crédito por "Tomorrow Never Knows", foi o envolvimento de McCartney que a transformou num clássico. "Em particular, Paul costumava fazer seus próprios *loops* em casa e entrava no estúdio com sacolas cheias de rolinhos de fita pedindo que escutássemos. O som parecido com o de uma gaivota nessa canção vem de uma guitarra distorcida", contou Emerick. (Outros *loops* empregados na faixa trazem sons de uma taça de vinho e de uma guitarra com velocidade acelerada.) "Nós fizemos uma mixagem ao vivo de todos aqueles *loops*", revelou Martin. "Em todo o estúdio havia pessoas usando lápis para enrolar as fitas nas máquinas enquanto Geoff cuidava da equalização. Havia muitas outras mãos controlando os painéis."

Revolver alcança o sucesso por corresponder à determinação de McCartney de fazer com que a banda criasse novos caminhos sonoros. Esse trabalho adotou muitas facetas musicais: o funk antigo em "Taxman"; canções sublimes de amor em "Here, There and Everywhere" e "For No One"; influências indianas em "Love You to"; influência do LSD em "She Said She Said" e "Tomorrow Never Knows"; uma canção infantil em "Yellow Submarine"; e o alegre pop em "Good Day Sunshine" e "Got to Get You Into My Life".

EMBORA LENNON LEVE O CRÉDITO POR "TOMORROW NEVER KNOWS", FOI O ENVOLVIMENTO DE MCCARTNEY QUE A TRANSFORMOU NUM CLÁSSICO

O design da capa foi entregue a Klaus Voormann, o velho amigo de Hamburgo, que agora trabalhava como designer gráfico. Ele recebeu montes de fotografias dos Beatles recortadas de jornais por John, Paul e Pete Shotton na noite anterior. Recorrendo às lembranças dos velhos tempos juntos, Klaus usou o cabelo do grupo como ponto de partida e criou uma capa muito singular, retratando todos os tipos de imagens brotando da cabeça dos músicos.

"Eu recebi algumas fotos estranhas em que John fazia caretas ou Paul estava rindo, mas no geral elas mostravam o lado mais doce deles", contou Klaus. "Havia uma fotogra-

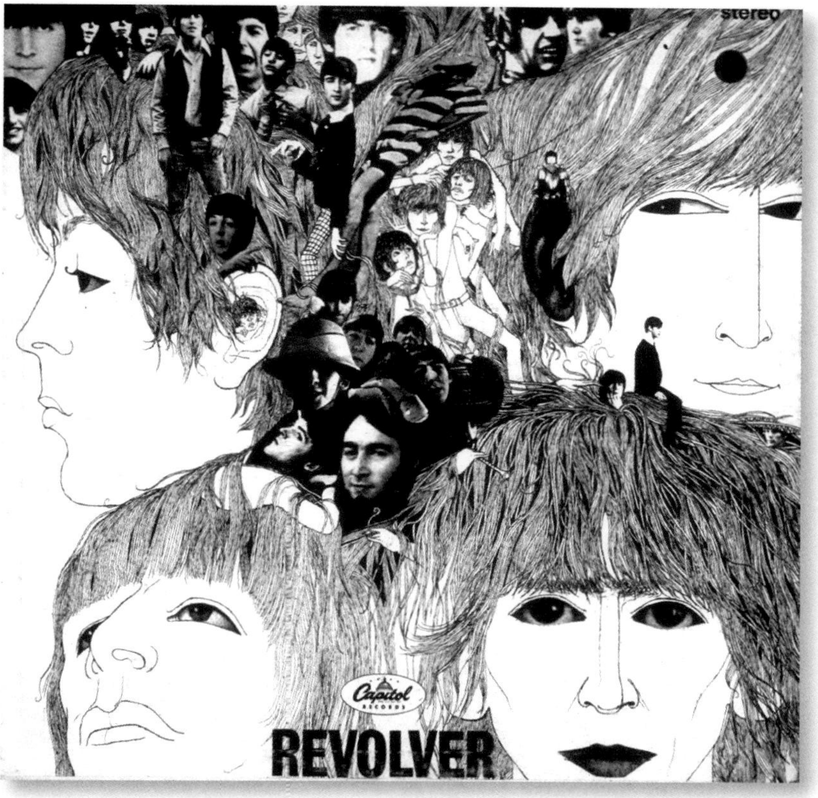

A capa daquele que muitos consideram o melhor disco da banda, *Revolver*. O design é de Klaus Voormann, com quem fizeram amizade na época de Hamburgo. Posteriormente, Voormann contou ter usado o alvoroço em torno do penteado dos Beatles como ponto de partida.

fia de Paul sentado na privada. Acho que foi tirada em Hamburgo."

Klaus levou o design ao escritório de George Martin e pendurou o trabalho em um arquivo. A banda, Brian Epstein, George Martin e sua secretária estavam presentes à apresentação. Tirando a objeção de Martin à fotografia de Paul na privada, todos adoraram. Brian Epstein se comoveu a ponto de chorar, afirmando: "Klaus, é justamente o que nós precisávamos. Eu tinha medo de que não fosse funcionar, mas agora sei que essa é a capa. Esse disco vai dar certo. Obrigado".

McCartney pode ter ficado satisfeito com a capa do disco, mas isso não era nada comparado à sua empolgação com a música lá dentro. Em seu lançamento, ele declarou: "Ao contrário de nossos discos anteriores, este pretende mostrar nossa versatilidade em vez de uma coleção de canções aleatórias. Nós usamos trompetes, violinos e violoncelos para obter novos efeitos [...]. Não pretendemos voltar e reviver ideias de vinte anos atrás".

Costuma-se dizer que *Revolver* poderia ser a segunda parte de *Rubber Soul*, mas é melhor que seja visto como o primeiro *Sgt. Pepper*. Indubitavelmente, existe tanto esforço por trás do disco que, quer você seja hippie, banqueiro, monge ou modelo, a música entra direto no seu coração. O título original era *Abracadabra*. "Magia" poderia ter sido uma palavra melhor.

Os Beatles viajam ao EXTREMO ORIENTE

DATA Julho de 1966, Japão e Filipinas

Eles chegaram ao Japão e já deram de cara com a polêmica. Tamanha era a popularidade da banda que o promotor foi forçado a agendar o show no Budokan, espaço para espetáculos visto como um local de enlevo espiritual. Os tradicionalistas ficaram indignados com o fato de os Beatles poderem entrar no prédio, que dirá se apresentar ali. Em resposta, começaram uma campanha virulenta contra a banda. Uma das proezas foi enviar uma carta a George, enquanto ele passeava pela Alemanha, com a seguinte mensagem: "Você só viverá mais um mês".

Quando aterrissaram em Tóquio, policiais armados cercaram o grupo no momento do desembarque e não saíram mais de seu lado. A banda foi rapidamente levada até as limusines que estavam à espera. Os automóveis partiram. Enquanto milhares de fãs gritavam quando o grupo passava, outros seguravam cartazes que diziam: "Beatles, voltem para casa". Eles chegaram ao Hilton de Tóquio, que era vigiado por mais policiais armados, e o delegado de polícia lhes pediu para não deixarem o hotel sob nenhuma circunstância, exceto para irem ao show.

Durante a entrevista coletiva, John e Paul tocaram no assunto, e suas atitudes resumiram belamente as diferenças entre os dois. Um jornalista indagou: "Alguns japoneses dizem que a apresentação de vocês violará o Budokan, que é um local dedicado às tradicionais artes marciais japonesas, e que vocês dão um mau exemplo à juventude japonesa ao afastá-la dos valores tradicionais do país. O que vocês pensam disso tudo?"

Paul respondeu: "É o seguinte: se alguém do Japão, se uma companhia de dança japonesa for à Grã-Bretanha, ninguém vai tentar dizer que eles estão violando leis tradicionais ou tentando estragar alguma coisa. Tudo que fizemos foi vir até aqui e cantar porque fomos convidados".

ENQUANTO MILHARES DE FÃS GRITAVAM QUANDO O GRUPO PASSAVA, OUTROS SEGURAVAM CARTAZES QUE DIZIAM: "BEATLES, VOLTEM PARA CASA"

A visão de John era muito mais sucinta. Acidamente, ele respondeu: "É muito melhor assistir a um show de música do que a uma luta". Novamente Paul precisou intervir e impedir qualquer problema em potencial que a língua solta do líder do grupo pudesse lhes causar. "Não estamos tentando violar nada [...]. No fim das contas, somos igualmente tradicionais."

O CONVITE DE IMELDA MARCOS FORA RECEBIDO, MAS FOI SEGUIDO POR UM TELEGRAMA EDUCADO DECLINANDO-O. O GOVERNO MARCOS SIMPLESMENTE IGNOROU ESSA RESPOSTA

Os espetáculos aconteceram sem incidentes e, aliviada, a banda então partiu para as Filipinas, país cujo comportamento em relação a eles seria tão enervante a ponto de levar ao fim das turnês. Desde sua chegada, o grupo foi tratado com hostilidade. O procedimento normal seria o avião que levava a banda aterrissar na pista mais distante do aeroporto. Eles desembarcariam, mergulhariam nos carros à espera e seriam levados ao hotel. Então Epstein cuidaria do controle de passaporte e da imigração. Tal procedimento lhes permitia escapar dos fãs e carregar sua preciosa maconha.

Porém, em Manila, a coisa foi diferente. Um grupo de homens armados cercou os rapazes assim que desembarcaram, ordenando que eles deixassem as malas no chão, e em seguida os levou para um automóvel, que disparou em alta velocidade.

Neil Aspinall pegou apressadamente a bagagem, enfiou na traseira de uma limusine e pediu para o motorista levá-lo até o local onde estavam os Beatles. Enquanto isso, o grupo estava no porto de Manila sendo conduzido para um barco. Sobre essa situação, George relatou: "Pela primeira vez, fomos separados de Neil, Mal e Brian Epstein. Nenhum deles estava por perto; e não foi só isso, havia um monte de policiais armados enfileirados no convés..." Aspinall, seguido por Epstein, chegou cerca de uma hora depois; os rapazes foram levados de volta, pegaram a bagagem e foram encaminhados ao hotel, onde tiveram um sono agitado.

Pela manhã, parte da trupe dos Beatles foi acordada com fortes pancadas na porta. A banda deveria ir ao Palácio Malacañan para uma festa organizada por Imelda Marcos, esposa do presidente filipino, Ferdinand Marcos. Várias crianças foram convidadas para o que se apresentava claramente como um golpe de relações públicas. Desde o incidente na embaixada britânica em Washington, em 1964, a política de Epstein era nunca aceitar convites para festas de governo. O convite de Imelda Marcos fora recebido, mas um telegrama educado foi enviado de volta, declinando-o. O governo Marcos simplesmente ignorou essa resposta.

Embora tivesse sido avisado da situação, Epstein se recusou a acordar a banda. Eles estavam exaustos e precisavam descansar. Quando os músicos acordaram, ficaram chocados ao ver na televisão imagens do palácio destacando a ausência da banda. Para acalmar a situação, Epstein apareceu na televisão local para apresentar a versão dos Beatles. Enquanto falava, uma interferência repentina atingiu os aparelhos e suas palavras não foram ouvidas. Para muita gente, os editores da televisão sabotaram Epstein, seguindo instruções de uma autoridade maior. Mesmo assim, naquela tarde e noite, eles fizeram dois shows para oitenta mil pessoas empolgadas.

COMO NÃO FOI FORNECIDA ESCOLTA POLICIAL, A BANDA TEVE DE PASSAR POR UM CORREDOR POLONÊS DE ÓDIO, COM VÁRIAS PESSOAS TENTANDO SOCAR E CHUTAR OS RAPAZES

No dia seguinte, eles acordaram sendo condenados pelos jornais, os funcionários do hotel não mais os serviam e havia uma atmosfera geral de hostilidade. A banda partiu para o aeroporto, onde encontrou centenas de cidadãos revoltados à sua espera. Como não foi fornecida escolta policial, a banda teve de passar por um corredor polonês de ódio, com várias pessoas tentando socar e chutar os rapazes. Dentro do terminal, todas as escadas rolantes e elevadores estavam desligados, bem como o painel anunciando desembarques e decolagens. Desesperado, o grupo tentou achar o portão de embarque. Então apareceram soldados que começaram a escoltá-los brutamente até o controle de passaporte. Mal Evans tentou ficar entre eles e os soldados, mas levou várias pancadas de cassetetes e punhos.

Brian e Ringo também foram agredidos, enquanto Paul, John e George avistaram freiras e se esconderam atrás delas. Enquanto as autoridades examinavam lentamente cada passaporte, alguns filipinos apareceram atrás de uma enorme parede de vidro e começaram a bater nela, berrando insultos. Finalmente, o grupo pôde embarcar no avião. Enquanto esperavam a decolagem, o piloto pediu pelo rádio que Tony Barrow, Mal Evans e Brian Epstein desembarcassem. Por fim eles voltaram — porém sem boa parte do dinheiro arrecadado com os shows.

O avião agora rumava para a Índia, onde a banda esperava ansiosa por quatro dias de folga. Eles estavam furiosos com Epstein, e o empresário, normalmente cortês, ficou em tal estado de nervos que passou quatro dias hospitalizado na Índia. O país fora escolhido como o lugar perfeito para a recuperação, pois acreditava-se que a nação não fora afetada pela beatlemania. Nada disso. Após o pouso, centenas de indianos saudaram a banda, tornando evidente que eles não conseguiriam se aventurar livremente por lá. Como George Martin dissera, era mesmo uma vida infernal.

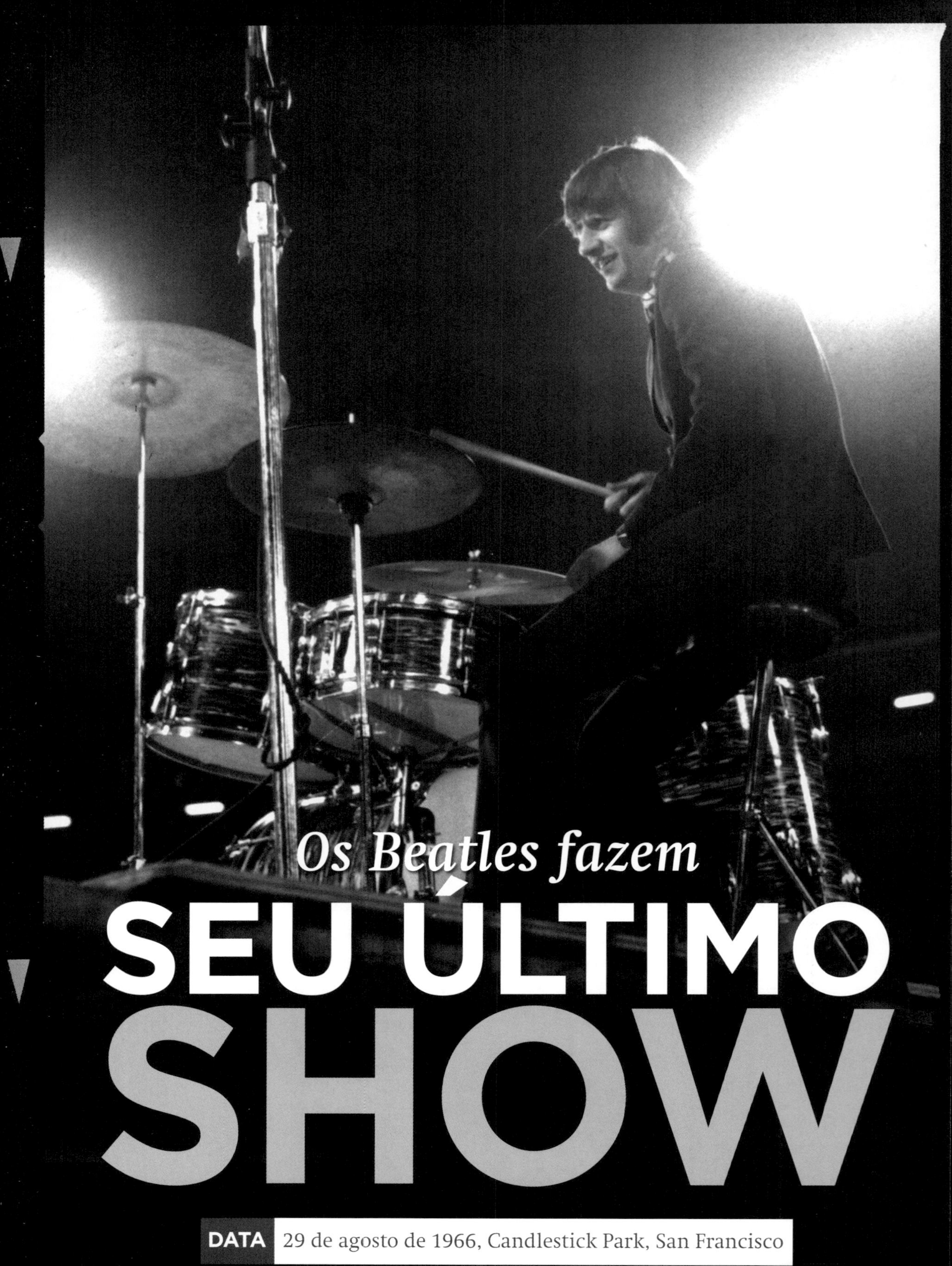

Os Beatles fazem

SEU ÚLTIMO SHOW

DATA 29 de agosto de 1966, Candlestick Park, San Francisco

A última turnê dos Beatles pelos Estados Unidos foi crivada de decepção e aborrecimento. A frase de John sobre serem "mais populares que Jesus" ainda os assombrava, principalmente no Cinturão Bíblico. No dia 19 de agosto de 1966, uma sexta-feira, a banda tocou no Mid-South Coliseum, em Memphis, Tennessee. Um telefonema recebido antes do espetáculo informara que um dos integrantes ou todos eles seriam baleados enquanto tocassem. Durante o segundo show, alguém da plateia jogou um traque no palco. Quando ele explodiu, um músico olhou para o outro para ver quem tinha sido baleado.

No dia seguinte, em Ohio, bem na hora em que a banda iria subir ao palco, desabou um tremendo aguaceiro. Eles se recusaram a entrar. Não havia cobertura para os amplificadores. O risco de choque era grande. Trinta e cinco mil fãs foram informados de que teriam de voltar no dia seguinte para uma apresentação na hora do almoço.

Em 23 de agosto, eles voltaram ao estádio Shea, local onde tiveram um dos maiores triunfos da banda, mas, ao contrário daquela noite incrível em agosto de 1965, eles descobriram que onze mil ingressos não haviam sido vendidos. O mesmo decréscimo no número de fãs se viu em muitas cidades norte-americanas. Embora continuassem sendo artistas grandiosos, muitos dos shows em estádios não tiveram os ingressos esgotados.

Embora os comentários a respeito de Jesus feitos por John tivessem indubitavelmente prejudicado a posição do grupo, o verdadeiro motivo do afastamento dos fãs era a desilusão. Pela terceira vez em três anos, pedia-se que pagassem uma bela soma em dinheiro para ficar de pé num campo e ver quatro pontinhos no horizonte. Para piorar,

OS FÃS PAGAVAM UMA BELA SOMA EM DINHEIRO PARA FICAR DE PÉ NUM CAMPO E VER QUATRO PONTINHOS NO HORIZONTE. PARA PIORAR, ESSES QUATRO PONTINHOS ESTAVAM TRATANDO TAIS COMPROMISSOS COM DESPREZO TOTAL

esses quatro pontinhos estavam tratando tais compromissos com desprezo total. "Os Beatles eram famosos por apresentações de quinze minutos", confessou Lennon. "Nossa curtição era ver com que velocidade o show inteiro podia ser feito. E, se estávamos realmente em alta velocidade, disparávamos e só depois percebíamos ter tocado apenas quinze minutos."

AGORA QUE OS BEATLES NÃO COMPUNHAM MAIS MÚSICAS SOBRE UM RAPAZ QUE CONHECE UMA GAROTA, ELES SE APAIXONAM E VIVEM FELIZES PARA SEMPRE, HAVIA CLARAMENTE UMA REDUÇÃO DO INTERESSE PELO GRUPO

Eles não se importavam se as canções fossem tocadas desafinadamente. E não havia ninguém para censurá-los pelo mau comportamento. Embora tivessem acabado de lançar *Revolver*, seu melhor disco até então, a banda se recusava a tocar qualquer música da obra revolucionária. Para tanto, seria necessário lançar mão de intrincados efeitos em fitas e sons gravados, mas a banda não queria ser incomodada. Como escreve Mark Lewisohn, seu principal biógrafo: "Os Beatles estavam fazendo shows enormes em estádios para satisfazer o maior número possível de fãs com o mínimo de esforço e o máximo de lucro".

O público minguante não era o único problema. Os discos dos Beatles não vendiam mais como antes. O compacto *Paperback Writer* (canção de Paul e o primeiro compacto do grupo que não abordava um romance adolescente) e o EP* *Nowhere Man*, novamente nadando contra a maré, eram sinais de que a mudança da banda estava em andamento. E, embora os dois títulos tenham vendido bem, as vendas haviam caído. Agora que os Beatles não compunham mais sobre um rapaz que conhece uma garota, eles se apaixonam e vivem felizes para sempre, havia claramente uma redução do interesse pelo grupo.

Os Beatles eram uma banda que precisava evoluir — seus impulsos artísticos não os deixariam ficar parados. Tudo em que tocavam tinha de ser original e inovador. Sair em turnê não era nada disso e, ao fazer shows, o grupo estava perturbando seriamente seu fluxo criativo. O dinheiro era ótimo e as garotas continuavam dispostas, mas todos na banda e ao redor dela sentiam que a época da beatlemania se aproximava do fim.

Somente Paul se opôs à ideia de nunca mais fazer turnês. Para ele, os shows eram o que mantinha uma banda viva e em constante evolução. Só que, no caso dos Beatles, ocorria o oposto. As apresentações estavam prejudicando-os como músicos. Toda a habilidade e o poder desenvolvidos em Hamburgo se dissiparam em estádios enormes ao redor do mundo, perdidos num turbilhão de gritos e histeria. "O fato é que estávamos tocando muito mal", disse Ringo, "e o motivo

* *Extended play*: disco maior que o compacto e menor que o LP. (N. do E.)

de eu ter ingressado nos Beatles é que eles eram a melhor banda de Liverpool [...]. Na última turnê pelos Estados Unidos, o aspecto mais empolgante era conhecer as pessoas que vinham aos shows, não a apresentação em si".

O último show do conjunto aconteceu no Candlestick Park, em San Francisco, no dia 29 de agosto de 1966. Era apropriado e assim deveria ser. A cultura hippie que estava prestes a varrer o mundo e a mudar irrevogavelmente os Beatles estava sendo moldada naquela cidade. Lennon levou uma câmera ao palco para fotografar o evento histórico, e McCartney pediu para o assessor de imprensa Tony Barrow gravar o concerto. Infelizmente, as fitas daquela época duravam apenas trinta minutos, e assim Barrow perdeu o número de encerramento, "Long Tall Sally".

O fato de terminarem com essa canção de Little Richard também era significativo. Pode-se afirmar que os primeiros sinais da beatlemania foram vistos em 27 de dezembro de 1960, no Litherland Town Hall, quando aconteceu o primeiro show da banda em Liverpool após voltarem de Hamburgo. O grupo subiu ao palco vestindo couro da cabeça aos pés, Paul foi ao microfone e berrou os versos iniciais e, pela primeira vez, a plateia não se preocupou em dançar, virando-se para os Beatles e correndo em sua direção.

Os seguranças acharam que um tumulto havia começado. Enquanto isso, o promotor Brian Kelly trancou todas as portas de acesso aos bastidores e os esperou com caneta e um novo contrato nas mãos. E dessa forma nascia a popularidade dos Beatles. Então, era muito adequado que eles terminassem a noite com a mesma canção de cinco anos atrás.

O DINHEIRO ERA ÓTIMO E AS GAROTAS CONTINUAVAM DISPOSTAS, MAS TODOS NA BANDA E AO REDOR DELA SENTIAM QUE A ÉPOCA DA BEATLEMANIA SE APROXIMAVA DO FIM

O grupo mudara tanto desde os primeiros dias que parecia inacreditável. Eles passaram de versões sujas de rock'n'roll a canções pop pegajosas, como "Love Me Do", e a obras-primas inspiradas pelo LSD, como "Tomorrow Never Knows", num período de tempo relativamente curto — um feito artístico estupendo. Na verdade, em 1966, pareciam existir duas bandas. Uma excursionava pelo mundo, sacudia a cabeça e agia como adoráveis cabeludos; a outra se abrigava num estúdio de gravação, determinada e intrepidamente alargando as fronteiras da música pop e do som. No avião de volta para Londres, George Harrison se sentou, abriu um grande sorriso e falou: "Bom, é isso aí, não sou mais um Beatle". E todos deram suspiros de alívio.

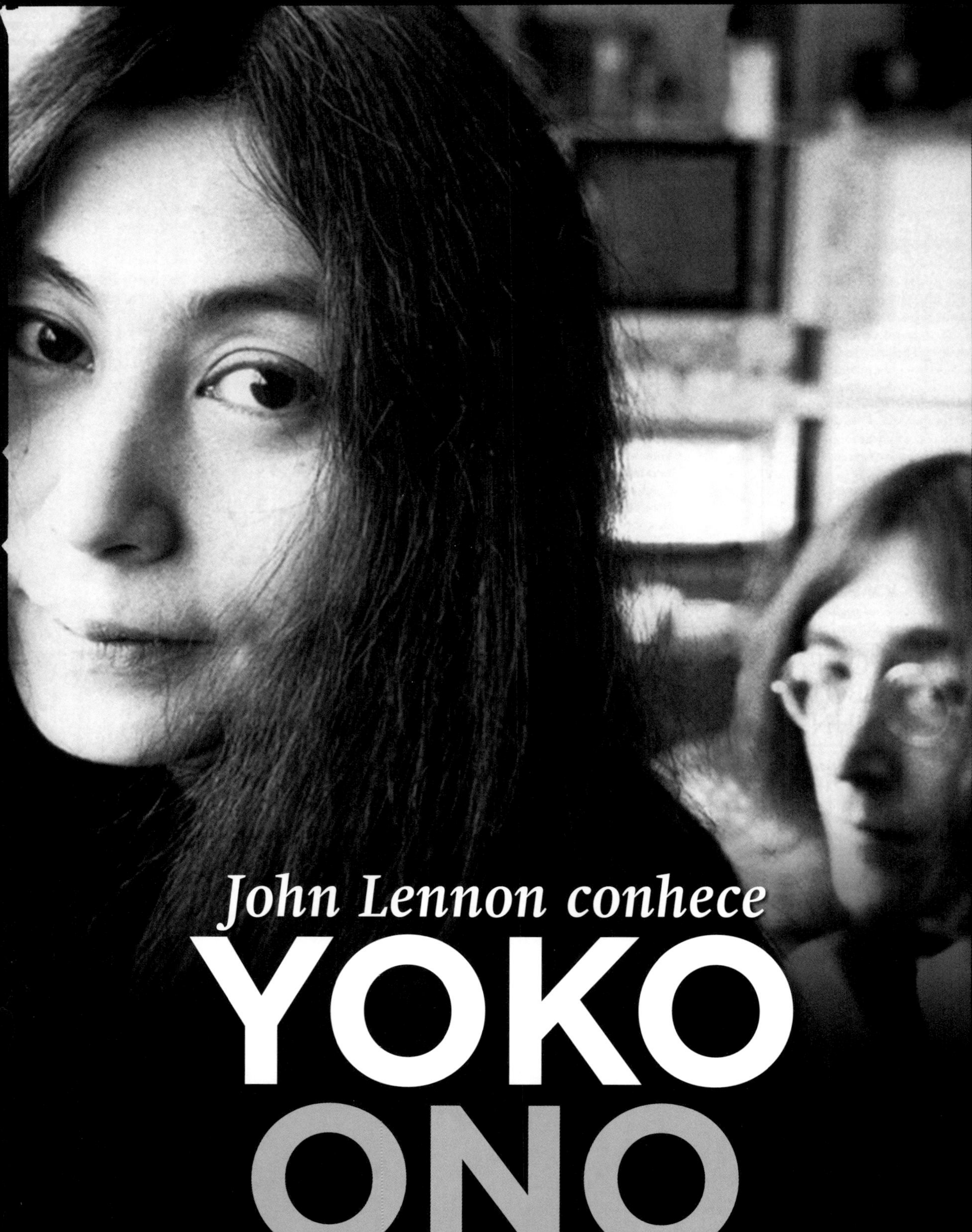

John Lennon conhece YOKO ONO

DATA 9 de novembro de 1966, Galeria Indica, Mason's Yard, Londres

No começo de 1966, Yoko Ono morava na cidade de Nova York com o marido, Tony Cox. Ela era uma artista de vanguarda e seus pais não estavam nem um pouco satisfeitos com a carreira que escolhera. Eles seguiam códigos rigorosos de conduta, criaram os filhos com mão firme e não entendiam o que a filha fazia com um bando de boêmios, beatniks e vagabundos, formulando teorias obscuras sobre a arte e a vida.

"Eu não conseguia enfrentar minha mãe e, antes de fazer qualquer coisa, eu costumava pedir permissão", Yoko contou, acrescentando que muitas vezes se sentia "fraca" diante da presença dos pais. O histórico familiar era de extrema riqueza. Antes da Segunda Guerra Mundial, o pai de Yoko era um banqueiro graduado e comandava a filial de San Francisco do Banco Yasuda. O dinheiro lhe era entregue em sacos. Diz-se que em certa época a família Ono contava com trinta empregados.

Yoko Ono nasceu em 18 de fevereiro de 1933, e só foi conhecer o pai aos 2 anos de idade, o que oferece um vislumbre do cenário emocional sombrio de sua infância. A família voltou a morar em Tóquio no começo da década de 40, e então a guerra estourou.

Em março de 1945, os Estados Unidos deram início a um bombardeio pesado em Tóquio, hoje considerado o ataque aéreo mais destrutivo da história. A família se protegeu da incessante chuva de bombas e balas num abrigo especial, escapando depois para os morros, onde imploravam por comida e abrigo todos os dias. De alguma forma, eles sobreviveram. A coragem corria em seu sangue.

EM NOVA YORK, YOKO PASSOU A FAZER PARTE DO CENÁRIO VANGUARDISTA. EM RELAÇÃO A ESSA ÉPOCA, AS PESSOAS CONTAM QUE SUA ARTE SEMPRE FORA IMPULSIONADA POR ALGUMA PARTICIPAÇÃO DA PLATEIA

No começo da década de 50, eles se mudaram novamente para os Estados Unidos. Yoko fez faculdade e em 1956 desafiou os pais e se casou com Toshi Ichiyanagi, pianista japonês que era desprezado pela família dela. O casal morava em Nova York quando Yoko passou a fazer parte do cenário vanguardista. Em relação a essa época, as pessoas contam que sua arte sempre fora impulsionada por alguma participação da plateia. Em suas apresentações, ela mostrava uma tela em branco e pedia às pessoas para pintarem o que desse vontade.

Yoko se divorciou de Toshi em 1961 e no mesmo ano se ligou a Tony Cox, que trabalhava no mundo do cinema, da música e da arte. Juntos, eles tentaram conquistar Manhattan como artistas conceituais. "Ela era uma estrela em seu mundo, da mesma forma que John era no dele", Dan Richter, funcionário do casal, declarou mais tarde. "Porém tratava-se de um mundo muito pequeno."

NATURALMENTE, O CASO TINHA DE SER MANTIDO EM SEGREDO. JOHN AINDA ERA CASADO COM CYNTHIA, E TROCÁ-LA POR YOKO TERIA FEITO A MÍDIA DO MUNDO INTEIRO FICAR EM SUA COLA

Em 1966, com o casamento terminado, o casal continuou dividindo a mesma casa em função do trabalho, e então ela foi convidada para ir a Londres participar do simpósio Destruction In Art. No evento, Yoko convidou membros da plateia para subirem ao palco e cortarem pedaços de sua roupa com tesouras até que ela ficasse nua. Yoko gostou da capital britânica. Ela e Cox permaneceram lá. "Ela era nitidamente uma empreendedora e totalmente brilhante ao resolver as coisas", disse o amigo Adrian Morris, em cujo apartamento ela e Cox se hospedaram.

Rapidamente Yoko ganhou uma exposição na Galeria Indica, de John Dunbar, em Mason's Yard. Dunbar, que fora casado com Marianne Faithfull, tinha ligação com os Beatles. Foi ele quem convidou Lennon para o *vernissage*, marcado para 9 de novembro de 1966. John chegou à mostra depois de três dias alucinando. Ele havia aparecido na noite anterior à abertura e ouvira comentários suficientes sobre Yoko para ficar intrigado. Além disso, o LSD indubitavelmente ajudou a levá-lo a novos horizontes artísticos. Enquanto McCartney se jogava de forma entusiástica no mundo vanguardista londrino, Lennon mantinha o ceticismo, principalmente no que diz respeito à arte conceitual. Como muitos, sua ideia da grande arte era baseada em certos parâmetros. Qualquer coisa fora desse escopo deveria ser encarada com suspeita. O ácido lisérgico colaborou para que ele mudasse essa percepção. Lennon agora reconhecia (graças talvez a McCartney) que, para ajudar no desenvolvimento de sua composição, valia a pena considerar tudo no mundo da arte. Lennon entrou na galeria. Havia alguns estudantes dando os últimos retoques na exposição de Yoko, e Dunbar estava por perto, mas, para todos os efeitos, na noite em que sua vida mudaria para sempre, o guitarrista estava sozinho.

Como contou depois, uma das primeiras coisas que o roqueiro viu foi uma maçã que estava à venda — por duzentas libras.

Yoko Ono com o segundo marido, Tony Cox, promotor de arte e produtor de cinema. Ambos já eram nomes famosos no cenário da arte de vanguarda de Nova York antes de irem para Londres, em busca de mais aclamação e sucesso.

Lennon entendeu a piada de imediato e sorriu. Entretanto, o que realmente chamou sua atenção foi uma escada colocada no meio da galeria. Em cima da escada, presa à parede, via-se o que parecia ser uma tela negra com uma luneta suspensa na frente. Lennon subiu a escada e olhou pela lente. Em letrinhas minúsculas, ele só conseguiu decifrar uma palavra: "sim". O músico ficou impressionado. Para ele, a palavra era positiva e encorajadora. Não estava escrito "vá embora e não encha o saco". Estava escrito "sim". John Dunbar apresentou Yoko e John. O músico já esperava por esse momento. Ele sabia que, apesar de todos os sorrisos, apertos de mão e expressões de boa vontade, Dunbar não estaria fazendo seu trabalho se não conseguisse que sua cliente conhecesse um astro pop muito rico. Nesse sentido, John não havia perdido nada de seu cinismo. Ao conhecer o roqueiro, Yoko lhe entregou um cartão no qual se lia "Respire". Lennon deu uma olhada e ofegou diante dela como resposta. O cenário estava montado.

Na Beatlelândia, a narrativa oficial afirma que John e Yoko se cruzaram por dezoito meses antes de ficar juntos e se tornar um dos casais mais famosos do mundo. De acordo com o motorista de John, Les Anthony, a cronologia não está correta. O chofer afirmou que, passado um mês desse primeiro encontro, John e Yoko já se agarravam no banco de trás do Rolls-Royce. Naturalmente, o caso tinha de ser mantido em segredo. John ainda era casado com Cynthia, e trocá-la por Yoko teria feito a mídia do mundo inteiro ficar na sua cola.

PARA JOHN, A VIDA COM CYNTHIA E JULIAN ERA UMA ARMADILHA. O GUITARRISTA NÃO HAVIA SE TORNADO UM BEATLE PARA VIVER COMO UM HOMEM COMUM

Embora John tenha admitido a Cynthia que havia transado com centenas de mulheres (incluindo algumas de suas amigas), a esposa permanecia resoluta ao seu lado. Cynthia amava John e faria tudo por ele. A esposa compreendia as tentações oferecidas a cada hora a um Beatle e, desde que John voltasse para casa e mantivesse a relação viva, ela entendia que tudo era possível.

John não pensava assim. Para ele, a vida com Cynthia e Julian era uma armadilha, algo que o impedia de seguir seus impulsos. O guitarrista não havia se tornado um Beatle para viver como um homem comum. O relacionamento com a esposa e o filho era irregular e altamente volátil. Em turnê durante a maior parte dos primeiros anos de Julian (na semana em que ele nasceu, John e Brian Epstein estavam de férias na Espanha), Lennon não foi um grande pai nem um grande marido, algo que mais tarde ele reconheceria.

Cabia a Cynthia criar Julian da melhor maneira possível. Posteriormente, Julian afirmaria: "Às vezes, eu gostaria de ter tido um zé-ninguém como pai". Para a imprensa, no entanto, Cynthia era a esposa perfeita: amorosa, dedicada e ótima mãe. Aos olhos do público, ela representava tudo aquilo que toda mulher aspirava a ser — e assim haveria muita indignação se John a trocasse por uma artista de vanguarda.

Além disso, Yoko era japonesa, o que só agravava o pecado. A Grã-Bretanha combatera o Japão na Segunda Guerra Mundial e via sua sociedade fechada com enorme desconfiança. Histórias de métodos de tortura japoneses aplicados às tropas aliadas ainda eram encaradas com incredulidade.

John não dava a mínima. Yoko não se parecia em nada com as outras mulheres que conhecera. Ela era interessante, atraente (John tinha uma queda por mulheres orientais), mas, principalmente, era artisticamente intrigante. Mais tarde, John afirmaria ter sonhado a vida inteira em conhecer uma artista pela qual se apaixonaria para sempre. Quando eles começaram a se aproximar, ele logo viu que seu sonho se tornara realidade.

"É por isso que, quando me pedem para resumir minha história, eu digo 'nasci, vivi, e conheci a Yoko', porque foi assim mesmo."

AS TEORIAS VANGUARDISTAS DE YOKO REATIVARAM O LADO BEATNIK DE JOHN, QUE FORA FORJADO NA FACULDADE DE ARTES E MAIS TARDE EXTIRPADO DELE PELA BEATLEMANIA

Conforme ele contaria mais tarde, Yoko não era sua igual — na verdade, ela lhe era superior. O roqueiro comparava a relação deles à de mestre e aluno, sempre se colocando na posição de aluno e feliz por ter entrado na trajetória de Yoko. Por sua vez, ela inconscientemente ressaltou a situação cada vez mais incompatível de Lennon em casa.

Ele estava desesperadamente à deriva em Weybridge. Depois de passar horas envolvido em conversas extraordinárias com Yoko, voltava para a casa suburbana, para a esposa suburbana, para a vida suburbana. O guitarrista ignorava a esposa e o filho, preferindo se isolar — com Yoko martelando em seus pensamentos. O amor não nasceu do desejo físico, mas do encontro de duas mentes: uma firme e imaginativa, a outra, tremendamente distorcida pelos anos da beatlemania.

A recusa de Yoko em bajular ou tratar John da forma como ele estava acostumado a ser tratado pelo resto do mundo o atraía e fascinava. Posteriormente, Lennon diria que Yoko o fez enxergar que ele havia se tornado um rei cujas ligações com o trono tinham de ser mantidas pelas pessoas ao seu redor, porque, com o rei morto, os cortesãos perderiam a função. Assim começou sua abdicação e a derrubada da Beatlelândia, país sobre o qual ele reinara gloriosamente ao longo dos últimos anos.

As teorias vanguardistas de Yoko reativaram o lado beatnik de John que fora forjado na faculdade de artes e mais tarde extirpado dele pela beatlemania. Ele sentia que os Beatles haviam se tornado fantoches, e afirmou: "Yoko não dava a mínima para os Beatles. 'Que merda são os Beatles? Eu sou Yoko Ono. Trate-me como sou.' Desde o primeiro dia em que a conheci, ela exigiu espaço igual, tempo igual, direitos iguais".

John olhava para Yoko com admiração. Cynthia não tinha chance. O casamento deles entrara na reta final, e igualmente — sem que ninguém soubesse — o relacionamento de John com os Beatles.

Os Beatles gravam seu

MELHOR COMPACTO

DATA Novembro de 1966, estúdio Abbey Road, Londres

A gangue debandou e cada um foi cuidar da sua vida. Pela primeira vez desde a contratação pela EMI, eles não se veriam por pelo menos um mês. Nas pausas anteriores, eles tiraram férias juntos — Paul com Ringo, John com George, George com Paul. De forma reveladora, dessa vez eles viajaram sozinhos. Enquanto o grupo se dispersava, um pensamento rondava a mente de todos: Aonde vamos agora? Nunca uma banda deixara de fazer turnês, tornando-se uma unidade apenas de gravação. Será que a estratégia funcionaria?

Ringo foi em busca de sol, George foi para a Índia estudar cítara com Ravi Shankar, Paul ficou em Londres para compor a trilha sonora do filme *Lua de mel ao meio-dia* (1966), partindo em seguida para a África, e John foi para a Espanha participar de *Como ganhei a guerra* (1967), de Dick Lester. Mais tarde, Lennon contou ter sido esse o primeiro momento em que pensou em sair da banda. Ele apenas não teve coragem para dar o primeiro passo. Se ser um Beatle tinha começado a perder o encanto e o interesse, o mesmo podia ser dito de sua vida doméstica. "Em vez de ir para casa, fui de imediato para a Espanha com Dick Lester, porque não conseguia lidar com o fato de não estar sempre no palco", ele confessou. "E foi nessa hora que a semente foi plantada; eu tinha de dar um jeito de sair daquilo tudo sem ser expulso pelos outros."

Sempre otimista, Paul não tinha tais apreensões e rapidamente começou a bolar novas estratégias para a banda. "Estávamos de saco cheio de ser os Beatles. Nós odiávamos de verdade aquela merda dos quatro rapazes cabeludos. Não éramos rapazes, éramos homens [...]. Além disso, passamos a gostar de maconha e nos considerávamos artistas [...]. Então, num avião, tive uma ideia..." E essa ideia levaria à produção da obra mais famosa da banda.

MAIS TARDE, LENNON CONTOU TER SIDO ESSE O PRIMEIRO MOMENTO EM QUE PENSOU EM SAIR DA BANDA. ELE APENAS NÃO TEVE CORAGEM PARA DAR O PRIMEIRO PASSO

Foi nesse cenário confuso que Lennon começou a trabalhar numa de suas melhores canções, "Strawberry Fields Forever". Por causa do filme de Lester, o roqueiro também passou um tempo em Hamburgo com Neil Aspinall, visitando todos os antigos locais. Quando voltou à Espanha (Cynthia, Ringo e a esposa, Maureen, se juntaram ao guitarrista após duas semanas de filmagem), ele começou a mexer com o passado e deu início à composição da música batizada com o nome do orfanato situado próximo de sua casa em Liverpool. De acordo com uma declaração posterior, a letra era uma psicanálise, inteligente e bonitinha, mas sem dizer muita coisa. Um verso — no qual ele se vê sozinho no alto de uma árvore — aludia à confusão a respeito de sua personalidade. Ele era um gênio ou um louco? Segundo John, essa dúvida o atormentava desde os 5 anos de idade.

MCCARTNEY SUBVERTEU OS PERSONAGENS EM "PENNY LANE": O BANQUEIRO NÃO VESTE CASACO NA CHUVA, O BOMBEIRO CARREGA UMA AMPULHETA, A ENFERMEIRA ACREDITA ESTAR ATUANDO NUMA PEÇA

Era essa habilidade de sempre mudar e desafiar que mantinha alertas os outros Beatles. As pessoas ficavam cautelosas ao redor de Lennon; nunca se sabia ao certo o que ele pensava e sentia. Isso não apenas lhe rendia o controle em qualquer situação, como também qualquer incentivo positivo seu tinha muito mais significado. Catorze anos após a separação dos Beatles, Paul falou sobre ele: "Todos nós respeitávamos o John. Ele era mais velho e claramente o líder; tinha o pensamento mais veloz, era o mais inteligente e todo esse tipo de coisa [...]. Certamente, ele era o que eu mais admirava".

É tentador acreditar que McCartney compôs "Penny Lane" em retaliação à nova canção de Lennon. Nada disso. Numa entrevista concedida em novembro de 1965, ele mencionou que pensava em compor uma música chamada "Penny Lane" (provavelmente em resposta à obra-prima anterior de John, "In My Life", na qual o músico lidava com lembranças da vida). A exemplo da contribuição de Lennon, "Penny Lane" se referia à Liverpool da juventude do baixista.

Repleta de melodia, entusiasmo e confiança, em "Penny Lane" McCartney leva o ouvinte num passeio vívido pelas ruas, parando para destacar o barbeiro, o banqueiro, a enfermeira e o bombeiro. São figuras tradicionais, mas McCartney as subverte; o banqueiro não veste casaco na chuva, o bombeiro carrega uma ampulheta, a enfermeira acredita estar atuando numa peça e o barbeiro tem fotos de todos os fregueses atendidos. Lennon, que o ajudou a completar a terceira estrofe, costumava se encontrar com Paul em Penny Lane, então criar um final para os versos não era problema.

A canção de John foi a primeira que os Beatles gravaram quando voltaram a trabalhar, em 24 de novembro de 1966. Para comprovar como as coisas haviam mudado,

"Strawberry Fields Forever" demorou vários dias para ser gravada antes de ser considerada quase pronta. "Love Me Do" consumira apenas duas horas. Os Beatles agora desfrutavam do estúdio Abbey Road, que lhes permitia explorar todos os tipos de possibilidades sonoras. Com a fita demo original de John ao violão, a canção se transformou rapidamente numa obra-prima psicodélica, usando fitas com a gravação rodando ao contrário, outras sendo executadas em rotações diferentes e todos os tipos de instrumentação, como o melancólico mellotron utilizado na introdução.

Diversas versões da canção foram experimentadas até Lennon pedir para Martin pegar duas versões diferentes e combiná-las. O fato de Martin ter sido capaz de unir duas seções em tons diferentes e obter uma gravação clássica é uma prova de sua habilidade.

"Penny Lane" era a próxima da fila, consumindo nove dias de gravação. Essa canção tinha muito mais apelo comercial que "Strawberry Fields Forever". O cativante riff de piano, as imagens vívidas, os sons brilhantes e a audácia musical a tornavam uma candidata muito melhor ao sucesso de público.

No dia 27 de janeiro de 1967, a banda assinou um contrato novo e melhor com a EMI. A primeira coisa que a gravadora pediu foi outro compacto. Sem pensar duas vezes, as duas canções foram entregues. E então, no dia 17 de fevereiro, essa obra-prima dos Beatles foi lançada. Ao mesmo tempo, foram filmados vídeos de divulgação, os quais, a exemplo das canções representadas, também traziam imagens no sentido contrário (com o grupo subindo e pulando de árvores) e imagens surreais. Todos na banda usavam bigode e vestiam roupas coloridas.

PARA COMPROVAR COMO AS COISAS HAVIAM MUDADO, "STRAWBERRY FIELDS FOREVER" DEMOROU VÁRIOS DIAS PARA SER GRAVADA ANTES DE SER CONSIDERADA QUASE PRONTA. "LOVE ME DO" CONSUMIRA APENAS DUAS HORAS

A canção, no entanto, não chegou ao primeiro lugar por causa de "Release Me", de Engelbert Humperdinck, o que levou a mais especulações sobre a carreira dos Beatles ter chegado ao fim. Na verdade, como eles não saíam em turnê pelo Reino Unido havia mais de um ano, as especulações da imprensa quanto ao seu futuro não cessavam. O programa *Reporting 66* flagrou os quatro integrantes entrando no estúdio Abbey Road e os questionou. Todos riram com a ideia de separação e seguiram para trabalhar no novo LP, provisoriamente chamado *Sgt. Pepper's Lonely Hearts Club Band*.

Os Beatles lançam
SGT. PEPPER

DATA 19 de maio de 1967, Rua Chapel, Belgravia, Londres

No dia 19 de maio de 1967, a casa de Brian Epstein, no bairro londrino de Belgravia, abriu as portas para um grupo seleto de jornalistas, DJs e fotógrafos. Sem que os visitantes soubessem, Brian tinha acabado de passar vários dias na Clínica Priory, recuperando-se de sua mais recente farra com drogas. Após o sarau daquela noite, ele voltaria à clínica de reabilitação para dar continuidade à recuperação. Ninguém suspeitava de nada; além disso, ninguém estava ali para saber do bem-estar de Epstein. Eles foram escutar um álbum que mudaria a história. Seu título: *Sgt. Pepper's Lonely Hearts Club Band*.

Ali também estariam presentes os produtores dessa obra extraordinária, os Beatles. Os jornalistas e fotógrafos (incluindo a jovem norte-americana Linda Eastman, que mais tarde se tornaria a sra. Paul McCartney) se mostravam animados. Muitos deles conheciam e eram receptivos à banda (por isso o convite para o evento), mas não falavam com os músicos havia algum tempo.

Agora que as turnês tinham findado, o acesso à banda se tornara limitado. Todos sabiam apenas que, nos últimos cinco meses, eles permaneceram reclusos, gravando, e que o último compacto, *Strawberry Fields Forever*, não lhes dera o costumeiro primeiro lugar nas paradas. Enquanto bebericavam champanhe e mordiscavam canapés, um barulho repentino veio de cima. Todos levantaram os olhos e lá estavam os Beatles.

Paul vestia um paletó cinza risca de giz e cachecol comprido (bem ao estilo do Small Faces), Ringo trajava um terno fino risca de giz com lapelas enormes, George optou por um paletó roxo ao estilo eduardiano e camisa psicodélica, mas foi John quem mais chamou a atenção. Vestido com uma camisa florida verde com babados, calça de veludo marrom, bolsa de couro escocesa e meias

FOI JOHN QUEM MAIS CHAMOU A ATENÇÃO. VESTIDO COM UMA CAMISA FLORIDA VERDE COM BABADOS, CALÇA DE VELUDO MARROM, BOLSA DE COURO ESCOCESA E MEIAS AMARELO--CANÁRIO, ELE ESTAVA ESQUELÉTICO E PARECIA VIVER EM OUTRO MUNDO

amarelo-canário, ele estava esquelético e parecia viver em outro mundo, como se estivesse sob efeito de alguma droga. O biógrafo Ray Coleman escreveria futuramente: "John dava a impressão de estar fatigado, faminto, velho, doente e irremediavelmente viciado em drogas. Os olhos estavam vidrados, a fala era lenta e ininteligível".

HAVIA UMA ENORME PRESSÃO SOBRE ELES PARA PRODUZIREM MAGIA. ENTÃO, O QUE PODERIAM FAZER PARA SATISFAZER O MUNDO? RESPOSTA: SEGUIR O EXEMPLO DE PAUL – ADOTAR UM DISFARCE E CRIAR UMA BANDA ALTER EGO

A banda posou para fotos, então desceu as escadas e começou a se misturar aos convidados. Segundo Coleman, o tempo todo Lennon falava entusiasmado de uma gravação que não conseguia parar de escutar. O único problema era que ele não se recordava do nome – no fim das contas, era "Whiter Shade of Pale", do Procol Harum. O líder também estava preocupado com a maneira como o público da banda receberia a nova obra. "Será que vão gostar ou fomos longe demais?", ele indagava. O guitarrista saberia a resposta dentro de uma semana, e não ficaria decepcionado.

Sgt. Pepper foi inspirado na arte do disfarce. Durante as turnês, eles sempre carregavam perucas, óculos e chapéus para enganar os fãs ou a imprensa e ir bater perna. Paul sempre fora o mais bem-sucedido em se safar com esse truque. Na verdade, na Suécia, o disfarce fora tão bom que George e um bando de jornalistas pensaram que o baixista era um fotógrafo.

McCartney foi passar férias na França e não foi reconhecido pelos moradores locais, graças ao uso de chapéus e óculos escuros. O êxito dessa manobra lhe deu a ideia. Considerando que os Beatles tinham sucesso, e havia uma enorme pressão sobre eles para produzirem magia, o que eles poderiam fazer para satisfazer o mundo? Resposta: seguir o exemplo de Paul – adotar um disfarce e criar uma banda alter ego. Num só golpe, essa ideia abriu os horizontes – os Beatles não precisavam mais ser os Beatles. Eles poderiam ser quem bem quisessem.

O LP de estreia da banda foi gravado num só dia. Em contraposição, *Sgt. Pepper* consumiu cinco meses. Para transformar as ideias em realidade, eles literalmente tomaram conta do estúdio Abbey Road, trabalhando por várias horas seguidas, empregando todos os tipos de instrumentos e recursos, fazendo do estúdio um parque de diversões pessoal para atingir seus sonhos.

Curiosamente, quem gravava um disco de estreia num dos outros estúdios era a banda The Pink Floyd Sound. O Floyd tinha uma grande presença no principal bar psicodélico de Londres, The UFO, na Rua Tottenham Court. A singular mistura de extravagância inglesa e piração prolongada lhes rendeu um grande número de fãs entre os muitos usuários frequentes de LSD na capital. Os Beatles teriam observado o Pink Floyd e sua obra, principalmente Lennon.

Apesar de frequentemente estar sob a influência de ácido lisérgico, a droga ainda não havia aplacado a feroz competitividade de Lennon. A demanda da banda para que tomassem a dianteira criando novos sons o mantivera ocupado compondo canções como "Lucy in the Sky with Diamonds", inspirada por um desenho feito pelo filho, Julian, no jardim de infância; "Being for the Benefit of Mr. Kite!", baseada num pôster de circo do século XIX; e "Good Morning Good Morning", inspirada num comercial de flocos de milho.

Da mesma maneira que com *Revolver*, a banda foi atrás de George Martin em busca de efeitos extraordinários para criar música nunca antes ouvida. Por exemplo, Lennon desejava o som de um órgão de parque de diversões em "Being for the Benefit of Mr. Kite!", e McCartney quis saber se seria possível tornar sua voz consideravelmente mais jovem em "When I'm Sixty-Four". A pressão colocada sobre George Martin e seus assistentes era enorme.

O apogeu de toda essa criatividade se deu quando John entrou no estúdio Abbey Road, em meados de janeiro, com a nova canção "A Day in the Life". Tratava-se de sua nova "Tomorrow Never Knows". Para realizar o potencial atordoante da canção e realmente elevá-la do trivial, quarenta músicos clássicos foram contratados. A função era ir da nota mais grave da escala à mais aguda em apenas 24 compassos. George Martin tentou explicar. "A orquestra simplesmente não conseguia entender o que o George estava falando", contou Geoff Emerick. "Para eles, não fazia o menor sentido, por terem uma formação clássica."

Também não fez muito sentido para eles quando foram convidados a vestir máscaras variadas. Durante a gravação, a banda e sua comitiva — todos entraram na brincadeira, usando óculos cômicos e coisas do gênero — zanzaram com câmeras, bem como os convidados da noite, incluindo os obrigatórios Mick e Keith, dos Rolling Stones, Marianne Faithfull, Donovan e Mike Nesmith, dos Monkees. A presença desse último músico era bastante significativa.

Os Monkees, banda produzida nos Estados Unidos em resposta aos Beatles, tinham vencido os Fab Four como principal objeto de atenção das mulheres britânicas. Elas não mais desmaiavam e berravam pelos Beatles, e sim pelos Monkees. Em resposta a essa mudança, revistas adolescentes, como a *Fab 208*, reduziram drasticamente a cobertura dos Beatles e rechearam páginas e mais páginas com os Monkees. Os Beatles perderam lugar como os preferidos das meninas: eles não eram mais fofos, eram — digamos — estranhos.

Após cinco meses de trabalho árduo, a banda declarou a obra pronta para lançamento. O fato de que o disco fora impulsionado por McCartney era evidente em sua determinação absoluta de criar uma capa para combinar com a música. As ideias iniciais foram mapeadas em esboços e desenhos, retratando o grupo com clarinetes, trompetes e jaquetas de estilo militar. O cenário seria uma

Paul encontra Linda Eastman pela segunda vez durante o lançamento para a imprensa de *Sgt. Pepper's Lonely Hearts Club Band*, na casa de Brian Epstein, no dia 19 de maio de 1967. Pouco tempo depois, Paul e Linda ficariam juntos, num casamento que duraria até a trágica morte de Linda, em 1998.

sala eduardiana com fotografias de pessoas que eles admiravam pregadas na parede.

Outra ideia do baixista foi retratar a banda diante de um enorme relógio de flores, sendo apresentada ao prefeito e com os ídolos e amigos da banda ao redor. Paul mostrou esses desenhos ao marchand Robert Fraser, que sugeriu a contratação de um artista de verdade para dar vida à ideia. Peter Blake, um dos fundadores do movimento da pop art, foi sugerido. Juntos, Blake e McCartney criaram a imagem dos Beatles diante de uma colagem de seus ídolos em tamanho real. A EMI Records não ficou feliz ao ouvir a ideia. Seria necessário obter autorização de todos os retratados. McCartney não se abalou, argumentando que todos ficariam felizes em aparecer numa capa dos Beatles. E ele estava certo.

"Eles nos deram um subsídio de dez milhões de dólares em *royalties*, em virtude de alguma possível ação jurídica, e começaram a entrar em contato com as pessoas", afirmou o chefe da EMI, Sir Joseph Lockwood. Leonard Bernstein foi o primeiro a receber o telegrama e disse que ficaria "encantado" por estar na capa. Espantosamente, levando em consideração que os Beatles não se deram ao trabalho de entrar em contato com todos, nunca houve reclamações sobre a imagem.

Por causa da capa, pelo fato de os Beatles promoverem o LP como um álbum conceitual, e por inovar trazendo as letras impressas no verso — o primeiro álbum da história a fazer isso —, muitos consideram que *Sgt. Pepper* foi a gravação que transformou o pop em arte. Apesar de *Blonde on Blonde*, de Bob Dylan, e de *Pet Sounds*, dos Beach Boys, *Sgt. Pepper* conquistou tal honra graças principalmente à sua apresentação.

Apesar dos pontos fracos do álbum, há espirituosidade e estilo, um senso dotado de objetivo e imaginação que abre espaço, permitindo que *Sgt. Pepper* triunfe de alguma maneira, mesmo quando não deveria. Um LP cuja segunda faixa traz Ringo — longe de ser o melhor vocalista do mundo — cantando uma canção mediana ("With a Little Help from My Friends") não deveria dar certo. Porém ele funciona porque existe uma enorme dose de boa vontade atrás de cada pedaço desse disco, e nisso está seu segredo. Em *Sgt. Pepper*, não existem trevas nem aborrecimento, somente terras de contos de fadas onde táxis de jornal levam você para longe, e canções falando sobre se tornar uma pessoa melhor, evocando parques de diversões e circos; um mundo de fantasias infantis que agitam a mente de forma positiva.

Durante a sessão de fotos para a capa, McCartney pediu aos amigos que olhassem para a câmera de Michael Cooper e pensassem na palavra "amor". Depois ele enfrentou a EMI para inserir figuras recortáveis, para o papel-cartão ser mais grosso que em outros álbuns, para a capa ser inteiramente a cores. E por quê? Por causa de seu débito com a música.

Na biografia de McCartney escrita por Barry Miles, *Many Years from Now* (1997), o baixista contou como todos os Beatles se recordavam de, ainda crianças, levarem o dinheirinho contado até a seção de discos da loja Lewis's, onde vasculhavam as gravações de 45 e 78 rotações em busca de preciosidades. Paul se lembra de como ficou triste ao comprar uma gravação da Ray Charles Orchestra, achando se tratar de Ray Charles, cujas canções adorava. Ele ficou amargamente desapontado quando viu que a gravação era instrumental. Assim, quando chegou a hora de produzir *Sgt. Pepper*, ele foi inflexível ao sustentar que a banda criaria o disco que eles sempre quiseram fazer. "Vamos fazer de tudo dessa vez", ele afirmou. "'Não estamos com pressa. Não precisamos participar de uma turnê, estamos ficando chapados e nos sentimos ótimos; estamos tranquilos em relação a tudo isso. Queríamos que o disco fosse muito, muito cheio de valor."

Sgt. Pepper passou 27 semanas em primeiro lugar. Em 1968, foi indicado a sete Grammys e ganhou quatro. Até hoje, vendeu 32 milhões de cópias no mundo todo, sem dúvida respondendo à questão urgente de John quanto ao fato de eles terem ido longe demais.

A banda com o famoso figurino de *Sgt. Pepper*, alugado da Berman's, fornecedora de figurinos teatrais localizada na Avenida Shaftesbury, em Londres.

ALL YOU NEED IS LOVE

é cantada para quatrocentos milhões de pessoas

DATA 25 de junho de 1967, estúdio Abbey Road, Londres

Os anos 60 encontraram seu ritmo. A cultura da juventude hippie começara a espalhar ideias de paz, e a BBC queria divulgá-las. No começo do ano, eles entraram em contato com os Beatles e perguntaram se a banda teria interesse em participar de um projeto revolucionário: a primeira transmissão de televisão global via satélite. Intitulado *Our World*, o programa de 125 minutos seria transmitido ao vivo para 26 países. A BBC queria que os Beatles representassem o Reino Unido com uma música nova. Eles topavam?

Sem a menor dúvida. John e Paul começaram a trabalhar. No entanto, eles só foram revelar as cartas que tinham na manga perto do fim do prazo. Paul veio com "Baby You're a Rich Man", mas John o superou com "All You Need Is Love", canção muito mais adequada para ser apresentada a uma multidão. "All You Need Is Love" era cheia de slogans, fácil de lembrar e simples de compreender. Ela caberia perfeitamente em *Sgt. Pepper's Lonely Hearts Club Band* — álbum que dominaria as paradas durante aquele verão de 1967 —, comprovando que, apesar da liderança de Lennon estar se afrouxando por causa do uso excessivo de drogas, ele ainda tinha condições de vencer quem estivesse em sua cola.

A canção capturou o espírito da época. A primeira estrofe era formada pela palavra "amor" repetida nove vezes, e a segunda aludia à firme crença de John de que nada na vida é impossível, de que somos capazes de conquistar tudo aquilo que desejamos. O jovem de natureza agressiva, que assustara Hamburgo tomando anfetamina e bebendo cerveja aos borbotões, agora vestia roupas floridas e dizia ao mundo inteiro que o amor é tudo de que você precisa. "Então, nós tínhamos um recado para o mundo: amor", disse Paul. "Nós precisamos de mais amor neste mundo."

Ele não deixava de ter razão. Poucos dias antes de a banda ter gravado a base da canção, Israel se opôs a países árabes e teve início a Guerra dos Seis Dias, uma ditadura militar tomou conta da Grécia, e irromperam tumultos em Tampa, Flórida, quando a polícia matou a tiros um jovem negro, Martin Chambers. Os Beatles, em seu novo papel de avatares (na crença hinduísta, encarnação ou personificação de um princípio, atitude ou visão de vida), eram a resposta à violência e ao caos.

Para o evento, a banda contratou uma equipe de design composta por jovens ho-

A banda ensaia "All You Need Is Love" no estúdio Abbey Road para a participação no revolucionário programa de TV *Our World*, o primeiro a ser transmitido via satélite para o mundo inteiro, no dia 25 de junho de 1967.

landeses com quem fizeram amizade (principalmente John) nos meses anteriores à transmissão. O Fool era um coletivo composto por duas mulheres — Marijke Koger e Josje Leeger — e dois homens — Simon Posthuma e Barry Finch. Eles foram descobertos em Ibiza por Barry Ferris, que fotografou suas roupas para o jornal *The Times*. Londres se apaixonou por eles, então eles foram para lá, abriram um estúdio e, ao frequentarem várias boates, conheceram muitas bandas, incluindo os Beatles. Coube ao Fool a criação de várias das roupas excêntricas usadas pelo grupo durante a transmissão do programa.

A banda convidou vários amigos e celebridades a comparecerem ao estúdio para a transmissão ao vivo. Entre eles estavam Keith Richards, Mick Jagger, Marianne Faithfull, Keith Moon, Eric Clapton, Pattie Boyd, Jane Asher, Graham Nash e Mike McCartney. A ideia era que as câmeras de TV capturassem uma festa na qual os Beatles estariam tocando. O conjunto estava acompanhado por uma orquestra de treze músicos. Para garantir, a base rítmica e outros elementos da canção já haviam sido gravados. O vocal de John, o baixo de Paul, a guitarra solo de George e a bateria de Ringo, as harmonias da banda e as cordas foram executadas ao vivo; o resto foi transmitido do estúdio de George Martin. Arranjos de flores foram levados e Martin conduziu pessoalmente a orquestra, acrescentando toques de "A Marselhesa", o hino francês, dos "Concertos de Brandemburgo", de Bach, de "Greensleeves", canção folclórica inglesa, e temas de Glenn Miller, um dos grandes mestres do suingue norte-americano.

Finalizado o programa, os convidados se dispersaram e a banda ficou ali para dar os retoques finais na versão gravada da canção, que seria lançada como um novo compacto no dia 7 de julho, uma sexta-feira. A faixa foi pioneira pelo fato de George Martin receber o crédito pela primeira vez num compacto dos Beatles. A música dominou as paradas de compactos naquele verão, enquanto *Sgt. Pepper* reinava supremo na de LPs. A produção musical da banda naquele ano foi novamente impressionante pela qualidade, inventividade e habilidade. Além disso, os Beatles conseguiram mudar sua imagem e suas perspectivas por completo, continuando altamente bem-sucedidos.

Uma das razões dessa grande conquista era a exímia capacidade deles como compositores. Não importava se eram cabeludos ou viciados em LSD. As gravações dos Beatles costumavam ser pequenas obras-primas de melodia e som, geralmente irresistíveis para a maioria das pessoas. Incrivelmente, eles ainda não haviam terminado. No ano em que compôs "Strawberry Fields Forever", "A Day in the Life" e "All You Need Is Love", Lennon também estava trabalhando numa nova canção, a qual chamaria de "I Am the Walrus".

O JOVEM DE NATUREZA AGRESSIVA, QUE ASSUSTARA HAMBURGO TOMANDO ANFETAMINA E BEBENDO CERVEJA AOS BORBOTÕES, AGORA VESTIA ROUPAS FLORIDAS E DIZIA AO MUNDO INTEIRO QUE O AMOR É TUDO DE QUE VOCÊ PRECISA

O evento *Our World* foi um sucesso, embora a União Soviética tenha desistido no último minuto — uma decisão um tanto irônica, pois foi o pacifismo defendido por Leon Tolstói, grande escritor russo, que veio a influenciar Gandhi, Martin Luther King e, por sua vez, a geração dos Beatles. O programa foi acompanhado por uma plateia estimada em quatrocentos milhões de pessoas, um recorde. O evento também foi importante para John, mostrando-lhe como poderia utilizar sua enorme popularidade como músico para expressar suas opiniões sobre temas como a paz mundial. Ele viria a se tornar um mestre na manipulação da imprensa. Antes, porém, ele precisava comprar uma ilha.

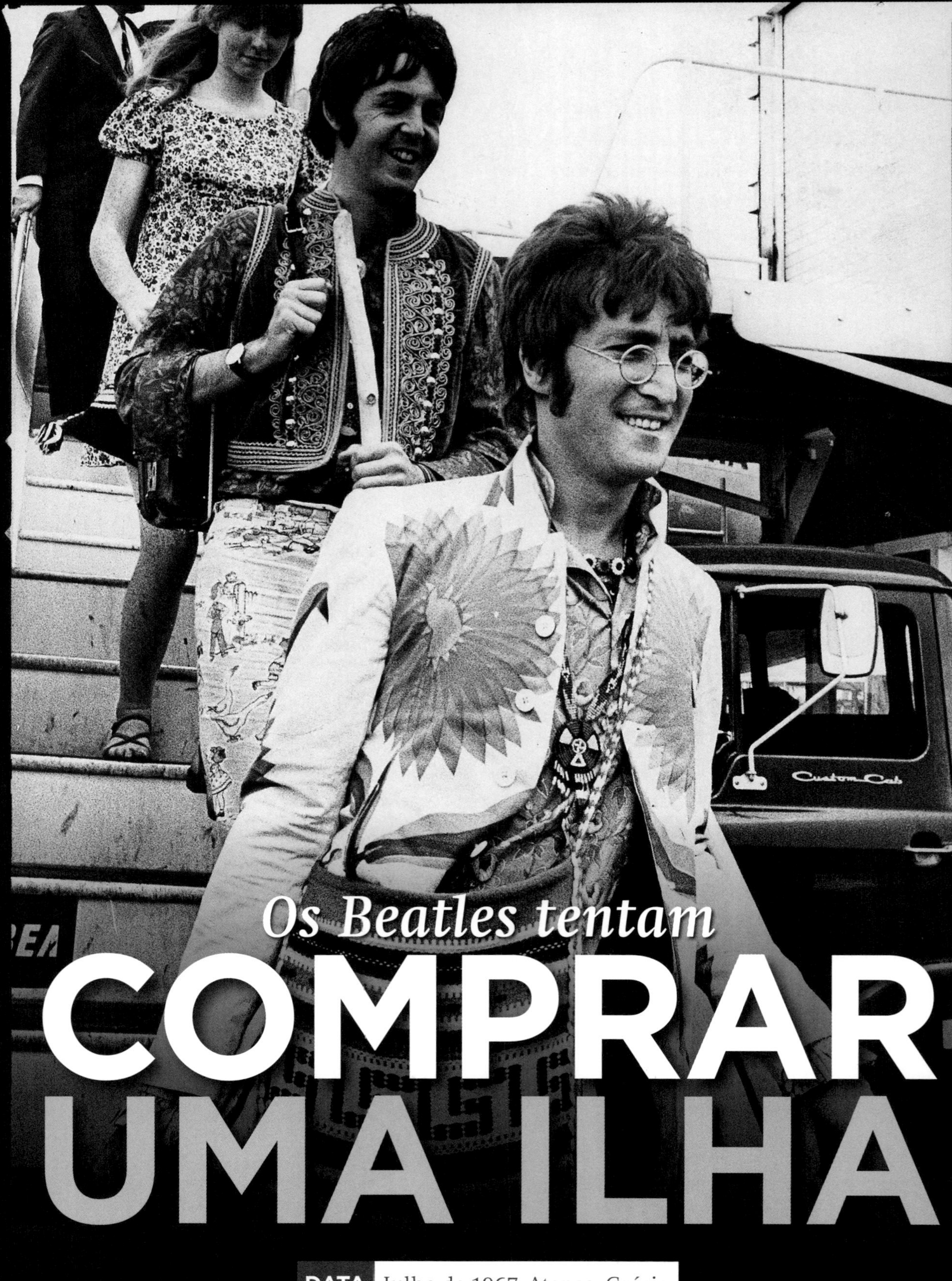

Os Beatles tentam

COMPRAR UMA ILHA

DATA Julho de 1967, Atenas, Grécia

Yanni Alexis Mardas era um jovem grego em busca de oportunidades. Ele desembarcou em Londres em 1965 e logo fez amizade com John Dunbar, responsável pela Galeria Indica, na Mason's Yard. Já nos primeiros dias, eles se deram tão bem que foram morar juntos num apartamento na Rua Bentinck, em Marylebone. Yanni começou a trabalhar como técnico de TV e, por intermédio de Dunbar, conheceu várias celebridades, como Brian Jones, dos Rolling Stones.

Assim como faria com todos os famosos conhecidos, Mardas apresentou uma ideia a Jones. Tratava-se de uma caixa de luz psicodélica, e ele era tão bom de papo que a invenção lhe rendeu um lugar na turnê europeia dos Rolling Stones, em 1967, tentando combinar a iluminação do palco com a música do grupo.

Por meio de Jones, Mardas conheceu Lennon e lhe apresentou a invenção, chamada Nothing Box, basicamente uma caixinha com luzes que piscavam aleatoriamente. Chapado de LSD, Lennon passaria horas olhando para a geringonça — e este é o problema com as drogas: antes de a destruírem, elas fazem a pessoa baixar a guarda, deixando-a muito vulnerável. Lennon achou genial, apelidou o inventor de "Magic Alex" e permitiu que ele participasse do círculo dos Beatles, mas nunca dentro da gangue. Outras ideias de Alex que chamaram a atenção do roqueiro foram uma câmera de raios X e um campo de força que seria instalado ao redor das casas da banda, mantendo todos sãos e salvos. Também se falou sobre Alex tentar construir um disco voador.

MARDAS APRESENTOU A LENNON A INVENÇÃO, CHAMADA NOTHING BOX, BASICAMENTE UMA CAIXINHA COM LUZES QUE PISCAVAM ALEATORIAMENTE. CHAPADO DE LSD, LENNON PASSARIA HORAS OLHANDO PARA A GERINGONÇA

Em julho de 1967, depois dos enormes triunfos artísticos da banda, foi necessário tirar férias. Lennon então passava a maior parte dos dias chapado e odiando morar em Weybridge. Foi ele quem decidiu que a banda e as pessoas mais próximas deveriam construir uma comunidade e viver felizes para sempre na Beatlelândia da vida real, livres das outras pessoas e de suas constantes demandas. Eles poderiam construir as próprias casas, escolas, e até a própria sociedade. E o mais importante de tudo: poderiam usar quantas drogas quisessem sem se preocupar em ser pegos pela polícia.

ELES PODERIAM CONSTRUIR AS PRÓPRIAS CASAS, ESCOLAS, E ATÉ A PRÓPRIA SOCIEDADE. E O MAIS IMPORTANTE DE TUDO: PODERIAM USAR QUANTAS DROGAS QUISESSEM

No livro *The Beatles: antologia* (2001), Derek Taylor esboçou o grande plano. Em breve, os Beatles e sua comitiva se afastariam do mundo careta para sempre. Eles comprariam e desenvolveriam uma grande propriedade na qual escapariam aos olhos do mundo. No meio da propriedade ficaria a construção principal, um complexo modernista de aço e vidro, onde a banda e seu empresário, Brian Epstein, viveriam. Não se poupariam gastos para comprar do bom e do melhor. Nos arredores do prédio principal, outras casas seriam construídas para ser as residências do círculo íntimo da banda (Taylor, Neil Aspinall, Mal Evans e seus familiares). Seria reservada uma área de criação, para a banda trabalhar e tocar. O único problema era onde construir esse paraíso. Uma das sugestões foi nada mais, nada menos do que Norfolk. A fria, úmida e ventosa Norfolk. Taylor explicou que as condições climáticas não representariam empecilhos aos roqueiros. "Haveria uma reação em cadeia tão forte que nada nos deteria", ele explicou. "E por que não? 'Eles já tentaram de tudo', John afirmou realisticamente, 'guerras, nacionalismo, fascismo, comunismo, capitalismo, sordidez, religião — nada disso funcionou. Então, por que não isso?'."

Certa noite, quando a ideia voltou a ser sugerida, Magic Alex estava presente. Ele falou com a banda sobre uma ilha grega que conhecia. Acrescentou que tinha altas conexões com o governo grego e, caso a banda quisesse comprá-la, ele poderia acelerar o processo. Posteriormente, George contou que "o pai de Alex tinha alguma relação com os militares da Grécia, então Alex conhecia todos eles, algo muito estranho".

Na verdade, a Grécia tinha acabado de sofrer um golpe militar, então a compra de um imóvel envolveria o desembolso de grandes quantias de dinheiro a fascistas. Surpreendentemente, essa ideia não aborreceu Lennon. Para o guitarrista, todos os governos eram corruptos, fossem comunistas, socialistas ou democratas. "Olha o que eles fazem aqui", ele assinalou. "Fecharam a Rádio Caroline e tentaram prender os Stones [Mick Jagger, Keith Richards e o marchand Robert Fraser tinham acabado de ser acusados de posse de drogas] enquanto gastam bilhões com armas nucleares; e o país está repleto de bases dos Estados Unidos sobre as quais ninguém sabe nada."

Os músicos, com as respectivas esposas e alguns funcionários, tais como Alistair Taylor e Neil Aspinall, voaram para Atenas, onde Magic Alex os esperava. Eles passaram rapidamente pelo controle de passaportes. Mais tarde, Alex afirmou que havia feito um acordo com o vice-presidente grego para conferir imunidade à banda e assim garantir que eles pudessem entrar com suas drogas.

AS NEGOCIAÇÕES NECESSÁRIAS PARA CONCLUIR A TRANSAÇÃO FORAM SE ARRASTANDO MAIS E MAIS, E POR FIM A BANDA DESISTIU. ELES VENDERAM OS DÓLARES DE VOLTA AO GOVERNO, COM LUCRO

Lennon desceu do avião chapado. Para seu terror, descobriu que tinha deixado o LSD em casa. Foi feito um telefonema para Mal Evans, em Londres. "O John precisa do remédio para acidez..." Evans chegou no dia seguinte com o estoque de Lennon. O iate por eles alugado ficou detido três dias por causa do mau tempo, assim o grupo permaneceu em Atenas, onde viviam sendo retratados por fotógrafos do governo. Depois o grupo viajou para conhecer a ilha. Futuramente, George contou ter sido uma viagem maravilhosa, durante a qual ele e John tomavam ácido e se sentavam ao sol para tocar uquelele.

De volta ao lar, o escritório dos Beatles recebeu instruções para prosseguir com a aquisição. O custo era de 95 mil libras, e o grupo precisou comprar do governo britânico dólares específicos para exportação para efetuar a compra. O primeiro-ministro, James Callaghan, lhes escreveu em pessoa autorizando-os a tirar o dinheiro do país, "mas nem um centavo a mais. Eu me pergunto como pretendem mobiliá-la", ele acrescentou.

As negociações necessárias para concluir a transação foram se arrastando mais e mais, e por fim a banda desistiu. Eles venderam os dólares de volta ao governo e tiveram a grata surpresa de que a cotação tinha subido, somando um lucro de onze mil libras. "Deve ter sido a única vez em que os Beatles ganharam dinheiro num empreendimento comercial", disse George acidamente. Ainda assim, pelo menos o idealismo hippie rendeu benefícios.

Os Beatles conhecem o MAHARISHI

DATA 24 de agosto de 1967, Hotel Hilton, Londres

A jornada espiritual de George Harrison começou nas Bahamas, no dia 25 de fevereiro de 1965. Ele estava filmando o segundo longa-metragem dos Beatles, *Help!*, quando Swami Vishnudevananda entregou à banda exemplares de seu *Livro de yoga completo e ilustrado*. A obra continha vários exercícios e uma introdução à religião hindu. Segundo o livro, a iluminação espiritual não podia ser obtida pela mente; era preciso transcender todos os sentidos e deixar o intelecto para trás para descobrir o verdadeiro nirvana.

George foi o Beatle que mais se deixou levar pelo livro. Seu apelido entre os fãs era "O Beatle quieto". Enquanto John e Paul gargalhavam no palco, curtindo a loucura por eles criada, George apenas sorria deliberadamente. Nas entrevistas coletivas, ele costumava copiar o humor de John ou se mantinha calado, esperando impaciente o momento em que poderia ir embora.

Nos anos posteriores, ele se mostraria o mais irascível em relação à imprensa. Quando o programa *Reporting 66* indagou o grupo a respeito de seu futuro, na frente do estúdio Abbey Road, em novembro de 1966, foi George quem demonstrou maior irritação. Sem dúvida, o roqueiro era o mais ansioso por matar a beatlemania para sempre, após descobrir que seu quinhão em dinheiro, garotas e luxo não valia a pena diante do grande incômodo ligado a ser um Beatle.

Antes das Bahamas, antes de conhecer o Swami, a banda estava filmando no Estúdio de Cinema Twickenham. Em determinada cena, eles tinham de ir até um restaurante indiano, decorado com os apetrechos típicos. Quando a filmagem terminou, George pegou a cítara indiana do cenário e deu início a uma relação com o instrumento que duraria a vida inteira.

TEVE INÍCIO ENTÃO UMA PERSISTENTE FASCINAÇÃO DE GEORGE PELA MÚSICA E A RELIGIÃO INDIANAS. ASSIM ELE CRIOU UM PAPEL DISTINTO DENTRO DA GANGUE. ELE AGORA ERA O BEATLE INDIANO

Numa festa em Los Angeles, em agosto de 1965, enquanto Peter Fonda não parava de falar de sua quase morte e perturbar Lennon imensamente, Harrison conversava com os músicos Roger McGuinn e David Crosby, do The Byrds. Enquanto batiam papo, foi mencionada a música de Ravi Shankar e os dois integrantes dos Byrds falaram com grande entusiasmo do principal citarista da Índia. Pouco depois, Harrison começou a comprar os discos de Shankar e adorou todos. Em seguida, ele comprou sua primeira cítara e tentou descobrir como tocá-la. Na sessão de gravação de "Norwegian Wood", nova canção de John, este pediu para George tocar um riff (como Lennon depois diria, "aquela parte do dã, dã, dã dadlã dã") com a cítara. George o fez, obtendo mais uma estreia: os Beatles foram a primeira banda a usar a cítara indiana na música pop.

OS BEATLES – DESFALCADOS DE RINGO – SENTARAM E OUVIRAM OS PENSAMENTOS DO MAHARISHI A RESPEITO DA VIDA ESPIRITUAL. DEPOIS TIVERAM UMA SESSÃO PARTICULAR DE NOVENTA MINUTOS COM O GURU

Teve início então uma persistente fascinação de George pela música e a religião indianas. Assim ele criou um papel distinto dentro da gangue. Durante a sessão de gravação de "Norwegian Wood", uma das cordas da cítara estourou. Sem saber onde conseguir outra, George acionou a EMI, que lhe deu o telefone do Círculo da Música Asiática, em Finchley, bairro de Londres. George passou três meses aprendendo cítara com os professores do local antes de viajar para a Índia, em setembro de 1966, para receber mais instruções do próprio Ravi Shankar. Durante um mês, Harrison esteve com Shankar e ficou bastante impressionando com as muitas religiões do país e a forma como a música é empregada com propósito espiritual.

Para George, cansado da beatlemania, cansado de canções que falavam "eu te amo, você me ama, seremos felizes para sempre", a música e a religião indianas de repente lhe ofereciam algo muito mais significativo. Animado com a descoberta, a empolgação de George foi aplacada quando ele percebeu que dominar a cítara não era uma opção para ele. Ravi Shankar contou ao guitarrista que ele e todos os outros citaristas de renome chegaram à posição em que estavam praticando doze horas por dia desde crianças. Mesmo sem as turnês, a idade de George e seus deveres com a banda eram grandes empecilhos para a realização desse sonho. Ainda assim, Shankar ficou impressionado com a honestidade e a humildade de George, e com sua disposição em adotar uma nova cultura.

George não era o único atraído pela Índia. Apesar da fama e do dinheiro, sua esposa, Pattie Boyd, não se sentia satisfeita com a vida e também procurava algo que tivesse um sentido a mais. Folheando os jornais de domingo, numa certa manhã de fevereiro de 1967, ela se deparou com um anúncio de aulas de meditação transcendental em Londres e rapidamente se envolveu com o Movimento de Regeneração Espiritual.

Boyd se tornou uma praticante regular de meditação. Em agosto, ela leu que o Maharishi Mahesh Yogi daria uma série de palestras no Hilton londrino. Ela então resolveu participar e convidou George para ir também. George, é claro, chamou a gangue para acompanhá-lo.

No Hilton, os Beatles – menos Ringo, cuja esposa, Maureen, dera à luz o filho Jason poucos dias antes – sentaram e ouviram os pensamentos do Maharishi a respeito da vida espiritual. Acabada a palestra, eles ainda tiveram uma sessão particular de noventa minutos com o guru. "O Maharishi era tão impressionante quanto eu imaginava que seria, e nós ficamos fascinados", Pattie disse mais tarde. "No fim, fomos falar com ele, então ele disse para irmos ao País de Gales, onde daria uma conferência de verão durante dez dias [...]. Não perdemos a chance."

Dois dias depois, a comitiva dos Beatles tomou um trem na estação Euston e rumou para o retiro em Bangor. Mick Jagger também estava com eles. Mais tarde, Harrison afirmou com seu jeito seco: "Ele sempre ficava à espreita, em segundo plano, tentando descobrir o que estava acontecendo..."

No caos da ocasião, com a imprensa, fãs e seguranças concentrados sobre a banda enquanto eles corriam atrás do trem (como sempre, estavam atrasados), Cynthia Lennon foi deixada para trás na plataforma. Depois Neil Aspinall a levou de carro até Bangor, naquele mesmo dia. Quando chegou lá, o primeiro comentário de John foi mordaz: "Sempre atrasada, não é?" Cynthia se debulhou em lágrimas. Anos mais tarde, ela confessou ter percebido naquele momento que seu casamento havia chegado ao fim, enquanto ficava em pé na plataforma cercada por estranhos e John disparava em direção ao futuro.

"O seminário foi numa escola", contou Paul. "Primeiro ele ensinava como meditar e depois você ia para o quarto praticar. E, logicamente, você não consegue na primeira meia hora [...]. Mas acabei ficando bom nisso."

A gangue se apaixonou pela meditação. Lennon rapidamente começou a apoiar suas propriedades. "Mesmo que se envolva com a meditação por curiosidade ou cinismo, quando começa, você se convence. A única coisa que você pode fazer é julgar por sua própria experiência. Sou menos cético do que antes [...]. Você dá uma espiada e é fisgado."

Enquanto John falava, um telefone perto dele começou a tocar. Quando atenderam, uma voz lhes disse que Brian Epstein acabara de falecer.

Os Beatles e amigos com o Maharishi em 1967. Depois disso, eles mergulharam na meditação e abandonaram o mundo do LSD.

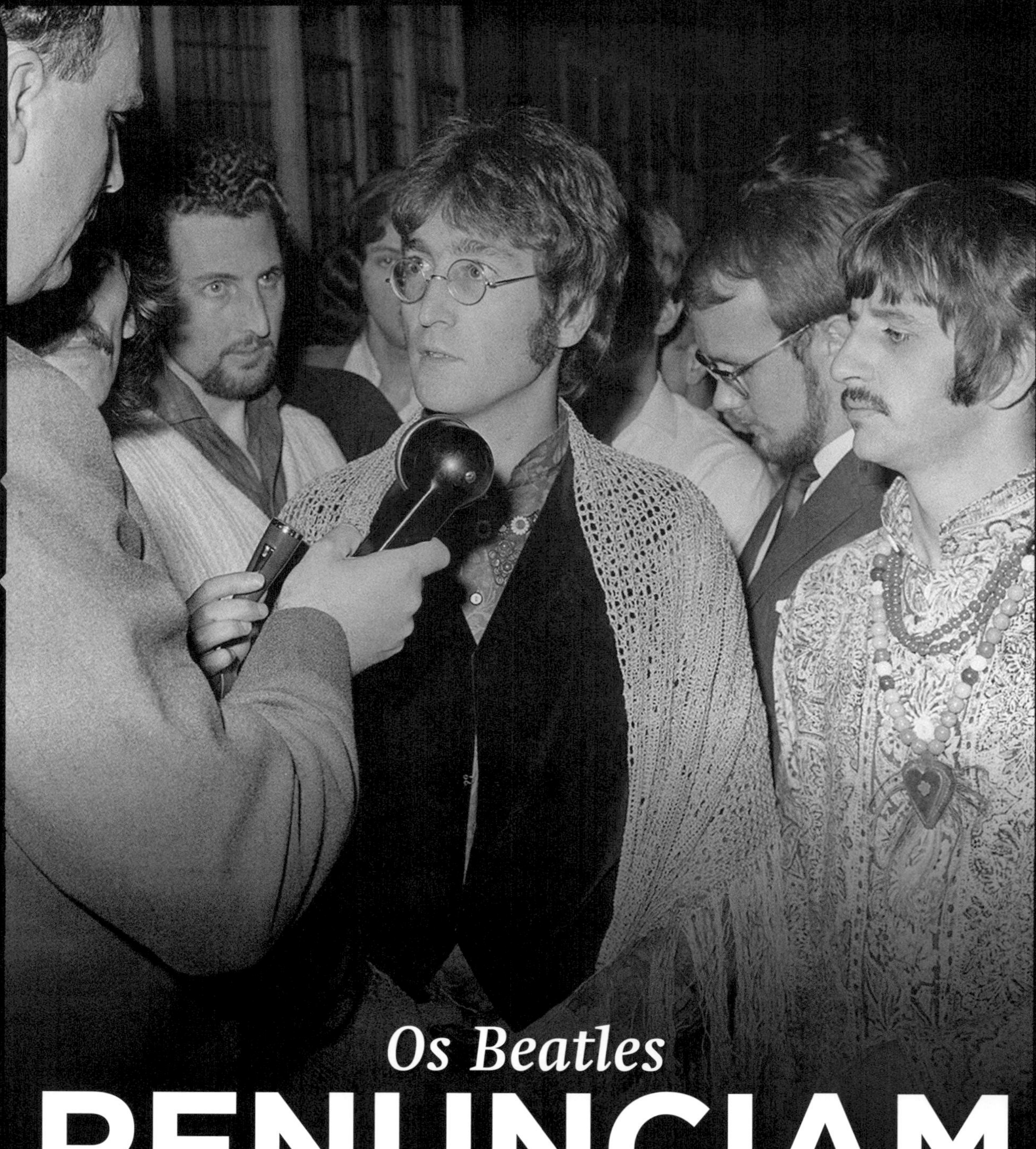

Os Beatles

RENUNCIAM ÀS DROGAS

DATA 26 de agosto de 1967, Bangor, norte do País de Gales

Em 19 de junho de 1967, no dia seguinte ao seu aniversário de 25 anos, uma equipe de jornalistas chegou à casa de Paul McCartney para perguntar se ele havia tomado LSD. Paul vinha divulgando as vantagens das drogas, contando à revista *Life* e ao jornal *The People* sobre suas experiências, o que havia visto e como aquilo o modificara. Paul convidou os jornalistas para acompanhá-lo até seu jardim, onde se sentaram, e ele confirmou ter usado a droga; quatro vezes, para ser mais preciso.

O entrevistador questionou se, como astro pop, um ícone para milhões de pessoas, talvez ele não devesse contar ao mundo sobre esse seu consumo. "Não creio que meus fãs vão usar drogas só porque eu usei", ele respondeu. "Fui indagado se havia experimentado ou não [...] estou preparado para manter o assunto como algo muito pessoal, se você fizer o mesmo. Se você não tocar no tema, eu farei o mesmo."

O LSD estava se revelando problemático para o grupo, principalmente para Paul. Ele estava longe de ser contra as drogas, e ainda curtia fumar maconha, mas sempre fora desconfiado em relação a tudo que lhe tirasse o controle. John adorava sair de si mesmo e perder a noção de realidade; Paul era focado demais para embarcar nessa jornada.

Sua recusa criou uma das primeiras fissuras significativas dentro da banda. Normalmente eles agiam como se fossem uma só pessoa, mas não foi assim nesse caso. Além disso, em meados dos anos 60, no mundo pop o LSD adquirira ares de modernidade. Ou você era muito descolado e tinha experimentado a droga, ou você era careta e ficava olhando do lado de fora. Durante um bom tempo, McCartney ficou do lado de fora, mas depois entregou os pontos, no fim de 1966. O pensamento da gangue o derrotara. Paul narrou sobre a situação: "Eu acabei pensando que não podíamos todos fazer parte dos Beatles e eu ser o único que não havia experimentado".

Ao jornal *The People*, McCartney descreveu sua viagem como "uma experiência verdadeiramente religiosa. Eu nunca havia entendido o que as pessoas queriam dizer quando falavam que Deus está dentro de você, que Ele é amor e verdade [...]. Deus é uma força da qual todos nós fazemos parte".

O resto da banda leu a declaração com uma sensação de espanto total. Durante um ano e meio eles tentaram fazer com que Paul experimentasse ácido e, quando finalmente conseguiram, ele vai e conta para todo mundo? Para os outros integrantes, havia fortes razões para não mencionar o uso de LSD. Para começar, a droga era ilegal, e tal revelação chamaria a atenção do execrável detetive Norman Pilcher, da Scotland Yard. Pilcher vivia perseguindo astros pop, e isso era motivo de preocupação. O detetive era determinado ao empregar todos os métodos — legais ou ilegais — para pegar o seu peixe, e não descansava até conseguir. Os Rolling Stones haviam sido pegos por causa da droga durante uma batida policial na casa de Keith Richards, em fevereiro daquele ano.

Em segundo lugar, a banda sabia a tempestade jornalística que tal admissão causaria, e eles podiam muito bem dormir sem essa. Ser Beatle já era complicado até dizer chega; quem precisava de um fardo extra?

Mesmo assim, lá estava McCartney, sem nem sequer consultá-los, tirando a máscara e informando ao mundo o que ele (e, por extensão, o grupo) andava aprontando. John e George ficaram furiosos. John, é claro, foi ainda mais sarcástico ao comentar as ações de Paul. "Ele sempre guarda seus grandes anúncios para a hora certa, não é?" (Esse comentário de Lennon tem muito sentido. Até hoje, as declarações à imprensa feitas por McCartney sempre caem em datas importantes relacionadas aos Beatles.)

É possível que também existisse outro objetivo se manifestando, um que talvez demonstre o desejo constante de McCartney de derrotar os rivais. À época de sua declaração, Keith Richards e Mick Jagger estavam presos por posse de drogas. Richards tinha dado uma festinha movida a ácido lisérgico em sua propriedade em West Wittering, sul da Inglaterra, mas as autoridades ficaram sabendo e dezoito policiais chegaram à casa. A quantidade apreendida era desprezível, já a determinação de processar era grande. As linhas de batalha foram traçadas.

Muitas pessoas viram o julgamento como um ataque do sistema sobre a nova aristocracia do pop — embora, curiosamente, a única banda que parecia imune à repressão fossem os Beatles. George Harrison e Pattie Boyd foram à festa na casa de Richards, mas foram embora mais cedo após terem decidido não "viajar" com os outros convidados. Quando Harrison saiu do local, a polícia entrou. Durante muito tempo se cogitou que eles esperaram o Beatle ir embora, o que dá uma ideia da posição que os músicos ainda desfrutavam como tesouros nacionais.

DURANTE UM ANO E MEIO ELES TENTARAM FAZER COM QUE PAUL EXPERIMENTASSE ÁCIDO E, QUANDO FINALMENTE CONSEGUIRAM, ELE VAI E CONTA PARA TODO MUNDO?

No ano seguinte, graças a eventos do gênero, o privilégio cairia por terra e John e George seriam pegos em flagrante. Portanto, a declaração de McCartney não era apenas provocadora — pegue-me se puder —, como também permitia aos Beatles ultrapassar os Stones como líderes do movimento da contracultura.

Numa demonstração de grande solidariedade, Brian Epstein apoiou publicamente o amigo, acrescentando que havia experimentado LSD e sentido um enorme bem-estar. O tiro de Epstein saiu pela culatra. O empresário foi censurado por um zangado McCartney — para o baixista, Epstein estava tentando roubar o seu feito — e depois por outros famosos, tais como Cilla Black, que exigiu saber que diabos ele pensava estar fazendo, pois nem em sonho ela desejava ver seu empresário ligado a sórdidos usuários de drogas. Epstein se desculpou — e pensou consigo mesmo por que se dera ao trabalho de tentar proteger seus clientes.

Enquanto isso, George viajara para San Francisco, cidade que fora o berço da cultura hippie das drogas, para conhecer áreas da moda, como Haight-Ashbury. Ele esperava encontrar um lugar povoado pelos verdadeiros jovens representantes da cultura hippie e lojas descoladas, porém se viu perambulando por uma região detonada, cercado por malucos para quem as drogas não desempenhavam um papel libertador, e sim prejudicial, física e mentalmente.

Depois de receber ofertas de doses de LSD e tragos em baseados enormes, George recusou tudo e caiu fora de lá o mais rápido que pôde, jurando nunca mais experimentar ácido lisérgico. John continuou como sempre, mas o ritmo que adotara era pesado demais. O LSD que ele tomava, contrabandeado dos Estados Unidos, era puro e incrivelmente forte. As viagens boas eram excepcionais, mas as ruins levavam o músico ao fundo do poço.

Em 24 de agosto os Beatles conheceram o Maharishi, e no dia 26 foram sorrateiramente até o norte do País de Gales para participar de seu curso de meditação. No segundo dia do evento, eles deram uma entrevista coletiva na qual anunciaram uma reviravolta: a renúncia ao uso de todas as substâncias ilegais. "Não dá para usar drogas para sempre", McCartney declarou ao mundo. "Estamos procurando algo mais natural. Acabou. As drogas foram uma experiência que vivemos. Agora acabou e não precisamos mais delas. Acho que estamos encontrando outras formas de realização."

George acrescentou: "O LSD não é a verdadeira resposta. Ele não dá nada a você. Ele permite que você veja um monte de possibilidades que pode não ter percebido antes, mas o ácido não é a resposta". O resto da banda concordou com ele. A meditação agora tomaria o lugar das drogas como forma de expressão artística, e a busca por seus poderes e dons resultaria numa das melhores obras da banda: seu próximo disco, intitulado simplesmente *The Beatles*, mas conhecido no mundo inteiro como *The White Album*, ou *Álbum Branco*.

BRIAN EPSTEIN MORRE *aos 32 anos*

DATA 27 de agosto de 1967, Rua Chapel, Belgravia, Londres

Quanto tempo durou a caminhada que levou Brian Epstein do Cavern até uma casa espaçosa em Belgravia, onde ele deu seu último suspiro — dando início assim à jornada dos Beatles rumo à separação? E quanto tempo se passou entre os dias em que o desespero devorava sua alma com a recusa de mais uma gravadora até a noite em que ele ficou de pé no estádio Shea, vendo toda aquela gente gritar de amor pelos *seus* rapazes? Esses momentos e muitos outros levaram ao trágico falecimento de Brian Epstein.

Epstein era o melhor empresário para os Beatles, mas não era um negociante, não era um tubarão. Era um cavalheiro e esperava dos outros o mesmo comportamento. Grande equívoco. Os promotores de Liverpool ficavam espantados quando a banda aparecia para cumprir compromissos agendados seis meses antes e que agora eram insignificantes demais para eles. Por sua vez, Epstein sempre se surpreendia com isso. Se ele e a banda se comprometessem com algo, dariam um jeito. Esse era o correto.

AO CONTRÁRIO DE VÁRIOS DE SEUS COLEGAS, EPSTEIN NÃO VIVIA CAÇANDO. RICO, ESPERAVA QUE O DINHEIRO CHEGASSE ATÉ ELE

Se não estivessem sob a administração de Epstein, os Beatles poderiam ter lucrado muito mais. Ele distribuía as mercadorias da banda, além de ter cedido os direitos de seu primeiro álbum de trilha sonora. Porém uma qualidade se sobrepunha aos erros: a completa honestidade. O grupo podia confiar plenamente nele. Na época de Larry Parnes* e Don Arden,** de empresários inescrupulosos em todo tipo de negócio, a honestidade era um bem valioso. Ao contrário de vários de seus colegas, Epstein não vivia caçando. Ele já era um homem rico, e esperava que o dinheiro chegasse até ele; a grana nunca foi um fator motivador, como era no caso dos outros. Além disso, Brian Epstein devia ter

* Conhecido como uma espécie de mentor tirânico do beat, Laurence Maurice "Larry" Parnes (1930-1989) é considerado o primeiro grande empresário do rock britânico, representando a maioria dos grandes artistas anteriores aos Beatles. (N. do T.)

** Chamado de "Al Capone do Pop", Don Arden (1926-2007) ficou conhecido por táticas comerciais agressivas. (N. do T.)

algo a mais para que a banda se abrisse e permitisse sua entrada na Beatlelândia.

De forma memorável, Lennon afirmou: "Será que os Beatles chegariam aonde estão sem Epstein? Não da forma atual. Mas a pergunta não é pertinente, porque nós o conhecemos, e o que aconteceu, aconteceu. [...] Ele nos ajudou e nós o ajudamos".

Brian amava demais a banda, "os meninos", para lhes causar mágoas. Ele começou num patamar acima do deles, com seus carros e ternos feitos sob medida, mas em breve os reverenciaria da mesma forma que o resto do mundo. Meses antes de falecer, ele afirmou: "Um de meus maiores problemas sempre foi rotular as pessoas, e uma das coisas que os Beatles me ensinaram foi a não fazer isso. Eles não classificam as pessoas, as coisas ou a música".

BRIAN AMAVA DEMAIS OS MENINOS PARA LHES CAUSAR MÁGOAS. ELE COMEÇOU NUM PATAMAR ACIMA DO DELES, MAS EM BREVE OS REVERENCIARIA DA MESMA FORMA QUE O RESTO DO MUNDO

Sem dúvida, era John quem ele mais adorava, e isso por causa da natureza imprevisível do roqueiro. Como todo mundo, o empresário nunca sabia em que pé devia andar com John. Num minuto, Lennon o mandava calar a boca, contar o dinheiro e deixar a música na mão dos profissionais, para no momento seguinte abraçá-lo. John o fascinava, provocava, mostrava relances de sua alma e depois se fechava, sempre deixando um desejo de "quero mais", fazendo tudo se concentrar nele, nunca no outro.

Os demais Beatles eram muito mais objetivos. Paul reclamava bastante e vivia questionando as coisas, George mantinha os olhos radiantes no dinheiro e Ringo tinha os pés no chão e era adorável. Já John se destacava porque a imprevisibilidade era seu único traço previsível, e era essa característica — manter todos atentos — que fascinava pessoas como Brian, desesperadas por compreender aquele homem inconstante. Além disso, John mexia com o íntimo da sexualidade de Brian. A conduta impecável e os excelentes modos de Epstein não refletiam de forma alguma suas preferências sexuais. Ele gostava de sexo bruto com rapazes igualmente brutos, e Lennon sabia ser bruto.

No começo da aventura, Epstein representava a banda. Ele fez com que os rapazes melhorassem a aparência e agissem profissionalmente. Porém, com o estouro da beatlemania, que tipo de conselho poderia dar? Musicalmente eles caminhavam a passos largos, e no palco faziam reverências, sorriam e eram simpáticos. Eles tinham tudo na palma da mão. Que diabos Epstein poderia dizer aos reis do mundo? "Ótimo show, rapazes. Aqui está o dinheiro"?

Em 1965, Epstein era mais administrador que empresário, agendando excursões pelo mundo, trabalhando como agente. Contudo, não havia nada de errado nisso, porque ele amava a Beatlelândia — lá ele podia escapar da camisa de força que lhe fora colocada por sua criação, religião e sexualidade. Será que ele teria dançado ouvindo os discos da Motown e tomado ácido lisérgico sem os Beatles em sua vida? Parece muito improvável.

O maior defeito de Epstein estava em suas inseguranças. Depois que a banda parou de fazer turnês, ele acreditava ter se tornado obsoleto, e que essa era a maneira do grupo de afirmar: "Adeus, sr. Epstein". A paranoia foi intensificada pelo LSD e por várias outras misturas químicas. As farras após o fim das turnês, já passada a beatlemania, eram tão grandiosas que Epstein muitas vezes terminava numa clínica para se recuperar. Na verdade, a noite anterior ao lançamento do disco *Sgt. Pepper* em sua casa em Belgravia foi passada na Clínica Priory.

Porém pode-se afirmar com segurança que em nenhum instante a banda falou em dispensá-lo de suas funções. Os Beatles eram uma gangue, eram leais, primeiro consigo mesmos e depois com aqueles que lhes ajudaram na caminhada. Epstein, ao lado de Neil Aspinall, Mal Evans, Derek Taylor, Peter Brown e Geoffrey Ellis, formava o centro do grupo no qual os Beatles confiavam. Com o contrato às vésperas da renovação, Epstein se convenceu de que seria dispensado. Nada disso. Na festa dada por ele duas semanas depois do lançamento de *Sgt. Pepper*, John e George o abraçaram e falaram para ele não se preocupar com nada. Eles estavam chapados de LSD, mas a profundidade dos sentimentos já precisava existir para ser ampliada pela droga.

No dia 27 de agosto, o mordomo de Epstein o encontrou em seu quarto — as drogas haviam tirado sua vida. Os Beatles não compareceram ao funeral, sabendo que a presença deles reduziria a importância da ocasião. Em vez disso, participaram de uma cerimônia realizada algumas semanas depois na sinagoga New London, na Abbey Road.

OS BEATLES NÃO COMPARECERAM AO FUNERAL, SABENDO QUE A PRESENÇA DELES REDUZIRIA A IMPORTÂNCIA DA OCASIÃO. EM VEZ DISSO, PARTICIPARAM DE UMA CERIMÔNIA REALIZADA ALGUMAS SEMANAS DEPOIS NA SINAGOGA

Os roqueiros estavam despertando para a realidade. Primeiro, eles aboliram a função de empresário da banda, em reconhecimento ao fato de que ninguém substituiria Brian. A seguir, tentaram exercer essa função, mas de repente o mundo pareceu um lugar muito mais difícil. "Nós desmoronamos", Lennon contou. "Eu sabia que estávamos encrencados. Eu não tinha nenhuma ilusão em relação à nossa capacidade de fazer qualquer outra coisa além de tocar, e eu me sentia assustado. Eu pensei: *Agora estamos perdidos.*"

Os Beatles partem numa

MAGICAL MYSTERY TOUR

DATA 11 de setembro de 1967, Rua Baker, Londres

Com Epstein morto, Paul, maníaco por trabalho, tinha de garantir que o grupo continuasse junto. O baixista sabia que eles não podiam se dar ao luxo de afundar na depressão pela perda de Brian, porque isso os levaria à inércia. Eles precisavam trabalhar. De agora em diante, todas as principais ideias da banda emanariam de McCartney. Para Lennon, a gangue não era mais sua única preocupação. Ele começara a questionar a utilidade da banda — e assim plantou a semente que o levaria a matar aquilo que antes amara acima de tudo.

O hiato aberto pelo fim das turnês permitiu que outros elementos chamassem a atenção obsessiva de Lennon: a meditação e a artista japonesa de vanguarda Yoko Ono. A música ainda o fazia seguir adiante, mas não a ponto de excluir outras influências. Em breve, ele usaria uma força específica para separar a gangue para sempre.

Quando a gravação de *Sgt. Pepper* terminou, Paul voou para os Estados Unidos como surpresa para o aniversário de 21 anos da namorada, Jane Asher, que estava em turnê com a produção *Romeu e Julieta*. Paul levou Mal Evans e sua filmadora a tiracolo. Ele começou a filmar vários locais e então surgiu a ideia de um filme em que um grupo de pessoas tomaria um ônibus para viajar pelo país, com a câmera registrando suas aventuras e conversas.

"Eu costumava fazer muitas filmagens amadoras", McCartney contou. "Assim surgiu a ideia de alugar um ônibus, pegar um bando de pessoas e tentar começar a fazer algo a respeito de um passeio mágico e misterioso."

Parte do impulso contido na ideia de criar o filme pode ser explicada pela necessidade premente de a banda manter a relação com os fãs por outros meios além de shows. É preciso lembrar que, na Grã-Bretanha dos Beatles, a imprensa voltada para a música popular era extremamente limitada. Para os fãs que não conseguiam mais ver o grupo em carne e osso, a televisão era a única chance de manter contato. De acordo com Tony Barrow, assessor de imprensa do conjunto na época, "Paul deixou claro para mim que seu objetivo era fazer um longa-metragem para lançamento maciço nos cinemas. Para ele, uma 'turnê' bem-sucedida nas telas teria grande efeito e superaria a lacuna deixada pelo encerramento das excursões dos Fab Four".

O conceito de McCartney uniu dois elementos bastante discrepantes: a cultura da classe operária do norte da Inglaterra e o

LSD. Que em parte eles fossem capazes de fazer isso funcionar é uma prova da genialidade da banda. Os Beatles sempre trabalhavam sob variadas influências, tecendo-as de forma brilhante em novas e singulares obras de arte. McCartney se lembra de certa vez eles terem feito pose de intelectuais quando outra banda entrou no camarim, com os colegas fingindo ouvir poemas que ele lia num livro. O ponto que Paul tentava mostrar era que eles foram capazes de levar a cabo tal proeza apenas porque ele trazia um livro de poesia. A outra banda não.

Magical Mystery Tour lembrava a famosa viagem do escritor Ken Kesey pelos Estados Unidos com um bando de amigos e colegas batizado por ele de The Merry Pranksters, mas também possuía raízes na infância em comum dos Beatles em Liverpool, quando empresas de ônibus programavam passeios misteriosos. Os viajantes compravam as passagens sem saber qual seria o destino. Blackpool costumava ser o ponto final da viagem.

Segundo declarações posteriores de McCartney, "John e eu nos lembrávamos dos passeios misteriosos e sempre consideramos esta uma ideia fascinante: tomar um ônibus sem saber para onde estava indo [...]. Então pegamos essa ideia e a usamos como base para uma canção e para o filme". Lançando mão das experiências com LSD e do espírito psicodélico geral da época, o conceito acabou virando um passeio misterioso e mágico, com o filme sendo o equivalente cinematográfico a uma viagem de ácido lisérgico.

As canções do filme apresentam muitas referências a drogas. A música-tema do longa-metragem abre com o grito de "roll up, roll up", evocando o apresentador de circo que chama a atenção dos presentes, além de dar um recadinho aos fumantes de maconha. Enquanto isso, a narração do filme faz referências contínuas à "magia começando a funcionar", como aconteceria numa viagem a outro estado de consciência.

PARTE DO IMPULSO CONTIDO NA IDEIA DE CRIAR O FILME PODE SER EXPLICADA PELA NECESSIDADE PREMENTE DE A BANDA MANTER A RELAÇÃO COM OS FÃS POR OUTROS MEIOS ALÉM DE SHOWS

Brian Epstein se envolveu nos primeiros estágios do filme. Ao voltar dos Estados Unidos, McCartney esboçou a obra na forma de um gráfico e a apresentou ao empresário. Uma das primeiras ideias era dar a cada membro da banda um espaço de vinte minutos do filme para sua própria criação. Brian gostou da ideia e fez alguns telefonemas em nome de Paul, sondando várias pessoas que poderiam contribuir com o projeto. Sua morte no fim de agosto significava que a banda agora teria de tomar algumas decisões sérias.

Em 1º de setembro, eles se reuniram na casa de McCartney e ficou decidido que iriam empresariar a si mesmos, continuar com o filme e depois partir rumo à Índia, numa pausa para meditar durante dois meses. Quatro dias depois, o trabalho com a trilha sonora do filme começou e o grupo gravou várias músicas novas, inclusive a canção-tema, além de "Your Mother Should Know", "I Am the Walrus", "Flying" (a primeira instrumental da banda) e "The Fool on the Hill".

É interessante como Lennon e McCartney produziram novamente a mesma magia do ano anterior, com o primeiro criando uma canção psicodélica fantástica, "I Am the Walrus", e Paul respondendo com uma música recheada de melodia e estilo, num exemplo ímpar de seu talento, com "The Fool on the Hill".

"I Am the Walrus" foi gravada nove dias após a morte de Epstein. Em parte com inspiração religiosa, a letra sugere que Deus está dentro de todos nós e, portanto, somos todos irmãos e irmãs; e em parte derivada de viagens movidas a ácido lisérgico, ela também traz imagens muito surreais. As notáveis mudanças sonoras da canção, aliadas ao poderoso vocal de Lennon, oferecem uma reflexão perturbadora sobre a mente de seu compositor.

Futuramente, Lennon admitiria que estava compondo de forma obscura nessa época — em suas próprias palavras, "ao estilo de Dylan". O guitarrista queria que as frases dessem impressão de profundidade, quando na verdade não havia nenhuma, ou muito pouca. Lennon declarou: "Dylan se safou de assassinato. E eu pensei: *Também consigo compor essas porcarias*. Basta juntar algumas imagens, costurá-las e chamar de poesia". Mesmo assim, "I Am the Walrus" continua sendo uma gravação incrivelmente poderosa.

Em contraste, "The Fool on the Hill", de Paul McCartney, é uma música pop sublime, inspirada em parte pelo Maharishi e pela ideia de um homem que vê o mundo de um jeito completamente diferente dos outros. As inteligentes mudanças musicais da canção, passando de melancólica a jubilosa num segundo, são obras de um homem no auge do talento.

À medida que as gravações avançavam, a banda começou a escolher o elenco do filme. "Mandamos Neil e Mal, nossos roadies de confiança, providenciarem um motorista e o ônibus e pintarem nosso logotipo na lateral: Magical Mystery Tour. Nós contratamos um ônibus cheio de passageiros, alguns dos quais eram atores. Arrumei uma cópia do *Spotlight* (anuário de atores) e selecionei todos os atores dali", contou Paul. Entre os nomes respeitados que se juntaram ao elenco estão Ivor Cutler, Victor Spinetti e Nat Jackley, astro do teatro de variedades especializado em dança cômica, e adorado pela banda.

Denis O'Dell, que trabalhou em *Os reis do iê-iê-iê*, foi convocado como consultor, trabalhando em tempo integral para a banda. Ele ficou preocupado com a abordagem mal organizada dos músicos. "Envolver-se na produção e na direção de seu próprio filme foi um ato de bravura para um grupo pop", ele afirmou. "Foi algo sem precedentes à época; infelizmente, o comportamento era o de aprender em meio ao processo e não o de descobrir como as coisas funcionam antes de começar."

No dia 11 de setembro de 1967, o ônibus da Magical Mystery Tour estacionou em

Allsop Place, nos arredores da Rua Baker, e então o bizarro e o maravilhoso subiram a bordo. Para a surpresa de todos, não havia roteiro. McCartney explicou que eles teriam de improvisar. O propósito de um passeio misterioso, afinal, não é conhecer o destino; fazer o filme seria o mesmo tipo de jornada.

A CANÇÃO-TEMA DO FILME ABRE COM O GRITO DE "ROLL UP, ROLL UP", EVOCANDO O APRESENTADOR DE CIRCO QUE CHAMA A ATENÇÃO DOS PRESENTES, ALÉM DE DAR UM RECADINHO AOS FUMANTES DE MACONHA

A filmagem transcorreu em Londres, Devon, Cornualha e Kent. Numa ocasião, a banda ficou presa em uma ponte e teve de chamar o guincho e a polícia. Certo dia, ao acordar, Lennon contou para McCartney o sonho que tivera naquela noite, no qual ele estava vestido como um garçom e despejava espaguete no prato de uma mulher gorda. McCartney achou aquilo ótimo, e a sequência inteira foi filmada naquela mesma manhã.

Como ninguém havia pensado em agendar um estúdio para filmar a banda tocando, Denis O'Dell reservou a estação da Força Aérea Real de West Malling, nas proximidades de Maidstone, Kent, e o grupo tocou "I Am the Walrus". A filmagem é notável, com os músicos trajando figurinos psicodélicos, reunidos em volta do piano branco de John ao pôr do sol de fim de verão. A apresentação é intercalada com todos os tipos de imagens surreais, tais como policiais dançando e cenas da banda usando fantasias com cabeças de animais. Nas palavras de Paul, só essa filmagem já valeria o passeio mágico e misterioso por completo.

Programado para durar duas semanas, o processo de montagem se alongou por quase três meses. Havia dez horas de material para ser editado num filme de uma hora de duração. Para piorar, ninguém se lembrara de usar claquetes no começo de cada cena, tornando a montagem um pesadelo.

Em dezembro, McCartney levou o filme finalizado até a BBC. Eles já haviam banido "I Am the Walrus" pelo crime de empregar a palavra "knickers" ("calcinha"). Entretanto, a banda tinha um projeto secreto e radical. Eles queriam usar a própria popularidade para conseguir exibir o filme durante o Natal. A programação televisiva na época do Natal era tradicionalmente baseada em comédias e entretenimento leve. Os Beatles queriam entrar de penetra na festa nacional e enfiar a contracultura dentro da casa das pessoas. A intenção era mexer com a mente delas e, se possível, promover uma transformação.

"Nossa ambição era ocupar o espaço de Bruce Forsyth", contou Paul. "Ele sempre falava: 'Olá, pessoal, feliz Natal. Já comeram bastante na ceia?' Então achamos que estava na hora de dar um basta naquilo. Queríamos fazer uma mudança, e pretendíamos conseguir o horário de maior audiência. E conseguimos." O filme foi exibido pela BBC no dia 26 de dezembro, às 20h35. Ele foi transmitido em preto e branco, já que a maioria das pessoas não possuía televisão em cores, e assim perdeu grande parte do charme e da inventividade. Estupefata, a nação assistiu à banda conhecida como Fab Four estrelar um filme monótono, amorfo, num tom pardo e sem trama, cheio de imagens surreais e diálogos improvisados.

Os jornais ficaram indignados. "Baboseira ostensiva", bradou o *Daily Express*, resumindo a reação geral da imprensa. Os Beatles agora se encontravam numa posição muito peculiar, sendo ainda considerados notícia de primeira página, mas sem obter a aceitação do grande público. Se o grupo tivesse sido formado em 1966, somente as publicações de música e contracultura, como a *International Times*, teriam se interessado por eles. Certamente eles não seriam notícia nas colunas de fofocas.

O que chama a atenção nesse filme é quanto ele se aproxima da série de TV *The Prisoner*, que estrearia em setembro de 1967, cativando a nação. Havia alguma coisa no ar. Tanto o seriado quanto o filme pegaram várias pessoas discrepantes e as colocaram num ambiente particular. Os Beatles escolheram um ônibus; Patrick McGoohan, astro da série, contava com o singular vilarejo galês de Portmeirion. Ambas as obras de arte pretendiam desafiar o espectador e fazê-lo pensar a respeito do mundo em que viviam.

Não surpreende o fato de os Beatles terem se tornado fãs de *The Prisoner* e encontrarem McGoohan certa noite. O episódio final da série utilizou "All You Need Is Love", obtendo um efeito incrível.

OS BEATLES QUERIAM ENTRAR DE PENETRA NA FESTA DO PAÍS E ENFIAR A CONTRACULTURA DENTRO DA CASA DAS PESSOAS. A INTENÇÃO ERA MEXER COM A MENTE DELAS

Por sua vez, os fãs dos Beatles ficaram sem entender nada. Eles haviam visto a banda na televisão três vezes em 1967, e nos três casos — os vídeos promocionais de "Strawberry Fields Forever" e "Penny Lane", "All You Need Is Love" no programa *Our World*, e agora o novo filme — o grupo ou vestia roupas psicodélicas e cantava sobre o amor ou fazia referências indiretas sobre drogas à nação.

Como até Sua Majestade a Rainha em pessoa comentou acerca da banda numa reunião da diretoria da EMI: "Pois é, eles ficaram meio esquisitos, não é?" Mas os Beatles não davam a mínima. Eles foram à Índia e começaram a cantar "Hare Krishna" um para o outro.

Os Beatles vestidos para seu filme surreal, *Magical Mystery Tour*. Com Epstein morto e Lennon perdendo o interesse, McCartney desempenhou um papel ainda maior na banda. Foi ele quem dirigiu e montou o filme.

Os Beatles abrem a APPLE BOUTIQUE

DATA 7 de dezembro de 1967, Rua Baker, Londres

Em seus primeiros tempos nos Beatles, John Lennon era um *tory*, tendo sido levado a acreditar — como tantas pessoas — que o Partido Conservador era o mais bem preparado para o poder. Somente eles tinham a formação e a classe para o cargo, qualidades ausentes em todos os outros. Posteriormente, John mudou de lado, passando a se considerar trabalhista. Contudo, é claro, em se tratando de Lennon, só poderíamos esperar algum tipo de contradição em seu pensamento.

O dinheiro foi uma obsessão para Lennon desde cedo, dominando boa parte de sua vida como Beatle. Para ele, a música pop era a nova e melhor maneira de ganhar grana. Era uma "forma moderna de sucesso". Em 1964, ao ser indagado se ele se considerava um bom exemplo para a juventude, o roqueiro respondeu: "Só em termos de ganhar dinheiro rapidamente, o que, a meu ver, é um bom exemplo".

Em 1965, cercado pelos outros membros da banda, John declarou à revista *Playboy*: "Em primeiro lugar, nós somos ganhadores de dinheiro; depois somos artistas". Ringo o corrigiu. Ainda era considerado inconveniente falar de forma tão descarada a respeito de dinheiro. "Somos artistas em primeiro lugar, John."

"É isso mesmo, lógico", John respondeu apressadamente, para depois tentar encobrir sua maneira de pensar: "A imprensa leva você nesse sentido, então você fala assim porque é isso que eles gostam de ouvir". Sim, até parece.

Em 1966, na famosa entrevista ao *Evening Standard* — na qual John declarou que os Beatles eram mais populares que Jesus Cristo —, John mostrou sua casa à jornalista Maureen Cleave, orgulhosamente apontando suas novas aquisições. A seguir, o líder dos Beatles e a repórter foram dar um passeio. No automóvel, Lennon mostrou a Cleave os luxos do veículo, como televisor, cama dobrável, geladeira, escrivaninha e telefone. Caso quisesse, Lennon poderia comandar seus negócios do banco traseiro de seu Rolls-Royce. O roqueiro reclamou do telefone e informou à jornalista que, apesar das inúmeras tentativas, somente conseguira completar uma ligação do carro. A tecnologia ainda não o conquistara.

Depois Lennon ligou o automóvel e levou Cleave para passear pelas estradas do interior. Enquanto rodavam pelo cenário verde de Surrey, o guitarrista se descreveu como "famoso e cheio da grana". Ele também confessou que, apesar dos enormes ganhos, vivia preocupado com dinheiro. Mesmo com os contadores lhe falando que as finanças estavam seguras e estáveis, Lennon morria de medo de esbanjar tudo até os 40 anos, explicando assim sua recente decisão de vender alguns de seus carros. Contudo, ele então revelou que, quando lhe falaram que não havia necessidade de ter feito isso, ele os comprou de volta.

A APPLE FOI INAUGURADA EM 1967, NO DIA EM QUE A EMPRESA DE CONTABILIDADE BRYCE HAMMER & CO. DISSE QUE ELES PODERIAM ENTREGAR TRÊS MILHÕES DE LIBRAS ESTERLINAS AO GOVERNO BRITÂNICO OU USÁ-LOS CONSIGO MESMOS. ELES PREFERIRAM A SEGUNDA OPÇÃO

O dinheiro para Lennon representava poder, e a única maneira de um homem como ele conseguir tal poder seria nascer numa família rica ou trabalhar muito. Então, exibindo o bom senso político pelo qual ficaria famoso na década de 70, ele argumentou que, no fim das contas, o governo era o único que ganhava. "Aquela piada sobre manter os trabalhadores ignorantes continua verdadeira; foi isso que falaram sobre os conservadores, os latifundiários e tal; depois os trabalhistas pretendiam educar os operários, mas parece que não fazem mais isso."

Um ano mais tarde, seu raciocínio, bem como o dos outros da banda, mudara radicalmente, afetado pela exposição a ideias anticapitalistas radicais, pelo uso generoso de LSD e pela meditação. De repente, emergiu a crença profundamente arraigada de que ele era de esquerda, o que ajudou a contribuir com o novo ideal utópico do grupo, a Apple.

A Apple foi inaugurada em 1967, no dia em que a empresa de contabilidade Bryce Hammer & Co. disse que eles poderiam entregar três milhões de libras esterlinas ao governo britânico ou usá-los consigo mesmos. Eles preferiram a segunda opção e decidiram criar uma organização para transformar em realidade as ideias das pessoas. Quer fosse um livro, um filme, uma canção ou até mesmo uma engenhoca, se o grupo gostasse, daria dinheiro para o projeto ganhar vida. E não era só isso. A Apple não utilizaria a tradição comercial, mas estabeleceria um modelo alternativo às empresas capitalistas. Quem mais além dos Beatles teria a imaginação, o talento e, por fim, a coragem para executar tal plano? Registra-se aqui mais uma estreia. Tratava-se do sonho hippie se tornando realidade.

O primeiro empreendimento foi no mundo da moda. Parte do dinheiro havia sido empregada para adquirir imóveis na esquina da Rua Baker com a Paddington, na região londrina de Marylebone. Os escritórios da Apple foram instalados no último andar, enquanto o pavimento de baixo foi transformado em loja, batizada de Apple Boutique. O grupo deu ao coletivo The Fool cem mil libras para desenhar e produzir uma coleção de roupas e decorar o lado de fora do prédio. Eles criaram um design incrível — que durou apenas algumas semanas, pois o senhorio pediu que fosse removido. Lennon, que comprara para o amigo Pete Shotton um supermercado na ilha Hayling, no condado de Hampshire, lhe deu o cargo de gerente da loja.

Contudo, o local não seria apenas uma loja de roupas. Também seriam vendidos livros, discos, objetos de decoração e tudo que chamasse a atenção. Paul queria que a loja vendesse porcelana branca, difícil de encontrar em Londres, enquanto George, é claro, queria a venda de objetos esotéricos. Jenny Boyd, irmã de Pattie, conseguiu emprego lá.

Uma festa foi realizada no dia 6 de dezembro de 1967, a que John e George compareceram comendo maçãs ruidosamente, e no dia seguinte a butique abriu as portas. Foi um sucesso a princípio, com as pessoas gastando muito na proximidade do Natal. Contudo, em meados de janeiro, a realidade bateu à porta. As criações do Fool eram impressionantes e individuais, mas não foram produzidas nos tamanhos padrão da moda. Os potenciais compradores simplesmente não conseguiam vesti-las, ou sequer pagar por elas.

A loja começou a perder tanto dinheiro que McCartney interveio e pediu a John Lyndon, ex-funcionário da NEMS e produtor teatral, que ele arrumasse a casa. Lyndon aceitou e correu atrás de roupas acessíveis e financeiramente viáveis. Em julho, a missão estava começando a se firmar quando, durante uma reunião nos novos escritórios da Apple na Savile Row, número 3, John leu uma reportagem da *Melody Maker*, escrita pelo DJ John Peel, questionando por que os Beatles estavam agindo como comerciantes de roupas. Na mesma hora, ele mandou fechar a loja, para espanto de Lyndon.

QUER FOSSE UM LIVRO, UM FILME, UMA CANÇÃO OU ATÉ MESMO UMA ENGENHOCA, SE O GRUPO GOSTASSE, DARIA DINHEIRO PARA O PROJETO GANHAR VIDA

Na noite anterior ao fechamento, os membros da banda apareceram com suas mulheres e levaram tudo que queriam. No dia seguinte, 31 de julho de 1968, correu a notícia de que tudo que sobrara seria distribuído gratuitamente. Uma multidão baixou na butique e a deixou vazia. "O conceito da loja era muito melhor que a realidade", George afirmou após o fracasso do empreendimento. "Era fácil ficar sentado pensando em ideias bacanas, mas transformá-las em realidade era outra coisa. Não deu certo porque não éramos empresários. Só entendíamos de ficar em estúdio fazendo música."

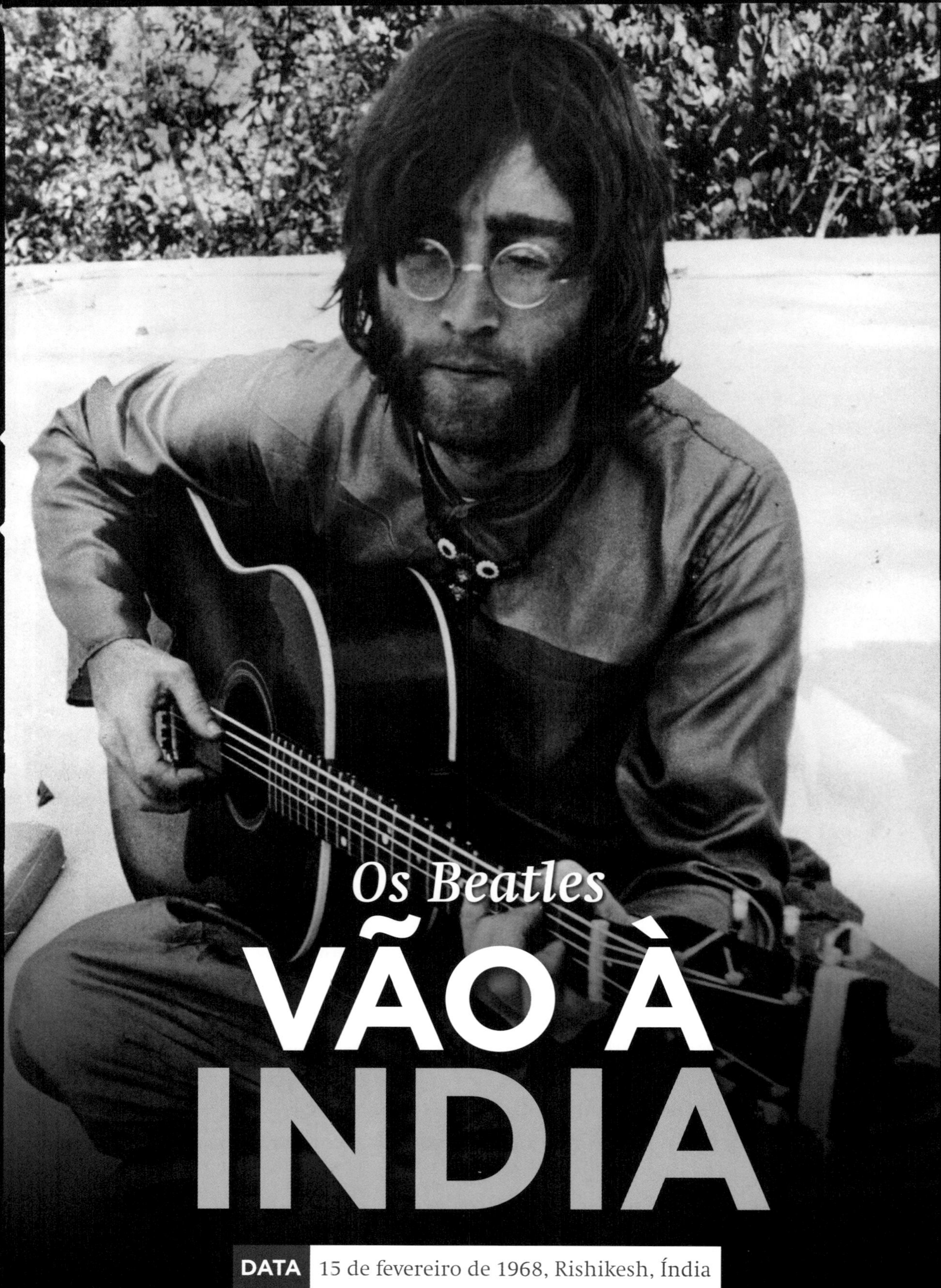

Os Beatles VÃO À INDIA

DATA 15 de fevereiro de 1968, Rishikesh, Índia

Seria a última vez em que eles agiriam como se fossem um só: após dois meses do curso de meditação com o Maharishi em Rishikesh, nas proximidades do sopé do Himalaia, teria início a longa e amarga dissolução da melhor banda da cidade. O processo demoraria um ano e meio — e nesse meio-tempo os Beatles produziriam um de seus melhores álbuns, perderiam uma fortuna, se tornariam inimigos, acionariam advogados e, enfim, destruiriam a Beatlelândia. O conselho dado pelo Maharishi quando Brian morreu — "Mantenham a calma" — não foi seguido de forma alguma.

George já havia passado uma semana na Índia antes da chegada da banda a Rishikesh. Ele fora convidado para produzir a música do filme *O muro das maravilhas* (1968). A princípio o roqueiro recusou, mas, quando o produtor lhe deu carta branca afirmando que usariam qualquer coisa feita por ele, George agarrou a oportunidade para lançar o que descreveu como uma "antologia de música indiana".

No começo de janeiro, George passou cinco dias com músicos indianos nos estúdios de gravação da EMI, em Bombaim. Lá, ele compôs e gravou uma de suas músicas mais influenciadas pela tradição indiana, "The Inner Light", na qual declarou seu ponto de vista atual: Deus está dentro de todos nós, e é para nosso interior que devemos nos voltar se desejarmos encontrar significado na vida.

Quando ele retornou, a banda decidiu gravar um compacto para ser lançado enquanto eles estivessem na Índia. A canção "Lady Madonna", de Paul, foi a primeira a ser gravada, seguida pela nova música de John, "Across the Universe". Após colocarem o vocal e os instrumentos, Paul e John concordaram que a canção necessitava de harmonias em falsete, mas onde poderiam encontrar essas vozes às sete horas da noite de um domingo? A resposta era simples. Do lado de fora do estúdio Abbey Road, sempre havia um grupo de garotas esperando para ver seus ídolos. Os Beatles simplesmente foram até lá e convidaram Lizzie Bravo* e Gayleen Pease para gravarem o vocal de apoio.

Na quinta-feira seguinte, a convite de George Martin, o humorista Spike Milligan

* A brasileira Elizabeth Villas Boas Bravo era uma das "Apple scruffs", grupo de fãs que se reunia nos arredores dos escritórios da Apple Corps e do estúdio Abbey Road no fim dos anos 60 para tentar ver os Beatles. "Apple Scruffs" também dá nome a uma canção gravada por George no triplo *All Things Must Pass* (1970). (N. do T.)

(ex-integrante do *The Goon Show*) compareceu a outra gravação de "Across the Universe". Lennon estava descontente com o trabalho do dia, então a banda selecionou "The Inner Light", canção de George, para o lado B, engavetando "Across the Universe" para uso futuro.

Milligan então deu uma sugestão: será que eles aceitariam colocar a canção num álbum que estava sendo produzido para arrecadar fundos para o World Wildlife Fund? Os Beatles toparam.

A canção não é apenas uma grande composição de Lennon, banhada em ternura e intimidade, como também revela o elevado efeito da meditação sobre ele. Cantada ao violão, John imagina as maravilhas do universo chamando por ele. O verso a respeito da luz imortal de um milhão de sóis caberia em qualquer canção psicodélica, mas aqui está num contexto distante do LSD. Enquanto isso, o refrão menciona Dev, que fora o mestre do Maharishi.

A MEDITAÇÃO PROVOCOU MARAVILHAS NA BANDA, INJETANDO UMA REAL SENSAÇÃO DE CALMA NA VIDA DE SEUS INTEGRANTES – ALGO DE SUMA IMPORTÂNCIA APÓS O CAOS DA BEATLEMANIA

A meditação provocou maravilhas na banda, injetando uma real sensação de calma na vida de seus integrantes — algo de suma importância após o caos da beatlemania. Os Beatles queriam mais dessa calma e estavam indo à Índia mergulhar de cabeça na disciplina. As respostas que tanto buscavam poderiam muito bem estar na meditação. Até se falou na possibilidade de abrirem uma escola de meditação, e atrair os fãs a também adotá-la, de tão convencidos que estavam dos grandes benefícios dessa prática.

"Queremos aprender direitinho [a meditação transcendental], para propagá-la e oferecer a ideia a todos", afirmou Lennon. "É assim que planejamos usar nossa força agora — sempre nos chamaram de líderes da juventude, e acreditamos ser essa uma boa maneira de liderar."

John e George viajaram primeiro, Paul os seguiu e Ringo foi o último a chegar. Todos eles levaram a esposa ou a namorada, além de vários amigos. Os dias seguiam um padrão similar. Os Beatles, além de outras celebridades convidadas, tais como Mike Love, dos Beach Boys, e Donovan, se levantavam e tomavam café da manhã ao ar livre. Depois voltavam aos bangalôs para meditar. Durante a tarde e a noite, o Maharishi dava aulas.

Todos vestiam roupas indianas, usavam flores ao redor do pescoço, relaxavam e sorriam — todos, menos Cynthia. John morria de saudade de Yoko, e Cynthia sofria com a insatisfação do marido, que agia de forma áspera quando ela o abordava. "Eu esperava que pudéssemos meditar juntos, alcançar uma compreensão mútua, fazer caminhadas e redescobrir nossa intimidade perdida", ela contou. Passada uma semana, ele exigiu um chalé para si e então passou a ignorar a esposa. Os outros observavam em silêncio. Ninguém critica o líder.

Cynthia descobriu posteriormente que toda manhã o marido ia ao correio ver se havia chegado alguma carta de Yoko. A reação da esposa ao comportamento dele era pintar, escrever poesia e sofrer. A de John era pegar o violão e compor algumas de suas músicas mais pessimistas. Em "Yer Blues", ele menciona uma nuvem preta cruzando sua mente e uma névoa azul lhe envolvendo a alma.

Apesar da meditação, da alimentação vegetariana saudável e do ambiente tranquilo, John reclamava de não conseguir dormir. A canção "I'm So Tired" aponta a ausência de sua futura mulher como a causa da insônia.

McCartney, como sempre, não vivenciava esse trauma. Ele gostava de Rishikesh, do ambiente, da meditação e da criatividade inspirada por ela. O baixista compôs dois clássicos requintados, "I Will" e "Mother Nature's Son", além de acrescentar "Wild Honey Pie", "Rocky Raccoon" e "Back in the USSR" (com Mike Love ajudando no refrão) ao seu cânone.

Paul permaneceu lá por um mês e depois voltou para casa. Ele considerava complicado meditar, pois sua mente sempre pensava no próximo disco, na próxima canção, no próximo passo. George levou o evento mais a sério, censurando Paul quando ele começava a falar sobre a banda, dizendo-lhe para deixar de lado todas as considerações terrenas. Depois ele adotaria um comportamento familiar da gangue, desafiando John para ver quem conseguia meditar por mais tempo.

George completou 25 anos durante esse período, o que exigia uma festa de aniversário. Todos pintaram o rosto e o Maharishi o convenceu a dar um recital de cítara indiana. Então chegou Magic Alex, o novo melhor amigo de John. Cynthia vivia desconfiada desse homem, pois sabia que ele queria controlar John, como todo mundo.

A influência do Maharishi sobre John era bastante forte nesse momento. Certa noite, Alex contou a John e a George que circulavam boatos sobre o guru ter mantido relações inapropriadas com uma garota norte-americana da Costa Oeste. Eles passaram a noite discutindo a acusação, e então John e George foram confrontar o Maharishi. O encontro foi um momento clássico de Lennon. Quando o Maharishi questionou por que eles estavam indo embora, John acidamente respondeu: "Bem, se você é tão cósmico assim, vai saber a resposta".

Anos mais tarde, o remorso por suas ações começou a se manifestar, principalmente com a recusa em deixar o Maharishi se defender, sugerindo que John já estava cansado e queria reencontrar Yoko quanto antes. A acusação de Alex lhe deu a desculpa perfeita para cair fora. A palavra final cabe a George: "Havia um monte de gente hipócrita por lá, o lugar inteiro estava tomado por pessoas falsas. Nós éramos algumas delas".

Os Beatles viram desenho animado em

YELLOW SUBMARINE

DATA 17 de julho de 1968, London Pavilion, Piccadilly

As pessoas continuavam a amar os Beatles. A imprensa podia ter se voltado contra eles, a polícia podia ter começado a rondá-los, sentindo o cheiro de maconha que parecia acompanhá-los aonde quer que fossem, mas as pessoas ainda os amavam. Em cenas que lembravam a beatlemania, milhares se reuniram no cinema London Pavilion, em julho, para saudar o grupo na estreia da animação *Yellow Submarine*.

O motivo desse amor? Simples — por causa da música. A música dos Beatles avançava em meio a tudo. Quer a banda usasse cabelos curtos ou longos, fumasse baseados ou cigarros, saísse com modelos ou artistas de vanguarda do outro lado do mundo, não importava. Os discos eram sempre especiais e tinham um espírito mágico e nobre por trás deles. Os Beatles ainda eram vistos por muitos como "um de nós", e por causa desse sentimento o amor do povo foi concedido a eles.

Yellow Submarine contribuiu de forma inesperada para o encanto da banda. E eles tiveram sorte nisso. Verdade seja dita, os quatro tinham tanto interesse pelo filme quanto pelo resultado de partidas de futebol. Em outras palavras, pouquíssimo. Até o fim do ano, essa postura mudaria.

Epstein, embora falecido havia um ano, estivera envolvido nas primeiras etapas do projeto. Em 1964, o húngaro-americano Al Brodax entrou em contato com Brian porque tivera uma ideia. Brodax tocava o King Features, estúdio de desenhos animados. Será que o empresário estaria interessado em produzir um desenho dos Beatles? Epstein e os rapazes concordaram. Eles logo bateram o martelo, e em 1965 a rede de televisão norte-americana ABC começou a transmitir a série animada *The Beatles*.

***YELLOW SUBMARINE* CONTRIBUIU DE FORMA INESPERADA PARA O ENCANTO DA BANDA. E ELES TIVERAM SORTE NISSO. VERDADE SEJA DITA, OS QUATRO TINHAM TANTO INTERESSE PELO FILME QUANTO PELO RESULTADO DE PARTIDAS DE FUTEBOL**

Artisticamente, era um desastre. Com visual barato, destituído de qualquer boa trama e com um elenco de dubladores cuja ideia de sotaque dos Beatles era falar com a própria voz, a série teve enorme popularidade nos Estados Unidos. Mas isso não era surpresa: o nome da banda estava nela. Como não venderia?

NO COMEÇO, OS BEATLES FORAM FIRMEMENTE CONTRA A IDEIA, CONVENCIDOS DE QUE UM FILME INFANTIL ARRUINARIA SERIAMENTE SUA CREDIBILIDADE COMO "CONTRACULTURALISTAS" ANTENADOS

No contrato da série, ficou acertado que, se ela fosse bem-sucedida, Brodax poderia começar a trabalhar num longa-metragem animado dos Beatles, o qual também deveria conter material novo da banda. Brodax então acionou essa parte do contrato, e em 1967 teve início a produção. O diretor escolhido foi o canadense George Dunning. Ele passou a trabalhar num roteiro inspirado na canção "Yellow Submarine", lançada pelo grupo em 1966, composta por Paul e cantada por Ringo.

A música nasceu para McCartney, conforme ele descreveu ao biógrafo Barry Miles, como a "hora do crepúsculo", aquele espaço entre a vigília e o sono. Depois de terminada a canção, Ringo se tornou o candidato óbvio para cantá-la. A voz lúgubre se adequava perfeitamente à letra — além disso, havia a tradição de dar uma música para o baterista cantar. Com isso em mente, McCartney trabalhou para que ela fosse apropriada ao alcance vocal de Ringo. Lennon ajudou com a letra, daí — nas palavras de McCartney — ela ter se tornado mais e mais obscura em seu transcorrer.

O roteiro do filme teve muito redatores envolvidos, incluindo Erich Segal, autor de *Love Story: uma história de amor* (1970), um dos livros e filmes mais bem-sucedidos da década de 70. As instruções eram simples. De acordo com o colega roteirista Lee Minoff, "a meta era nada mais, nada menos que levar a animação a ultrapassar tudo já visto em estilo, classe e tom, mas evitando o preciosismo e a pretensão".

Duzentos animadores foram escalados no mundo inteiro para encarar o desafio, compondo a história dos Beatles contra os malignos Blue Meanies, que buscavam invadir a feliz região de Pepperland. Curiosamente, a banda foi retratada com trajes ao estilo eduardiano, de bigode, gravata e casaco listrado.

No começo, os Beatles foram firmemente contra o filme. Todos eles detestaram a série norte-americana — exceto pelos cheques recebidos por conta dela —, e estavam convencidos de que um filme infantil arruinaria seriamente sua credibilidade como "contraculturalistas" antenados. Dunning, no entanto, provou estar por dentro das coisas. Ele incentivou os vários animadores do filme a utilizarem técnicas modernas e criarem visuais impressionantes englobando estilos de Bridget Riley a Andy Warhol, de Peter Blake a Richard Hamilton. Embora McCartney preferisse a adoção de um estilo à Walt Disney, logo ficou claro que Dunning estava tentando corresponder às ambições musicais do grupo e criar arte de natureza duradoura.

O VISUAL INCRÍVEL E O HUMOR SIMPÁTICO O TORNAVAM PERFEITO PARA AS CRIANÇAS E PARA OS MACONHEIROS INTERESSADOS EM "FAZER A CABEÇA" E DESLIZAR RUMO A PEPPERLAND

No entender da maioria das pessoas, ele fez justamente isso. As cores, o estilo e as mudanças criativas de cenas permitiram a *Yellow Submarine* trabalhar em outros níveis, estratégia artística sempre aprovada pela banda. *Yellow Submarine* pode ser visto como um filme infantil refinado, um conto de fadas clássico no qual o bem triunfa sobre o mal. Todavia, ele também funciona como um conto sobre os libertadores (o exército *underground* representado pelos Beatles) vencendo as forças sisudas do sistema. O visual incrível e o humor simpático o tornavam perfeito para as crianças e também para os maconheiros interessados em "fazer a cabeça" e deslizar rumo a Pepperland.

Como prometido, o grupo fez uma ponta no final, brincando bastante, parecendo a gangue de sempre, com camisas combinando e sorrisos compartilhados. Eles também doaram quatro canções para o projeto, duas das quais, "Hey Bulldog" e "It's All Too Much", eram belas criações.

O filme levou a banda a criar vários produtos com a marca do *Yellow Submarine*, tais como despertadores, miniaturas e brinquedos. Então, em janeiro de 1969, o álbum *Yellow Submarine* foi lançado, trazendo as quatro novas canções, mais "All You Need Is Love" e o tema "Yellow Submarine", além de sete faixas instrumentais compostas e executadas pela George Martin Orchestra. Apesar da escassez de material novo dos Beatles, o LP entrou direto entre os dez mais.

No ano em que a banda tentou lançar o sonho impossível da Apple e descambou num bate-boca pesado durante *The White Album (Álbum Branco)*, o projeto *Yellow Submarine*, tão desdenhado por eles, tornou-se o grande destaque.

RINGO SAI *dos Beatles*

DATA 22 de agosto de 1968, estúdio Abbey Road, Londres

Anos mais tarde, John e Paul discutiriam a respeito de quem foi o primeiro a deixar a banda e destruir a Beatlelândia, cada um reivindicando ser o autor da proeza, mas na verdade ambos estavam errados. Ringo Starr foi o primeiro a deixar os Beatles. Em 22 de agosto de 1968, ele saiu do estúdio Abbey Road e se mandou para o iate de Peter Sellers no Mediterrâneo. O despreocupado Ringo seria o primeiro a botar a boca no trombone sobre o clima amargo e angustiante das sessões de gravação de *The White Album (Álbum Branco)*.

Foi culpa de John — para começar a dissolução da gangue, ele sabia que seria necessário meter o pé na porta. Obviamente, não bastou aparecer nu com Yoko na capa do LP *Unfinished Music N. 1: Two Virgins*. Então era hora de destruir a regra essencial da banda e, depois de ela ser esmigalhada, as coisas sairiam do prumo. E foi isso mesmo o que aconteceu.

John entrou no estúdio de braço dado com Yoko e agiu como se nada estivesse errado. Nas sessões de gravação dos Beatles, pessoas de fora não eram permitidas. Era a gangue e nada além da gangue no estúdio.

Em seu belo livro de memórias, *An Affectionate Punch* (1986), Justin de Villeneuve, empresário de Twiggy, descreve o dia em que foi visitar a banda a negócios em Abbey Road e os encontrou fazendo uma pausa. Na época, ele se considerava amigo de Paul, George e Ringo, mas, quando eles estavam juntos, era como se uma parede de vidro os separasse das outras pessoas. "O Paul, meu amigo, me deu um gelo total", contou Villeneuve. "O Ringo virou a cara, o George ficou me encarando [...]. Depois de dez minutos falando com as paredes, eu fui embora chamando-os de 'bando de caipiras do caralho...'"

JOHN ENTROU NO ESTÚDIO DE BRAÇO DADO COM YOKO E AGIU COMO SE NADA ESTIVESSE ERRADO. NAS SESSÕES DE GRAVAÇÃO DOS BEATLES, PESSOAS DE FORA NÃO ERAM PERMITIDAS

Sempre que eles gravavam, a barreira invisível aparecia, e Justin não foi o primeiro a perceber isso, como provam outros livros e relatos a respeito dos Beatles. John agora havia destruído essa barreira ao trazer Yoko, que sentou ao seu lado, deu risadinhas, sussurrou ao ouvido dele, e depois — inacreditavelmente — passou a dar opiniões sobre as músicas, como se fosse integrante da banda.

RINGO ERA O CARA COMUM. ELE REPRESENTAVA A IDEIA DE QUE COISAS BOAS REALMENTE ACONTECEM A PESSOAS BOAS, E ESSA CONSTATAÇÃO ALEGRAVA OS CORAÇÕES DE TODA A GRÃ-BRETANHA

Os outros três Beatles ficaram atordoados, confusos e com raiva. Paul revidou, primeiro trazendo sua namorada de então, a norte-americana Francie Schwartz, e a seguir a futura esposa, Linda Eastman. Brigas estouravam diariamente. Observações sarcásticas voavam por todos os lados do Estúdio Dois.

Pouco ajudou o fato de o grupo ter cerca de trinta canções para serem trabalhadas. E a gravação de algumas delas, se não de todas, levou a banda à loucura. "Ob-La-Di Ob-La-Da" nunca será conhecida como a melhor obra de McCartney, mas a sucessão de horas para gravá-la deixou a banda totalmente atordoada. Com John e Yoko dando risadinhas feito dois adolescentes excitados na maioria das sessões, a *persona* de professor de Paul aflorou, criticando George e Ringo — mas nunca John — ao dar suas instruções.

A frustração de Ringo era agravada pelo fato de invariavelmente ser o primeiro a chegar a Abbey Road. E ele tomava um chá de cadeira até os outros finalmente darem o ar da graça. Além disso, Ringo ficava lá sentado, aguentando as discussões e maledicências até o trabalho finalmente começar, sempre num clima ruim. Nessa hora, ninguém pensava em falar "All you need is love" ("O amor é tudo de que você precisa"). No dia 22 de agosto, Ringo errou um ritmo na bateria e McCartney começou a dar sermão; de repente, a raiva tomou conta do baterista. Ringo simplesmente não aguentava mais. Beatles ou não Beatles, pela primeira vez na vida aquilo não tinha mais importância. Ele saiu fumegando do Abbey Road.

De certa forma, o trabalho de Ringo nos Beatles sempre foi um tanto ofuscado por uma afirmativa impertinente e arrogante de John Lennon. Quando perguntaram se ele considerava Ringo Starr o melhor baterista do mundo, Lennon respondeu: "Ele nem sequer é o melhor baterista dos Beatles". Detratores de Starr têm utilizado essa frase contra ele desde então, sem questionar por que dois dos maiores compositores do século teriam empregado um baterista meia-boca durante anos para ajudar na concretização de suas músicas. É claro que não era nada disso. "Rain", "Tomorrow Never Knows" ou "Come Together" são tudo que precisa ser mencionado em qualquer debate a respeito da habilidade de Ringo.

"Até *Abbey Road*", Paul afirmaria mais tarde, "nunca tivemos um solo de bateria no repertório dos Beatles, por isso outros bateristas diziam que, apesar de gostarem de seu estilo, Ringo não era um baterista muito bom tecnicamente. Foi uma coisa meio condescendente, e acho que deixamos isso ir longe demais."

Ringo era o sorriso dos Beatles, o som de gargalhada da gangue. O único elemento que carregava uma vulnerabilidade despretensiosa, e isso o tornava adorável. Ringo era o cara comum. Ele representava a ideia de que coisas boas realmente acontecem a pessoas boas, e essa constatação alegrava os corações de toda a Grã-Bretanha. Além disso, ele não era apenas um baterista, mas o melhor ator da banda (John vinha logo na segunda posição), e era ele quem os produtores procuravam.

Em 1968, ele tirou folga da banda para participar da quase chanchada *Candy*. Foi um horror completo e ele nunca devia ter aceitado, mas o baterista foi pago pela atuação e teve seu nome exibido ao lado do de Marlon Brando, Richard Burton e Walter Matthau.

No ano seguinte, ele estrelou outro filme, *Um Beatle no paraíso*, que também não lhe acrescentou muito, mas dessa vez seu nome foi visto ao lado do de Peter Sellers, Spike Milligan, Richard Attenborough, John Cleese, Laurence Harvey, Christopher Lee, Roman Polanski, Raquel Welch, Hattie Jacques, Graham Chapman, Yul Brynner e Harry Carpenter.

Ringo não passou vergonha em nenhum dos dois filmes — nada mau para quem não fez aula de teatro. À época de *Candy*, o baterista se tornara ainda mais bem-visto pelo público britânico ao aparecer no especial de televisão *Cilla*, transmitido em fevereiro de 1968. O programa mostrava Ringo cantando e se divertindo em sequências de sapateado e ventriloquia.

QUANDO ELE VOLTOU À BANDA, A BATERIA ESTAVA COBERTA DE FLORES E HAVIA UMA FAIXA COM OS DIZERES "BEM-VINDO AO LAR, RINGO" PENDURADA NO TETO

Seis meses depois, ele estava fora da banda e se espreguiçando no iate de Peter Sellers com a família. Foi então que o baterista terminou sua primeira composição a ser executada pelo grupo (embora também tenha sido coautor de "What Goes On", em *Rubber Soul*). Convenientemente, dados os eventos da semana anterior, ela se chamava "Don't Pass Me By" ("Não me ignore").

Quando Ringo voltou à banda e entrou no estúdio Abbey Road, levemente nervoso por encontrar os amigos que xingara até não poder mais, a bateria estava coberta de flores e havia uma faixa com os dizeres "Bem-vindo ao lar, Ringo" pendurada no teto. Então ele sorriu, depois gargalhou, e assim os Beatles seguiram em frente.

John e George são PRESOS COM DROGAS

DATA 18 de outubro de 1968, Praça Montagu, Londres

Nos velhos tempos, antes de as drogas e a cultura indiana se apossarem deles, a polícia sabia que os Beatles não deveriam ser pegos. Eram tesouros nacionais, Membros do Império Britânico. O país — e, incrivelmente, o mundo — os adorava. Qualquer bobagem em que eles se envolvessem, bastava fazer vistas grossas — até certo ponto. Mas os tempos haviam mudado. Em 1968, a banda perdera toda a proteção. A rainha os considerava esquisitos, o público concordava e o mundo se perguntava o que teria acontecido com os adoráveis cabeludos.

Em tempos idos, os Beatles costumavam ser definidos por características humanas. Paul era o fofo, George, o tímido, Ringo, o despreocupado, e John, o rebelde. Agora, Ringo era o ator, Paul era um drogado, George, o espiritual, e John, bem, John era simplesmente maluco. Vejam só ele e Yoko com roupas e penteados idênticos indo até a catedral de Coventry, em junho de 1968, para plantar bolotas de carvalho pela paz mundial. Uma bolota para simbolizar o Oriente (Yoko) encontrando o Ocidente (John) e outra pela paz mundial. Os dois eram claramente excêntricos.

Para alguns, finalmente chegara a hora de os Beatles receberem a punição merecida. Tudo fora fácil demais para eles por muito tempo. O detetive encarregado de pegar astros pop chamava-se Norman Pilcher. Depois de os Rolling Stones serem presos, em fevereiro de 1967, Pilcher colocara os Fab Four no topo de sua lista. Talvez ele tenha agido assim por causa da canção de John, "I Am the Walrus" — principalmente por causa do clipe, que retratava policiais como robôs. É provável que o detetive tenha feito isso também porque Paul McCartney cuspira na cara da justiça ao admitir o uso de LSD no horário nobre da televisão.

No dia 18 de outubro de 1968, Pilcher e a polícia baixaram no apartamento de Ringo, no número 34 da Praça Montagu, que John e Yoko haviam sublocado e onde dormiam tranquilamente. O guitarrista estava despreocupado porque havia se preparado para aquela eventualidade. Semanas antes, ele, Yoko e Pete Shotton deram uma geral no lugar em busca de drogas. "Aquilo foi armado", Lennon afirmaria mais tarde. "O *Daily Express* chegou antes da polícia [...]. Don Short nos avisou três semanas antes: 'Eles vão vir atrás de vocês'. Então, pode acreditar, eu limpei a casa [...]. Eu não sou burro. Eu vasculhei a casa inteira", o roqueiro declarou à revista *Rolling*

Stone. Mesmo assim, Lennon ainda tinha um problema: ele não sabia quando a polícia apareceria. Só lhe restava esperar.

Deitado na cama com Yoko naquela manhã, Lennon se assustou com as batidas na porta. Uma voz de mulher gritava para ele. Percebendo o que acontecia, Yoko correu ao banheiro para se vestir, John enfiou uma calça e gritou para ela telefonar para os advogados. Em vez disso, Yoko ligou para a Apple, o que deixou John perplexo. Por sua vez, a Apple ligou para o advogado do guitarrista, Nicholas Cowan, que foi correndo para o apartamento. Ele chegou perto do meio-dia, quando a polícia estava ocupada vasculhando o local sob a supervisão de Pilcher — que já havia ameaçado prender Lennon por obstrução de justiça quando o músico solicitou a identificação e a apresentação de mandados. Em um cômodo Cowan viu vários equipamentos de gravação que pareciam ter sido acabados de usar. Ele entrou no quarto ao lado e, para seu temor, viu o cão da polícia muito interessado num grande baú. A polícia abriu e revistou o baú por completo. Como era de esperar, descobriram um torrão de haxixe. A princípio, Lennon ficou intrigado pela descoberta, convencido de que a prova fora plantada pela polícia. Graças a detetives dedicados, essa prática não era incomum naquela época. Contudo, ele estava enganado.

A droga não fora plantada. Meses antes desse evento, John pedira que trouxessem suas coisas da antiga casa, Kenwood. Ele não abrira as caixas. Um erro fatal. "A droga estava ali há anos", ele reconheceu. "Meu motorista trouxe meus binóculos, e eu não precisava deles no meu apartamento minúsculo. Dentro deles havia um pouco de haxixe [...]. Em outro lugar havia um envelope com outro pedaço de haxixe. Foi isso."

PARA ALGUNS, FINALMENTE CHEGARA A HORA DE OS BEATLES RECEBEREM A PUNIÇÃO MERECIDA. TUDO FORA FÁCIL DEMAIS PARA ELES POR MUITO TEMPO

Seis semanas depois, John se declarou culpado da acusação de posse não autorizada de dezenove gramas de haxixe. Ele foi multado em 150 libras, mais vinte guinéus* de custas. Passados cinco meses, foram atrás de George. Não está claro por que Paul ficou imune às atenções das autoridades. Quem sabe a casa com portões trancados e muros altos tenha convencido os policiais de que uma batida não daria em nada. O baixista teria todo o tempo do mundo para jogar o estoque privada abaixo antes que o pegassem.

Em 12 de março de 1969 — dia em que Paul McCartney se casou com Linda Eastman e não convidou nenhum dos Beatles para a cerimônia —, George estava nos escritórios da Apple quando recebeu um telefonema da esposa, Pattie, que estava na casa deles em

* O guinéu foi uma moeda inglesa usada na fixação de honorários profissionais com valor de 21 xelins, ou 1,05 libra. (N. do T.)

Esher, Surrey. (Quando George e Pattie se casaram, em 1966, Paul foi o padrinho.) No livro *The Beatles: antologia* (2001), George contou: "Ele [Pilcher] chegou à minha casa com uns oito policiais, uma policial feminina e um cão policial, curiosamente chamado Yogi [...]. Eles nos levaram, tiraram nossas impressões digitais e então fomos presos".

Segundo Derek Taylor, George manteve a calma — ele sempre estava calmo; às vezes ficava mal-humorado, mas vivia calmo. Ele ligou para Pete Shotton, que foi para a casa do músico cuidar de Pattie. Pete e Pattie bebiam vodca com tônica quando Pilcher entrou na sala com um torrão de maconha. Enquanto esperavam a chegada de George, a policial pediu uma xícara de chá. Pattie se recusou a fazê-lo, então a mulher foi até a cozinha e preparou chá para todos. Em sua autobiografia, *Wonderful Today* (2007), lançada nos Estados Unidos como *Wonderful Tonight*, Pattie se recorda da polícia esperando com o chá sem saber o que fazer até a chegada do marido. "Ele continuava calmo, mas não estava nada feliz", ela escreveu. "A polícia estava claramente empolgada por conhecê-lo. Eles prestaram atenção e quase se acotovelaram para ficar mais próximos dele enquanto o sargento Pilcher declamava o trecho 'Você está preso...'."

George sempre sustentou que a droga fora plantada, pois ele era metódico, ordeiro e, portanto, sempre guardava seu estoque pessoal numa caixinha. A alegação da polícia de que havia descoberto a droga em um de seus sapatos simplesmente não soa verdadeira.

Em 31 de março de 1969, na Corte da Coroa de Esher, George e Pattie foram multados em 250 libras esterlinas por posse de maconha e condenados a pagar vinte guinéus de custas. Para Lennon e Harrison, as multas eram ninharia. A prisão doeu mais quando eles requisitaram visto para os Estados Unidos — que tinham uma visão muito ruim sobre usuários de drogas, mesmo que se tratasse de um Beatle.

PARA LENNON E HARRISON, AS MULTAS ERAM NINHARIA. A PRISÃO DOEU MAIS QUANDO ELES REQUISITARAM VISTO PARA OS ESTADOS UNIDOS

Já no Reino Unido, os dois conflitos com a lei confirmaram que os Beatles haviam perdido o privilégio de ser considerados tesouros nacionais. Eles ainda eram amados por muitos, vendiam discos em quantidades impressionantes, mas seu lugar no coração da vida nacional agora fora apagado. "Acho que eles não gostavam da forma como a imagem agora parecia", refletiu Lennon. "A fase dos Beatles tinha passado. Não havia mais razão para nos proteger, por sermos meigos e fofinhos — então nos prendam! Foi isso o que aconteceu."

GEORGE DEIXA *a banda*

DATA 10 de janeiro de 1969, Estúdio de Cinema Twickenham, Middlesex

Em uma quinta-feira, 2 de janeiro de 1969, os Beatles chegaram ao Estúdio de Cinema Twickenham para filmar um documentário. O tema era um show que a banda pretendia fazer, o primeiro em três anos. A ideia era filmá-los ensaiando e depois registrar o espetáculo. O que tornava o evento especial era o fato de o repertório ser baseado unicamente no material do novo disco. O LP então seria lançado como um documento vivo.

Isso era típico do pensamento dos Beatles. Outras bandas lançavam discos ao vivo de material antigo. Como sempre, eles seguiam por caminhos diferentes. O fim se aproximava, mas eles ainda queriam marcar um novo território. Só que as coisas não aconteceram como planejadas. No estúdio Twickenham, eles começaram a discutir de tal maneira que, em 10 de janeiro, George Harrison — depois de uma discussão violenta primeiro com Paul e depois com John — anunciou que estava deixando a banda, e sugeriu que publicassem anúncios em jornais de música para achar outro guitarrista.

O compacto mais recente dos Beatles, *Hey Jude*, tinha alguma culpa nisso tudo, bem como muitas outras coisas, desde a desilusão de John até o precário estado financeiro do grupo. No fim de 1968, *Hey Jude* já vendera cinco milhões de cópias. A canção chegara ao primeiro lugar no mundo inteiro e lhes dera a mais longa permanência no topo das paradas de compactos dos Estados Unidos. Com duração de sete minutos, era o compacto mais longo a entrar nas paradas. E também lembrava a banda de seu poder de criar música pop sublime e capaz de conquistar milhões de pessoas.

A canção fora inspirada no divórcio de John e Cynthia. Dirigindo para a casa de John certa manhã para trabalhar, Paul começou a pensar em Julian, o filho de John e Cynthia. Era um comportamento típico dele. Paul se tornara íntimo de Julian. John, a exemplo de seu próprio pai, nunca dera ao filho a atenção merecida, e isso levara Paul a agir quase como um pai substituto.

"Eu passava mais tempo com o Paul do que com o meu pai", Julian Lennon confirmaria depois. "Nós tínhamos uma grande amizade, e acho que existem mais fotografias minhas brincando com o Paul naquela época do que com meu pai."

Para promover o compacto, a banda se deslocou até o estúdio Twickenham para tocar no popular programa televisivo *Frost on Sunday*. A plateia convidada viu os Beatles tocarem "Hey Jude" e "Revolution", seu lado B. Depois do tempo completamente tedioso gasto na produção do disco duplo *The Beatles* (*Ál-*

bum Branco), o conjunto foi agradavelmente lembrado dos prazeres de tocar.

Enquanto isso, "Hey Jude" foi lançada em 30 de agosto de 1968 e dominou o resto do verão. McCartney chegou a levar o compacto a uma festa dada pelos Rolling Stones para lançar o novo LP *Beggars Banquet*, e fez o DJ tocá-la. Com isso, ele roubou por completo a noite de Mick e dos rapazes. Todos voltaram para casa falando sobre a fantástica nova canção dos Beatles.

No entanto, John não estava muito contente. Ele apresentara sua canção, "Revolution", como lado A, mas a banda não a considerara forte o bastante. Para o guitarrista, eles não entenderam a questão. John não estava preocupado com posições nas paradas. Ele agora tinha interesse em produzir arte de natureza imediata, transmitindo pela música sua visão sobre as revoltas políticas que varriam o mundo em 1968.

Dessa vez, a posição de Lennon era confusa — embora seus instintos naturais fossem contra a autoridade, ele também era contra a revolução violenta, argumentando que, "se você quiser paz, não vai conquistá-la por meio da violência". Ironicamente, enquanto o guitarrista buscava formas de criar uma sociedade igualitária, o dinheiro começou a assombrá-lo. Dinheiro sempre fora uma fonte de preocupação para ele. Mesmo no auge da beatlemania, ele se sentia inseguro com os rendimentos. Lennon havia declarado à jornalista Maureen Cleave — *naquela* entrevista — que pensara em vender novamente alguns dos automóveis que havia vendido e comprado de volta, até o contador lhe garantir que ele era rico o suficiente para não precisar se desfazer deles.

GEORGE NÃO TINHA INTERESSE NENHUM PELA APPLE. NA VERDADE, A COISA TODA DEVE TER SIDO UMA AGONIA PARA ELE. AFINAL, NOS VELHOS TEMPOS ERA ELE QUEM FICAVA DE OLHO NAS FINANÇAS

Lennon sempre achava que o dinheiro escaparia de suas mãos, como acontecera com tantas outras coisas em sua vida — mãe, pai, melhor amigo, empresário. Além disso, para seu grande aborrecimento, e de toda a banda, ele nunca conseguiu entender direito como o dinheiro deles funcionava. Os contadores lhe diziam que ele era milionário — no papel. O que aquilo significava? O dinheiro estava no banco? Bem, estava — e também não estava. Hã?

Bastante clara, no entanto, fora uma observação que um contador lhe passara recentemente, afirmando que, se a Apple continuasse agindo da mesma maneira, os Beatles estariam falidos em seis meses. A Apple jogava dinheiro pela janela. Era uma bagunça. Toda semana, novos empreendimentos eram anunciados. Uma Escola Apple, dirigida por Ivan Vaughan, velho amigo de John, foi colocada na lista de afazeres. Bem como a Agência de Publicidade Apple, Administrações Apple, Livros Apple, Filmes Apple, Moda Apple. Também havia a Apple Eletrônicos, chefiada por Magic Alex, que recomendou a presença de um jovem chamado Caleb para ler o I Ching antes de grandes decisões comerciais serem tomadas.

Em retrospecto, talvez seja uma infelicidade que Caleb não tenha conseguido prever a natureza imperfeita dos projetos de Magic Alex. Apesar de todo o papo, ele não fora capaz de criar um campo de força para proteger as casas da banda nem criar alto-falantes feitos de papel de parede. Agora ele estava construindo um novo estúdio de dezesseis canais no porão do escritório da banda, no número 3 da Savile Row. A construção era cara e parecia estar cheia de gente tomando toda a bebida e usando todas as drogas que os Beatles pudessem bancar. Somente a Apple Records dava lucro. A cantora Mary Hopkin conquistara grande sucesso nas paradas com a canção "Those Were the Days" (adaptada de uma música folclórica russa admirada por McCartney).

George não tinha interesse nenhum pela Apple. Na verdade, a coisa toda deve ter sido uma agonia para ele. Afinal, nos velhos tempos, era ele quem ficava de olho nas finanças. Era ele quem vivia atormentando Epstein a respeito do dinheiro que entrava e saía. Agora a Apple devorava toda aquela grana e só lhe restava observar. "Eu ainda estava na Índia quando tudo começou", ele explicou. "Acho que foi basicamente uma loucura de John e Paul — seus egos fugindo consigo mesmos ou um com o outro." Note o uso da palavra "ego". Se Yoko havia mudado John, então a Índia havia mudado George. Seu entusiasmo pela Índia e seu povo, sua música e suas práticas religiosas não tinha limites. A descoberta da meditação agora o levara à mesma compreensão que John tivera com Timothy Leary e seus ensinamentos inspirados no LSD: o ego deve ser dissolvido para o nirvana ser alcançado.

Entretanto, enquanto George tentava se livrar dos bens e desejos materiais, ele também tentava permanecer um Beatle. E as duas coisas não eram compatíveis. Os longos períodos de meditação empreendidos por George — por vezes com duração de até oito horas — o convenceram de que o mundo e seus hábitos não faziam sentido. De repente, a Beatlelândia parecia tola comparada a encontrar Deus. O problema de Harrison era ser humano e, às vezes, não conseguir (ou não estar disposto a) abrir mão de todos os prazeres. Segundo relatos, George parecia vacilar entre viver sóbrio e manter o estilo de vida roqueiro, uma dualidade que duraria até o fim de sua vida.

A meditação e a Índia também mudaram suas relações dentro da banda. George sempre fora o terceiro na hierarquia. Para John e Paul, George era o menininho que corria atrás deles em busca de atenção. Nos Beatles, eles ainda o tratavam assim. Tudo mudou em 1965, quando John e George tomaram LSD juntos e criaram um vínculo. Depois, John conheceu Yoko e os problemas nasceram. Assim como Paul, George estava consternado por perder o líder da banda para uma mulher, justamente para uma artista de vanguarda. (George observou o mundinho da vanguarda e então cunhou a frase "Avant garde a clue".)*

George não estava nem um pouco feliz em conviver com Yoko no trabalho. Também não se sentia muito entusiasmado com a presença de Paul. Durante as sessões do disco duplo *The Beatles*, com John agarrado a Yoko, Paul assumiu o comando, conduzindo a banda por tomadas intermináveis de suas canções até ficar satisfeito. George via o comportamento do baixista como movido pelo ego e sentia que a raiva e a frustração do amigo com o recente término da relação com Jane Asher, sem contar o envolvimento de John com Yoko, o levavam a descontar tudo nele e em Ringo de forma injusta.

Pouco ajudava o fato de que, durante sua carreira nos Beatles, George sempre precisou lutar para ter suas composições aceitas por John e Paul – ambos se consideravam superiores nesse aspecto, fazendo críticas e se recusando a gravar as canções de George, o qual simplesmente aguentava a atitude dos companheiros. A gangue funcionava como uma entidade una naquela época. Qualquer tipo de discordância impedia o progresso. Mas agora...

Para as sessões de *Let It Be*, George havia composto "All Things Must Pass", "Hear Me Lord" e "I Me Mine". Somente essa última seria gravada pelos Beatles. As outras duas, além de muitas outras rejeitadas pela banda, viriam a compor seu aclamado álbum solo de estreia, *All Things Must Pass*.

Para piorar as coisas, George havia recentemente passado um tempo com Bob Dylan em Woodstock e o duo compôs uma música, "If Not for You". John e Paul nunca se ofereceram para compor com George. Os dois o haviam ajudado em suas composições, mas não tinham estendido a mão como Dylan. Essa ferida doeu gravemente.

Talvez o problema de John e Paul com o novo material de George fosse a natureza mística das canções. De fato, o desenvolvimento espiritual de George estava começando a lançar raízes. Desde 1965, ele explorava diferentes religiões, mas acabara se encontrando com o movimento Hare Krishna, a Sociedade Internacional para a Consciência de Krishna. Ele ficou impressionado com a humildade e a falta de interesse pelo consumismo ocidental dos seguidores – ao contrário do Maharishi, que viajava num helicóptero particular. George ficou amigo deles, lhes deu dinheiro e escreveu sua canção mais famosa, "Something", com Krishna em mente. Certa noite em casa, ele explicou que tivera de trocar a letra. Um Beatle cantando sobre "ele" em vez de "ela" tinha grande chance de causar mal-entendidos, o que levou à alteração na letra.

No dia em que George saiu furioso do Twickenham, a banda e Yoko passaram a tarde improvisando: Ringo batucou algumas levadas esquisitas, Yoko fez sua parte com os gritos, John entrou com a microfonia da guitarra e Paul esfregou o baixo para cima e para baixo do amplificador. Dois dias depois, todos foram à casa de Ringo para tentar acertar as diferenças. De imediato, George citou

* Trocadilho com "Haven't got a clue", "Não estou entendendo nada". (N. do T.)

suas objeções, dizendo que o combinado era que a reunião seria limitada aos quatro membros do grupo. John alegou não ter sido avisado, e George então foi embora dizendo não acreditar nele, indo para a casa dos pais em Liverpool.

ENQUANTO GEORGE TENTAVA SE LIVRAR DOS BENS E DESEJOS MATERIAIS, TAMBÉM TENTAVA PERMANECER UM BEATLE. AS DUAS COISAS NÃO ERAM COMPATÍVEIS

Na quarta-feira, os quatro Beatles se encontraram novamente no escritório da Apple. Houve algum progresso. George aceitou voltar, mas somente com a condição de desistirem da ideia do show ao vivo, esquecerem Twickenham e ocuparem o estúdio construído por Magic Alex para gravar o novo LP. Com o grupo novamente em harmonia, eles desceram as escadas até o local, mas viram que os planos de Magic Alex haviam fracassado e o estúdio teria de ser desmontado e reconstruído. Enquanto Harrison olhava a bagunça, ele deve ter considerado aquela uma metáfora perfeita para a Apple: uma ideia bonita, executada a grande custo e incapaz de funcionar adequadamente.

Considerando as tensões dentro da banda, há de se perguntar por que eles não se separaram naquele exato instante. Por que continuar com aquele monstro de difícil manejo que somente lhes causava pesar? Parte da resposta pode ser explicada pelo fato de que, às vezes, havia momentos de magia verdadeira, momentos que faziam com que eles se lembrassem de sua natureza especial, momentos que os levavam a instantes muito mais felizes.

No dia 30 de janeiro, a banda finalmente escolheu o lugar perfeito para o show ser filmado. Eles tocariam sem aviso no topo do prédio da Apple. O trânsito iria parar, aconteceria o caos — seria perfeito. Então a banda se instalou e começou a tocar. Enquanto apresentavam canções como "Get Back" e "Don't Let Me Down", obviamente curtindo a situação, eles ficaram sabendo que a polícia estava a caminho. Todos pensaram a mesma coisa: ótimo, vamos ser presos, que belo final para o filme! Contudo, não se tratava de Hollywood. A polícia não arrancou Ringo aos berros e chutes da bateria. Os outros três não foram arrastados à força para os furgões. A polícia simplesmente desligou a energia elétrica.

O evento serviu para reunir a banda temporariamente, mas o efeito não durou. Na verdade, embora a maioria deles estivesse pronta para deixar os Beatles, financeiramente não podiam fazer isso. Era irônico — a banda que ajudara a libertar o mundo agora mantinha seus integrantes prisioneiros.

A última apresentação ao vivo dos Beatles aconteceu no topo do prédio da Apple, em 30 de janeiro de 1969. Eles tocaram por aproximadamente 45 minutos, e então a polícia parou o show.

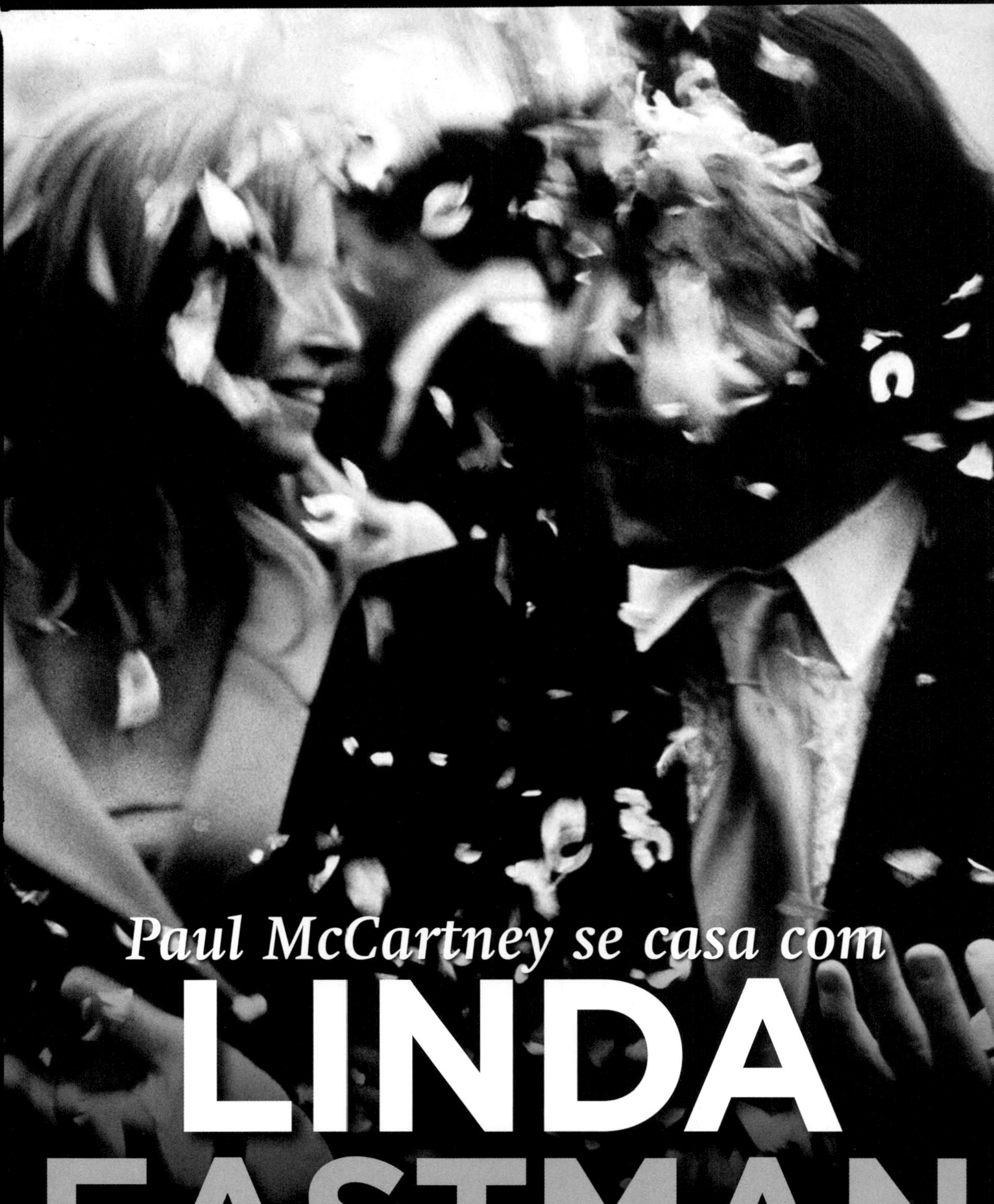

Paul McCartney se casa com

LINDA EASTMAN

DATA 12 de março de 1969, Cartório de Marylebone, Londres

No dia 12 de março de 1969, Paul McCartney se casou com Linda Eastman no cartório londrino de Marylebone. Nenhum Beatle foi convidado para a cerimônia, embora George e Pattie (recém-liberados pelas autoridades) tenham comparecido à recepção no Hotel Ritz. Posteriormente, Paul admitiu ter sido meio cretino agindo assim. "Talvez tenha sido porque a banda estava se separando", ele afirmou. "Estávamos putos um com o outro. Claramente, não éramos mais uma gangue. Essa foi a razão. Depois que um grupo se separa assim, não tem mais jeito."

Ele conheceu Linda no bar The Bag O'Nails, na Rua Kingly, no Soho. O baixista a viu sentada a uma mesa e eles começaram a conversar, depois Paul a levou ao Speakeasy para ver a banda Procol Harum. Linda era norte-americana, de classe média alta, fotógrafa, e estava em Londres para trabalhar no livro *Rock and Other Four Letter Words* (1968).

Linda era dona de uma impetuosidade nova-iorquina. Ao ficar sabendo da festa de lançamento de *Sgt. Pepper* na casa de Brian Epstein, ela deu um jeito de descolar um convite. Também vivia trombando com Paul em bares, e por fim começou a invadir seus sonhos. "Eu comecei a ter aquele tipo de pensamento", admitiu o roqueiro. "Eu pensava em todas as garotas que havia conhecido e me perguntava qual seria a favorita para ter algo sério, e era sempre ela que me vinha à mente."

Linda tinha uma filha, Heather, de um relacionamento anterior, e, dada a tendência de Paul de se derreter na presença de crianças, não surpreendeu o fato de ele e a menina se tornarem próximos durante o namoro com a mãe.

DADA A TENDÊNCIA DE PAUL DE SE DERRETER NA PRESENÇA DE CRIANÇAS, NÃO SURPREENDEU O FATO DE ELE E A MENINA SE TORNAREM PRÓXIMOS DURANTE O NAMORO COM A MÃE

Certamente, Linda se defrontava com um grande desafio no caso de Paul. Seu único relacionamento sério na Beatlelândia fora com a atriz Jane Asher. Eles se conheceram após a apresentação dos Beatles em 1963 no Royal Albert Hall, transmitida pela BBC. Também estiveram no palco The Springfields, Rolf Harris, Del Shannon, Kenny Lynch e George Melly. No fim do espetáculo, a banda apareceu com todas as outras atrações para cantar "Mack the Knife".

UM DIA, QUANDO JANE VOLTAVA DE UM COMPROMISSO, ELA ENTROU NA CASA DE PAUL NA AVENIDA CAVENDISH E O PEGOU NA CAMA COM OUTRA MULHER

Jane Asher fora encarregada pela *Radio Times* de entrevistar o grupo. Uma garota de beleza impressionante, quando ela entrou no camarim dos rapazes, os quatro de repente se mostraram muito interessados. Por fim, ela escolheu Paul. Sem sombra de dúvida, ele parecia melhor aposta que John, que deu em cima dela perguntando rudemente sobre sua virgindade.

Após se mudar para Londres, Paul se instalou na casa dos pais de Jane, na Rua Wimpole. Muito adequadamente, ele possuía um quarto só para si. Os Asher eram uma família atraente para McCartney — rica, artística e não dada a julgamentos. A mãe de Jane, Margaret, era professora de música e ensinou Paul a tocar flauta doce. O pai da moça, Richard, era um médico prestigiado.

Os Asher permitiram a McCartney realizar a máxima de sua mãe, que pedira para a família se aprimorar. Ele adorava as conversas animadas em volta da mesa de jantar e se inspirava com o conhecimento cultural deles. Porém não se sentia muito à vontade com a independência e a determinação arrojada de Jane. Ela desejava ser reconhecida como atriz por mérito próprio, nem lhe passava pela cabeça ser conhecida apenas como a namorada de McCartney.

Embora Paul fosse estimulado pela família, ele também era muito tradicional em relação às mulheres. O baixista fora criado numa cidade na qual homens eram homens e as mulheres deveriam saber o seu lugar. Paul e Jane brigavam com frequência por ela não aceitar ser submissa a ele. A atriz saía sozinha quer ele gostasse ou não, aceitando compromissos que o roqueiro preferia que ela tivesse declinado. Além disso, McCartney não demonstrava culpa por transar a torto e a direito durante as turnês ou em outros momentos. Quando questionado a respeito de sua promiscuidade, ele exclamava: "Bem, não sou casado com a Jane, sou?"

Um grande vislumbre do relacionamento foi retratado no livro *A vida fantástica dos Beatles* (1964), de Michael Braun. No começo de 1964, Jane foi a Paris para visitar a banda durante a temporada de duas semanas. Naturalmente, ela estava ávida por conhecer a cidade, mas Paul queria que ela ficasse no quarto do hotel, pois poderia ser reconhecida na rua. "Isso é típico do Paul", ela contou a Braun. "É uma grande idiotice minha ficar no hotel, mas ele é tão inseguro [...]. Ele não consegue perceber que meus sentimentos são verdadeiros e os das fãs são fantasia."

Paul e Jane namoraram até o Natal de 1967, quando anunciaram o noivado, que durou apenas seis meses. Um dia, quando Jane voltava de um compromisso, ela entrou na casa de Paul na Avenida Cavendish e o pegou na cama com outra mulher, justamente como Cynthia pegara John alguns meses antes. Ela saiu correndo da casa e então, numa entrevista na TV, anunciou o fim do noivado.

Segundo todos os relatos, Paul ficou devastado com o fora e começou a se afogar em bebidas e drogas. A mulher na cama de Paul era a norte-americana Francie Schwartz. De acordo com Francie, quando Paul a dispensou mais tarde, pediu desculpas e reconheceu ser um completo canalha — e ainda perguntou se ela se importaria de preparar o jantar antes de ir embora.

Com Linda, Paul parece não ter realizado essas façanhas. Como Jane, Linda tinha a própria carreira e a grande habilidade — pela qual Paul depois ficaria fascinado — de saber se movimentar entre os mundos distintos da elite e do rock com extrema facilidade.

Para um sujeito de classe operária como Paul, a elegância natural de Linda era cativante, bem como a capacidade de compreender e lidar com as situações. Quando seu relacionamento com Paul se tornou mais profundo, as pessoas começaram a divulgar fofocas maliciosas a respeito dela. Linda simplesmente ignorou tais farpas e tocou a vida. Mais tarde, ela apresentaria McCartney ao vegetarianismo e lançaria sua própria marca de comida vegetariana. McCartney estava claramente inebriado por Linda.

PARA PAUL, A ELEGÂNCIA NATURAL DE LINDA ERA CATIVANTE. QUANDO SEU RELACIONAMENTO COM PAUL SE TORNOU MAIS PROFUNDO, AS PESSOAS COMEÇARAM A DIVULGAR FOFOCAS MALICIOSAS A RESPEITO DELA. LINDA SIMPLESMENTE IGNOROU TAIS FARPAS E TOCOU A VIDA

Dois anos após se conhecerem, eles estavam casados. Posteriormente, Paul afirmou que, durante o casamento de 29 anos — infelizmente, Linda morreu de câncer em abril de 1998 —, o casal passou somente uma noite separado. O compositor de "Yesterday" encontrou seu amanhã.

Contudo, no dia de seu casamento, o distanciamento de Paul da gangue que amava do fundo do coração estava prestes a sofrer uma reviravolta terrível. Em aproximadamente um mês, John anunciaria sua separação dos Beatles.

John e Yoko ficam

NA CAMA

pela paz mundial

DATA 25 de março de 1969, Hotel Hilton, Amsterdã

Em 1969, Lennon colaborou com uma estrofe para "I've Got a Feeling", de McCartney. Nela, John dizia ter tido um ano difícil, sem dúvida pensando nas sessões tediosas do álbum duplo *The Beatles*. Caso tivesse composto a estrofe para contar o que foi vivido em 1969, ele teria dito que todos tiveram um ano ocupado. Certamente foi o caso dele. Naquele ano, John lançou seis álbuns, deixou os Beatles, mas manteve o fato em segredo; encenou *bed-ins* (protestos pacíficos na cama) pela paz mundial, devolveu a condecoração dada pela rainha, teve dois compactos em primeiro lugar nas paradas e se casou com Yoko Ono. Além disso, ele também fez sua segunda apresentação do ano, mas sem os Beatles.

Após o fiasco no Twickenham (durante o lançamento do disco *Yellow Submarine*), quando o uso de heroína transformou John basicamente num observador mudo, a banda rumou para os novos estúdios na Savile Row, onde passou exaustivos dez dias tentando gravar *Get Back*, o álbum com novo material (mais tarde abortado).

Como eles decidiram não usar nenhum tipo de trucagem de estúdio, a qualidade das canções dependeria da qualidade da execução. E foi aí que as coisas desandaram. Posteriormente, Lennon iria se referir a essas sessões como o "inferno na terra". No dia 30 de janeiro, os Beatles fizeram seu último show, mas, apesar de terem curtido, a deterioração já estava em andamento. Quatro dias depois, Lennon, Starr e Harrison designaram Allen Klein como novo empresário, mas McCartney se recusou a aceitar. A gangue estava em guerra.

COM LÍNGUA E ESPÍRITO AFIADOS, O LENNON DE 1961 TERIA ZOMBADO E DADO UM CHEGA PRA LÁ EM SUA VERSÃO DE 1969. O LENNON DE AGORA EMPREGAVA ESSA PERSPICÁCIA EM PROL DO CONCEITO DE PAZ MUNDIAL

No começo de fevereiro, John pediu Yoko em casamento. Ela aceitou. O casal decidiu que um casamento no Reino Unido causaria muito aborrecimento, e assim foram para Paris. Pretendiam fazer o enlace na Cidade Luz, mas não tiveram sucesso. Enquanto Pete Brown resolvia o problema, o casal curtia a lua de mel. A última vez que John estivera de férias em Paris fora com Paul em 1961 – e como ele havia se transformado nesse meio-tempo. As mudanças eram assombrosas. Em apenas oito anos, John Lennon se transformara de brutamonte feroz num homem que defendia com unhas e dentes a paz mundial e a liberação feminina. Com língua e espírito afiados, o Lennon de 1961 teria zombado e dado um chega pra lá em sua versão de 1969. O Lennon de agora empregava essa perspicácia em prol do conceito de paz mundial.

ELES DECIDIRAM QUE A APARÊNCIA HIPPIE DE JOHN PODERIA IMPEDIR A MENSAGEM DE CHEGAR ATÉ AS PESSOAS. ASSIM NASCEU O *BAGISM*. EM VIENA, JOHN E YOKO DERAM TODAS AS RESPOSTAS ESCONDIDOS DENTRO DE UM SACO BRANCO

Pete Brown entrou em contato e falou que eles poderiam se casar em Gibraltar – e assim o fizeram, com o irmão de Tommy Nutter, alfaiate da Savile Row, batendo as fotos do casamento. A seguir, o casal voou para Amsterdã, registrou-se no Hilton e divulgou um comunicado à imprensa dizendo que ficaria na cama em prol da paz mundial.

Como esperado, a imprensa mundial correu para o quarto deles e foi saudada por John e Yoko na cama, de pijama, concedendo entrevistas em que anunciavam o desejo pela paz mundial. "Nossa vida é a nossa arte", Lennon afirmou mais tarde. "Os *bed-ins* eram isso. Quando nos casamos, sabíamos que a lua de mel seria exposta ao público, então decidimos fazer uma declaração. Ficamos na cama e falamos com repórteres durante sete dias. Foi hilário."

Na sequência, eles foram para Viena, onde se hospedaram no Hotel Sacher. Eles decidiram que a aparência hippie de John poderia impedir a mensagem de chegar até as pessoas. Assim nasceu o *bagism* – ao pé da letra, "saquismo". Na entrevista coletiva em Viena, John e Yoko deram todas as respostas escondidos dentro de um saco branco. Era 1º de abril, Dia da Mentira.

O casal voltou a Londres e retomou o trabalho nas gravações de *Abbey Road* durante um mês antes de embarcar para os Estados Unidos. Não deu certo. A prisão de John por posse de drogas o impediu de entrar em solo americano. Então eles foram para o Canadá, desembarcando em Montreal, onde, após uma espera de duas horas e meia, receberam um visto válido por dez dias. No Hotel Le Reine Elizabeth, encenaram mais um *bed-in*. Em Londres, o segundo álbum de John e Yoko, *Unfinished Music N. 2: Life with the Lions*, foi lançado pelo selo Zapple, braço da Apple Records voltado para promover música "desafiante". (*Electronic Music*, disco de George, também foi lançado no mesmo dia.)

Em 1º de junho, no *bed-in* em Montreal, com a imprensa e simpatizantes observando, John gravou sua nova canção, "Give Peace a Chance". O casal passou mais cinco dias no Canadá antes de voltar para casa. Naquele momento, "The Ballad of John and Yoko" já chegara ao topo das paradas. No dia 7 de julho, foi lançada "Give Peace a Chance", creditada a Lennon e McCartney. "Todos nós temos Hitler dentro de nós", John declarou, "mas também temos amor e paz. Então, por que não dar uma chance à paz pelo menos uma vez?"

De julho até o fim de agosto, John ajudou a compor e a gravar o último álbum da banda, *Abbey Road*. No dia 22 de agosto, o grupo realizou sua última sessão de fotos, posando para as câmeras de Monte Fresco, Ethan Russell e Mal Evans em Tittenhurst Park, casa de John de Yoko, e arredores. Yoko e Linda também foram fotografadas com a banda e separadamente. Elas até chegaram a posar juntas em alguns retratos.

No começo de setembro, Lennon estava no escritório da Apple quando o telefone tocou. Ele atendeu. Muita gente que ligava para a Apple ficava perplexa ao ouvir um Beatle ao vivo no outro lado da linha. Tratava-se de um jovem promotor canadense com uma proposta. Dentro de quatro dias, ele realizaria um festival chamado Toronto Rock and Roll Revival, com atrações como Chuck Berry, Little Richard e Gene Vincent. Será que John Lennon ou os Beatles estariam interessados em comparecer? Lennon falou que não apenas compareceria, como também tocaria. E prometeu que uma banda iria com ele: Yoko, Eric Clapton, Klaus Voormann e o baterista Alan White. O nome seria The Plastic Ono Band.

O promotor não acreditava em sua sorte. Ele vendera somente oitocentos ingressos num estádio para vinte mil pessoas. Quando foram divulgadas as notícias da presença de Lennon, dez mil ingressos foram vendidos num só dia. Durante a viagem, com Allen Klein a tiracolo, a banda sacou as guitarras e ensaiou. Ao chegarem, os hábitos pessoais de John eram tais que telefonemas tiveram de ser feitos. (Curiosamente, afirma-se que quem atendeu John se chamava David Schneiderman. Segundo relatos, Schneiderman tivera um papel importante na festa em Redlands, quando Keith Richards, Mick Jagger e Robert Fraser foram pegos pela polícia. Era seu o ácido rolando na festa. Posteriormente, Schneiderman afirmou ter falado a Lennon as palavras "instant karma" ["carma instantâneo"], usadas por ele no famoso compacto do ano seguinte.)

Por fim, a banda entrou no palco e Lennon — com um saco branco colocado ao lado do microfone — anunciou à plateia que eles não haviam ensaiado. Em seguida, eles atacaram com as canções outrora cuspidas por ele em Hamburgo com raiva adolescente: "Blue Suede Shoes", "Money" e "Dizzy Miss Lizzy". Dessa vez, a voz estava rouca, sem vigor. A seguir, o grupo tocou três composições suas: "Yer Blues", uma nova canção pungente sobre abstinência de drogas chamada "Cold Turkey" e "Give Peace a Chance". Até aí, tudo seguia aos trancos e barrancos. Foi então que Yoko saiu de dentro do saco ao lado de John, disse olá à plateia e começou a gritar no microfone por cerca de vinte minutos. A banda tocava o melhor que podia.

Com isso, a plateia ficou hostil, mas John estava animado. Após a apresentação, ele contou a Allen Klein que já havia se decidido: John Lennon deixaria os Beatles. A vida era muito mais prolífica e empolgante sem eles.

No dia 20 de setembro de 1969, durante uma reunião, John Lennon anunciou sua intenção e finalmente aniquilou a gangue. Paul McCartney chegara cheio de novas ideias para a banda seguir em frente. O baixista estava tentando convencer os outros integrantes a aceitar a principal delas havia meses. Ele queria voltar a cair na estrada, mas usando um pseudônimo. O conceito era o de começar de novo, tocando em universidades e locais pequenos para estimular a empolgação, tocar um pouco de rock'n'roll e descobrir a magia que um dia os unira. Enquanto Paul explicava os motivos, Lennon repetia: "Eu não quero fazer isso. Eu não quero fazer isso".

Por fim, um exasperado McCartney começou a fazer um discurso na linha de "vamos pra cima deles", como Lennon costumava fazer nos velhos tempos, quando eles tocavam em locais com lotação pela metade e plateias desinteressadas. "Vamos lá", ele exortou Lennon. "Afinal, nós somos os Beatles, não somos?"

E foi então que Lennon falou as palavras que, secretamente, todos eles temiam ouvir — as palavras que diriam de uma vez por todas que o sonho chegara ao fim.

Depois de Twickenham, os Beatles mencionaram o assunto da separação, mas nenhum deles tomou uma atitude. Até mesmo George e Ringo, que já haviam saído da banda uma vez, voltaram em duas semanas. Porém John era diferente. "Eu não sou [um Beatle]. Você não entende? Acabou. Eu quero o divórcio, como quando me separei da Cynthia. Será que isso não entra na sua maldita cabeça? Eu não ia dizer nada a vocês antes do novo contrato de gravação, mas vou sair da banda."

FOI ENTÃO QUE YOKO SAIU DO SACO AO LADO DE JOHN, DISSE OLÁ À PLATEIA E COMEÇOU A GRITAR NO MICROFONE POR CERCA DE VINTE MINUTOS. A BANDA TOCAVA O MELHOR QUE PODIA

Eles ficaram em silêncio, chocados. Lennon continuou a falar, expressando o alívio por finalmente ter separado a gangue. Depois ele se levantou, olhou para os desamparados membros do grupo e pôs o ponto-final na questão. "Já era. Acabou." A seguir, ele e Yoko se mandaram do prédio. Foi preciso a ação do líder para finalmente acabar com a melhor gangue do mundo — e da maneira correta e adequada.

Em outubro, o LP *Abbey Road* foi lançado e vendeu milhões de cópias pelo mundo. Três semanas mais tarde, John e Yoko divulgaram seu terceiro disco, *The Wedding Album*, em conjunto com o novo compacto da Plastic Ono Band, *Cold Turkey*. Lennon oferecera a canção angustiante aos Beatles, mas eles fizeram pouco caso dela. Uma canção sobre a dor da crise de abstinência de drogas envolvida por guitarras sujas não chegaria ao primeiro lugar, os colegas alegaram. Assim, Lennon falou que a gravaria sozinho.

O fato de Lennon ter escrito uma composição tão importante em um ano de atividade tão frenética revela muito sobre a nova energia artística com que ele estava trabalhando. Tratava-se do astro pop número um do país desnudando para o mundo todo seu vício em heroína. Tratava-se do músico número um do país desnudando sua alma.

O tema de autorrevelação que ele vinha desenvolvendo nos Beatles agora tinha permissão para florescer e terminaria por produzir um dos melhores discos solo de um Beatle, *John Lennon/Plastic Ono Band*. "Cold Turkey" chegou ao 14º lugar das paradas na semana de 11 de novembro. Na semana seguinte, o compacto caiu uma posição. Lennon agiu imediatamente, pegando a medalha de Membro da Ordem do Império Britânico do consolo da lareira de tia Mimi e botando num envelope com uma carta. A correspondência estava endereçada à rainha e trazia o seguinte texto: "Estou devolvendo minha medalha em protesto contra o envolvimento britânico no caso Nigéria-Biafra, contra nosso apoio aos Estados Unidos no Vietnã e contra o fato de 'Cold Turkey' ter caído nas paradas. Com amor, John Lennon do Saco".

É claro que isso foi notícia de primeira página, a maioria desfavorável ao músico. Lennon apenas sorriu e seguiu adiante. Em dezembro, a Apple lançou o álbum com a apresentação da Plastic Ono Band no Canadá, sob o título *Live Peace in Toronto*. O disco continha o show completo, inclusive a contribuição de Yoko.

Para terminar o ano, Lennon tirou do próprio bolso a bolada de 72 mil dólares e espalhou outdoors em onze grandes cidades com os dizeres "A GUERRA ACABOU! SE VOCÊ QUISER. Feliz Natal de John & Yoko". Ritchie Yorke, que ajudou na campanha de paz do casal, posteriormente fez a seguinte declaração a respeito do comprometimento de Lennon com a paz: "John acreditava piamente que o amor poderia nos salvar. Ele realmente acreditava que, se uma pessoa se manifestasse de verdade, as coisas poderiam mudar. Nunca vi ninguém tão comprometido com uma causa independentemente do custo".

No fim do ano, Lennon enviou um livro cômico a todos os seus amigos, com o título *The John Lennon London Diary 1969*. No livro, ele fez anotações à mão para todos os dias, e quase todas diziam a mesma coisa: "Levantei, fui trabalhar, voltei para casa, vi TV, fui dormir". Ele podia ter deixado de ser um Beatle, podia ser um hippie cabeludo tagarelando sobre amor, paz e Yoko no café da manhã, mas continuava sendo um grande humorista.

O famoso *bed-in* de John e Yoko no Hilton de Amsterdã, em março de 1969. Lennon já havia decidido sair dos Beatles e usar a fama para fins políticos.

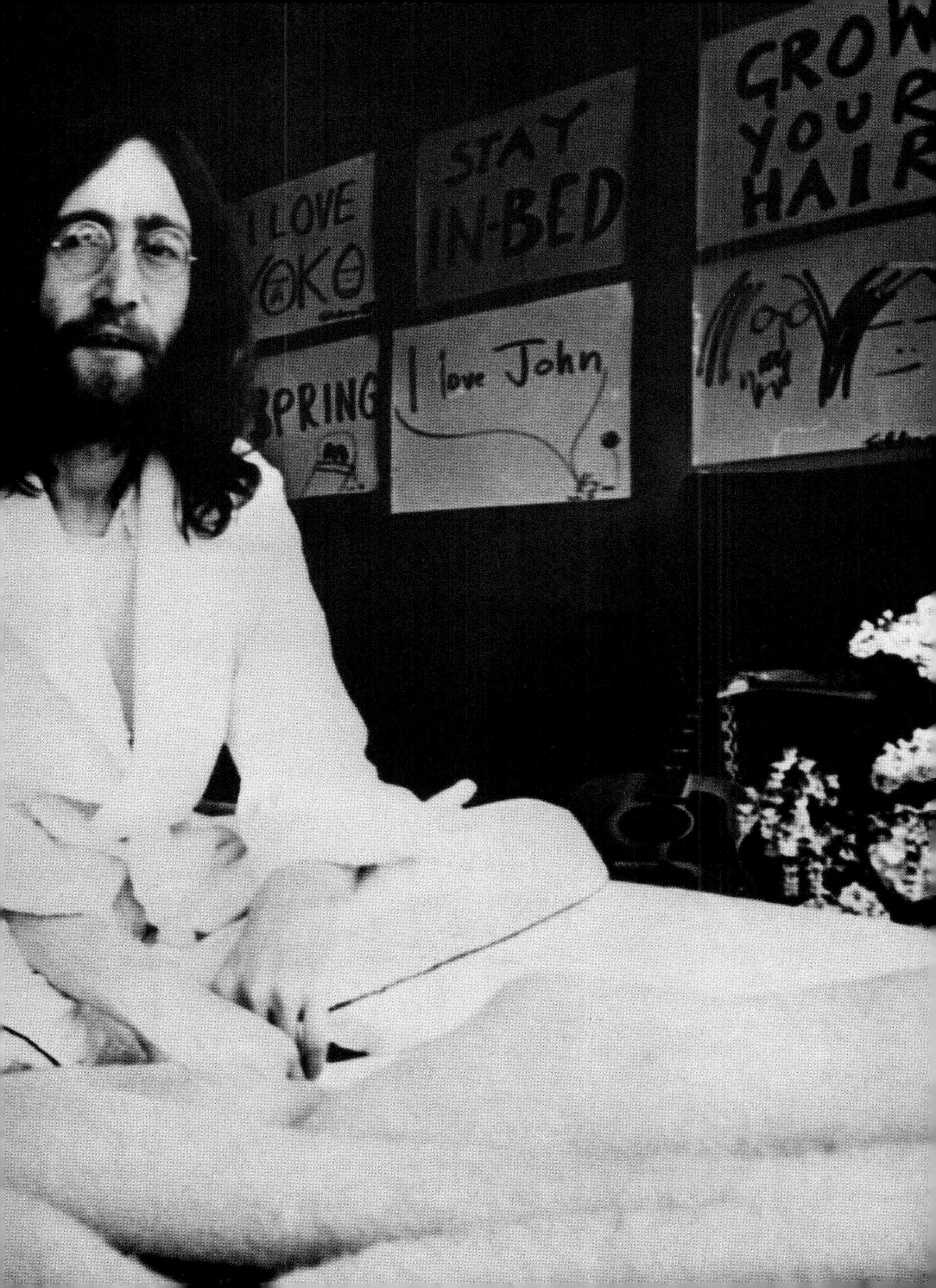
I LOVE YOKO
STAY IN-BED
GROW YOUR HAIR
I love John

John e Paul gravam

"THE BALLAD OF JOHN AND YOKO"

DATA 14 de abril de 1969, estúdio Abbey Road, Londres

John Lennon e Yoko Ono chegaram à conclusão de que um casamento no Reino Unido causaria muitos transtornos, então foram ao exterior e juntaram as escovas de dentes em Gibraltar, no dia 20 de março de 1969. Tratava-se do segundo casamento de John e, logicamente, ele tinha de compor alguma coisa a respeito. Ele levou a canção à casa de Paul em abril e contou como estava entusiasmado para lançá-la como compacto. O guitarrista fez isso na época em que Ringo estava filmando *Um Beatle no paraíso* e George tirava férias.

O título original era "The Ballad of John and Yoko, Christ They're Gonna Crucify Me" ("A balada de John e Yoko; Cristo, eles vão me crucificar"). McCartney ficou horrorizado. O baixista sabia que eles nunca conseguiriam se safar com um título tão provocador sem aborrecer um monte de gente. E, sinceramente, o aborrecimento não valia a pena. Eles já não haviam sofrido o bastante com a deplorável frase "Nós somos mais populares que Jesus", de John, e com o enorme furor desencadeado por ela? Para Paul, uma só ameaça de morte já era suficiente. Apesar das ressalvas do amigo, Lennon insistiu para que gravassem o compacto sem delongas, depois eles falariam a respeito do título.

No dia seguinte, John e Paul estavam juntos no estúdio Abbey Road começando a trabalhar no próximo compacto dos Beatles. Apesar das pendengas comerciais que agora começavam a exauri-los, espectadores no estúdio observaram como John e Paul pareciam felizes, saltando de instrumento para instrumento com enorme entusiasmo. Paul tocou bateria, baixo, piano, maracás e o vocal de apoio. John cuidou das guitarras. Primeiro eles gravaram a base rítmica, para depois acrescentar os vocais e os instrumentos. Em determinado instante, John gritou para Paul atrás da bateria: "Mais rápido, Ringo". "Está bem, George", Paul retrucou. Eles reserva-

ESPECTADORES NO ESTÚDIO OBSERVARAM COMO JOHN E PAUL PARECIAM FELIZES, SALTANDO DE INSTRUMENTO PARA INSTRUMENTO COM ENORME ENTUSIASMO

ram o estúdio por seis horas e meia e terminaram com uma hora de folga, para se ter uma ideia da rapidez e da diversão propiciada pela aventura.

Mais tarde, Paul confessou que, durante a sessão, foi ficando cada vez mais preocupado com a atitude de George e Ringo quando descobrissem que não participariam do próximo compacto do grupo. "Nós gravamos e depois paramos para pensar se eles nos odiariam por isso — do que eu não tenho certeza. Provavelmente eles nunca nos perdoaram. John estava no cio, por assim dizer. Ele precisava gravar, então nós fomos lá e gravamos."

ESTÁVAMOS EM 1969 E A BEATLEMANIA HAVIA MORRIDO FAZIA TEMPO. OS COMENTÁRIOS DE JOHN SOBRE RELIGIÃO NÃO TINHAM MAIS TANTO PESO PARA DESENCADEAR AMEAÇAS DE MORTE OU UMA CONDENAÇÃO MUNDIAL

Ele não precisava ter se preocupado. George e Ringo não ficaram muito incomodados com o fato. Posteriormente, Lennon contou: "Vazou a história de que somente Paul e eu participamos da gravação, mas eu não teria me dado ao trabalho de divulgar isso. Não significava nada. Aconteceu de só nós dois estarmos ali".

Quanto à canção, a visão de John a respeito da música em geral fora radicalmente alterada por Yoko. Ele começara nessa vida querendo ser Elvis — um roqueiro durão, com olhar de escárnio e cheio de energia. Depois desejou compor canções românticas ao estilo de Goffin e King. A seguir, pretendeu ser o Rei do Ácido. Agora Yoko o convencera de que ele era um artista e, portanto, sua vida era uma obra de arte. Sua música agora falaria dessa vida e desse artista.

Entretanto, Paul tinha razão quanto ao refrão mencionando Cristo e a crucificação. Quando o compacto foi lançado, em 30 de maio de 1969, várias estações de rádio norte-americanas se recusaram a tocá-lo, enquanto outras puseram um ruído sobre o trecho ofensivo. Porém não estávamos mais em 1966. Estávamos em 1969 e a beatlemania havia morrido fazia tempo. Os comentários de John sobre religião não tinham mais tanto peso para desencadear ameaças de morte ou uma condenação mundial.

Talvez, se soubessem o que John fizera em 1968, as pessoas teriam reagido com maior firmeza. Completamente chapado de LSD, John teria convocado uma reunião na Apple e anunciado à banda e à comitiva que ele era a nova encarnação de Jesus, voltando para salvar todos eles. Felizmente, todos perceberam o que estava acontecendo e levaram numa boa. Era o John. Chapado. Não era para se preocupar. Logo ele voltaria à terra.

Para Paul, a reação do mundo ao novo compacto dos Beatles não interessava. O importante, o que realmente interessava, era que a magia fora reacesa. John lhe trouxera uma canção radical e os dois juntaram forças para transformá-la numa bela obra. Apesar de tudo, eles ainda podiam trabalhar juntos, criando música expressiva.

PARA PAUL, A REAÇÃO DO MUNDO AO NOVO COMPACTO DOS BEATLES NÃO INTERESSAVA. O IMPORTANTE, O QUE REALMENTE INTERESSAVA, ERA QUE A MAGIA FORA REACESA

A música conquistara aquilo, a música os juntara — exatamente da mesma forma de quando eram adolescentes magricelos e famintos pelo sucesso, quando John ia à casa de Paul e questionava por que ele não era mais confiante na relação com o pai. Paul então dava uma desculpa esfarrapada, e depois eles pegavam chá da latinha, botavam no cachimbo do pai do baixista e fumavam, quase tossindo os pulmões para fora. A seguir, Paul afinava o violão de John, que fazia uma piada sobre o instrumento comprado por causa da propaganda que dizia que ele nunca racharia. Paul ria e pegava o caderno, escrevendo no topo da página: "Uma composição original de Lennon e McCartney". Então escrevia algumas palavras como "They said that our love was just fun..." ("Falaram que nosso amor era só curtição..."), e os rapazes buscavam encontrar os acordes e uma linha melódica, gastando horas na tentativa de finalizar a canção.

Quando Jim, o pai de Paul, finalmente voltava para casa, ele sacudia a cabeça bruscamente para John por não aprovar a amizade dos dois, assim John entendia a deixa, se levantava e ia embora. Jim dizia a Paul que se associar a tipos como aquele não o levaria a lugar nenhum. Paul sorria e mudava de assunto, começando a pensar na composição do dia seguinte. Enquanto isso, John se sentava no ponto de ônibus no fim da rua de Paul com um sorriso zombeteiro nos lábios, fumando um cigarro e reproduzindo música dentro de sua cabeça. Era isso que a música fazia, era isso que John Lennon e Paul McCartney tinham entre si, um amor partilhado que atraía e cativava, um dom musical divino que os tirou desse mundo e os uniu — para sempre.

The Ballad of John and Yoko seria o último compacto da banda a alcançar o primeiro lugar no Reino Unido, o que de certa forma era bastante apropriado. Tratava-se da única gravação dos Beatles a contar com apenas John e Paul. E, ironicamente, era sobre a mulher considerada por muitos a pessoa que se meteu entre os dois e foi responsável pelo fim do grupo.

Boatos afirmam que

PAUL MCCARTNEY MORREU

DATA 17 de setembro de 1969, Reino Unido

Era uma vez, Paul McCartney morreu. Ele dirigia seu carro em alta velocidade numa noite frenética e tempestuosa quando bateu de frente em outro automóvel. O motivo para estar correndo foi uma grande discussão com John, seu melhor amigo. John tinha sido agressivo com ele, então Paul entrou no carro e disparou raivoso, mandando o guitarrista "ir pra PQP" antes de ir embora. Quando Paul McCartney morreu, havia uma garota chamada Rita no banco do passageiro. Ela também faleceu.

Paul conhecera Rita porque ela estava pedindo carona e parecia estar infeliz e com muito frio. Paul encostou ao lado dela, abriu a porta e disse: "Entre, querida". Rita entrou, agradecendo a seu cavaleiro num Aston Martin escuro. Enquanto o automóvel de Paul acelerava, Rita percebeu de relance quem era o motorista — e foi à loucura. Ela não conseguia acreditar. Ela amava os Beatles. Mais do que isso, ela amava Paul McCartney. A moça começou a cobri-lo de beijos, dizendo como ele era genial. Paul tentou afastá-la, mas era tarde demais. Outro carro a toda velocidade dobrou a esquina e os dois veículos se chocaram de frente. Paul, Rita e o outro motorista morreram na hora.

Quando a notícia da tragédia chegou ao conhecimento dos Beatles, eles rapidamente fizeram uma reunião. Era uma notícia catastrófica. Sem Paul, eles poderiam perder milhões. Devia haver uma solução. "Bom", disse um Beatle, "vocês se lembram daquele Billy Shears? Ele é muito parecido com o Paul. E se o convidarmos para se passar por ele?" "Sério?", questionou outro Beatle. "Sim, por que não? Você compõe as canções, John, e nós ensinamos o Billy a falar, andar e agir como o Paul, e talvez, somente talvez, possamos nos safar."

SEM PAUL, ELES PODERIAM PERDER MILHÕES. DEVIA HAVER UMA SOLUÇÃO. "BOM", DISSE UM BEATLE, "VOCÊS SE LEMBRAM DAQUELE BILLY SHEARS? ELE É MUITO PARECIDO COM O PAUL. E SE O CONVIDARMOS PARA SE PASSAR POR ELE?"

"Sabem outra coisa que podemos fazer?", outro Beatle sugeriu. "O quê?" "Podemos deixar pistas na capa dos discos, nas gravações, sobre a morte do Paul. Assim, se formos descobertos, podemos dizer que estávamos avisando o tempo todo." "Ótima ideia", disseram os outros três... dois, na verdade.

EXAMINANDO A FOTO DE MCCARTNEY COM O UNIFORME DE CETIM, NOTA-SE QUE ELE USA UM BROCHE COM AS INICIAIS "OPD". NOS ESTADOS UNIDOS, ELAS SIGNIFICAM "DECLARADO OFICIALMENTE MORTO"

As primeiras pistas da morte de Paul vieram com o álbum *Sgt. Pepper's Lonely Hearts Club Band*. Examinando a foto de McCartney com o uniforme de cetim, nota-se que ele usa um broche com as iniciais "OPD". Nos Estados Unidos, elas significam "officially pronounced dead" ("declarado oficialmente morto"). Veja as pessoas escolhidas para circundar a banda na capa: Marilyn Monroe, James Dean, Jayne Mansfield, todos mortos na flor da juventude. Vire a capa do disco. Observe Paul de costas e veja a letra impressa sobre seu dorso — são os versos da canção de George "Within You Without You", justamente uma música que se refere a pessoas se escondendo atrás da ilusão, sem vislumbrar a verdade até ser tarde demais, quando morrem.

Escute as músicas do LP *Sgt. Pepper*, ouça a banda cantando sobre Billy Shears, um sujeito conhecido há tantos anos, e sobre a adorável Rita, policial de trânsito (referência sutil ao carro, sacou?), e escute "I Am the Walrus", do álbum *Magical Mystery Tour*, a qual utiliza o discurso fúnebre da peça *Rei Lear*, de Shakespeare, em meio a uma cacofonia de barulho e distorção, o que em si já sugere a morte.

No disco *Magical Mystery Tour*, a banda se vestiu com fantasias de animais. Paul foi a morsa, o símbolo da morte. Como todo mundo sabe. Mais pistas foram dadas na capa do LP *Abbey Road*. O grupo é retratado numa procissão fúnebre. O canhoto Paul (que na verdade é Billy Shears) segura o cigarro com a mão direita! Ele está descalço e descompassado com o resto da banda. John está vestido de branco (o anjo), Ringo, de preto (o agente funerário) e George aparece como um coveiro, usando jeans dos pés à cabeça. Durante dois anos, os Beatles e o novo integrante, Billy Shears, enganaram o mundo. Mas então o segredo foi revelado e as coisas saíram de controle na Beatlelândia.

O mundo ficou sabendo da trama infame dos Beatles em setembro de 1969, quando Tim Harper, editor de um jornal universitário norte-americano, escreveu a reportagem "O Beatle Paul McCartney morreu?". A matéria foi vista pela WKNR-FM, popular estação de rádio de Detroit. Um ouvinte reagiu à história e telefonou contando todas as pistas contidas nas gravações da banda, incluindo John dizendo "I bury Paul" ("Eu enterro Paul") no fim de "Strawberry Fields Forever". (Na verdade ele diz "cranberry sauce" ["molho de cranberry"], mas não vamos deixar um fato atrapalhar uma boa história, não é mesmo?)

JOHN GRAVOU UMA AFRONTA MORDAZ CONTRA O BAIXISTA CHAMADA "HOW DO YOU SLEEP?", CANTANDO QUE OS MALUCOS ESTAVAM CERTOS AO AFIRMAR QUE PAUL HAVIA MORRIDO. E UM MILHÃO DE TEÓRICOS DA CONSPIRAÇÃO CONCORDOU: "VIRAM, SE O JOHN DISSE ISSO, DEVE SER VERDADE"

O jornalista norte-americano Fred LaBour ouviu a história e foi a fundo, deitando e rolando. Uma reportagem satírica foi publicada pelo jornal *The Michigan Daily* apontando as pistas nas capas, incluindo o recém-lançado *Abbey Road*. LaBour ficou estupefato quando toda a imprensa foi na onda. Ele inventara todas as pistas. A confusão foi tamanha que o assessor de imprensa da banda foi forçado a divulgar um comunicado negando a morte de Paul.

"Ultimamente temos recebido uma imensidão de questionamentos sobre relatos segundo os quais Paul estaria morto. Recebemos perguntas do gênero há anos, é claro, mas nas últimas semanas elas têm chegado dia e noite, no escritório e em casa. Estou recebendo telefonemas até de DJs e de outras pessoas dos Estados Unidos."

Paul McCartney foi pessoalmente até a emissora de rádio negar a história e depois aceitou ser entrevistado pela revista *Life* para confirmar ao mundo que estava vivo. Coube a John estragar seu disfarce. No álbum solo *Imagine*, de 1971, John gravou uma afronta mordaz contra o baixista chamada "How Do You Sleep?". Ele não gostava mais de seu melhor amigo. Paul fora maldoso com ele, assim a maldade de John também voltou à tona. Em retaliação às canções "3 Legs" e "Too Many People", do disco *Ram*, de Paul — e também pelo ressentimento gerado por um amargo processo jurídico —, John cantou que os malucos estavam certos ao afirmar que Paul havia morrido. E um milhão de teóricos da conspiração concordou: "Viram, se o John disse isso, deve ser verdade".

A famosa fotografia da capa do disco *Abbey Road*. Os pés descalços de Paul ajudaram a espalhar boatos de que ele teria morrido dois anos antes.

SYO 724F

A BATALHA

para empresariar os Beatles

DATA 27 de janeiro de 1970, Hotel Dorchester, Londres

Dois norte-americanos foram a Londres lutar pelo controle dos Beatles, e eles não poderiam ser mais diferentes entre si. Lee Eastman era mais velho, formado por uma das principais universidades dos Estados Unidos, culto, seguro de si e pai, é claro, de Linda. Allen Klein fora criado num orfanato. Era impetuoso, falava duro e era motivado pelo dinheiro. A escolha dividiu a banda. McCartney era leal ao sogro, enquanto John, George e Ringo sentiam mais afinidade com as manhas e artimanhas de Klein.

Lee Eastman foi convocado para ir a Londres pelo genro. McCartney acreditava que os Beatles eram os melhores do mundo e, portanto, tudo ao redor deles deveria ter nível semelhante — para ele, Lee era a pessoa perfeita para assumir o posto de empresário da banda.

Em contraposição, Allen Klein era rústico e despachado. Segundo seu obituário, ele "matraqueava o linguajar do Brooklyn, prodigamente temperado com invectivas suculentas". Ele fora chamado a Londres para conhecer John Lennon. O duelo resultante entre Eastman e Klein pode ser retratado como o bruto Brooklyn atacando a suave Manhattan: haveria somente um vencedor.

Em 1967, Allen Klein dirigia seu carro em Nova York quando o rádio anunciou a morte de Brian Epstein. Klein deu um soco no volante. *Eles são meus, cacete, eles são meus*, pensou com seus botões, pisando fundo no acelerador. Ele conhecera Epstein em 1964, quando a banda foi pela primeira vez aos Estados Unidos, e se oferecera para renegociar o contrato de gravação para que o grupo recebesse *royalties* muito maiores. Em troca, ele ficaria com vinte por cento do dinheiro ganho com os novos *royalties*. Epstein deu uma olhada no sujeito de linguajar grosseiro e aparência desgrenhada e lhe mostrou a porta da rua.

OS EMPRESÁRIOS APENAS GERIAM. ELES DAVAM AOS ARTISTAS DINHEIRO E FAMA. RARAMENTE PARAVAM PARA APRECIAR OU COMPREENDER A MÚSICA QUE VENDIAM. KLEIN NÃO AGIA DESSA MANEIRA, O QUE CHAMOU MUITO A ATENÇÃO DE LENNON

Klein deu de ombros e partiu para o plano B: os Rolling Stones. O empresário do grupo, Andrew Loog Oldham, adorava malandros de iniciativa — principalmente porque aspirava ter o mesmo *status*. Seu filme preferido era *A embriaguez do sucesso*, estrelado por Burt Lancaster e Tony Curtis. Ele adorava a linguagem afiada do filme, as roupas, as traições. Oldham enxergou Klein de forma parecida e ficou encantado.

MCCARTNEY NÃO CONFIAVA NADA EM KLEIN. PARA ELE, EASTMAN ERA MUITO MAIS EXPERIENTE, MUITO MAIS TRANSPARENTE QUE O VIGARISTA DO KLEIN

Segundo Mick Jagger, "Andrew nos apresentou o Klein como uma espécie de gângster, alguém de fora do sistema. Achamos isso muito atraente".

Klein percebeu os sinais e desempenhou seu papel com perfeição. "Andrew gostava de me retratar como um americano misterioso", Klein diria posteriormente. "O Andrew era assim mesmo. Ele simplesmente criou a minha imagem semelhante à de um gângster, dizendo que adoravam essas coisas na Inglaterra."

Klein tinha antecedentes. Quando trabalhou com Sam Cooke e Bobby Darin, ele descobriu direitos autorais não pagos pelas gravadoras pertencentes à máfia e, quando ninguém julgava que isso fosse possível, conseguiu receber todo o dinheiro de volta. Ele também gostava dos britânicos. Além dos Stones, ajudou The Animals, The Kinks, The Dave Clark Five e Donovan. Para Klein, a estrada desembocaria num único lugar: os portões da Beatlelândia.

Derek Taylor o apresentou a Lennon em 1969. O fluxo de dinheiro que jorrava da Apple tinha de ser estancado. Medidas duras se mostravam necessárias. Então, liguem para o casca-grossa do Klein. Uma reunião entre John, Yoko e Allen Klein foi realizada em janeiro, em um elegante hotel londrino. Eles se deram bem. Lennon demonstrou simpatia pelo passado de Klein; a perda da mãe e o tempo passado num orfanato o tocaram. Além disso, Klein fizera sua lição de casa: sabia que o melhor caminho para se chegar ao coração de um compositor é sempre por meio de suas canções.

Klein começou falando para Lennon sobre as letras e canções que adorava. Não músicas óbvias que qualquer zé-mané poderia ter ouvido, mas músicas pouco conhecidas e mencionadas. O ego de Lennon se inflou. Klein pode ter sido um empresário duro, mas também gostava de música — e naquela época as duas coisas não eram compatíveis. Os empresários apenas geriam. Eles davam aos artistas dinheiro e fama. Raramente paravam para apreciar ou compreender a música que vendiam. Klein não agia dessa maneira, o que chamou muito a atenção de Lennon.

No dia seguinte, Lennon contou ao grupo que eles tinham um novo empresário. "Temos?", questionou McCartney. Há pelo menos um ano, o baixista não estava mais preparado para acompanhar o líder. Era por isso que ele também vinha mexendo seus pauzinhos nos bastidores. Quando a banda assinou um novo contrato com Brian Epstein, na verdade eles foram contratados pela NEMS, empresa de Epstein. Quando Brian morreu, Clive, seu irmão, assumiu os negócios, mas depois de passados meros dois anos na função ele queria se afastar. Clive anunciou a pretensão de vender a NEMS. McCartney telefonou ao sogro pedindo conselhos. Ele mandou Paul comprar a NEMS. Tomar emprestado da EMI o dinheiro necessário e assim se tornar proprietário da empresa que o comandava.

KLEIN EXAMINARIA TODOS OS CONTRATOS ATÉ AQUELA DATA PARA DESCOBRIR SE HAVIA DIREITOS NÃO PAGOS. A EASTMAN CABERIAM OS NOVOS CONTRATOS, DANDO À BANDA, ASSIM, SEGURANÇA NAS DUAS FRENTES

Lennon organizou uma reunião para a banda conhecer Klein na Apple. George e Ringo seguiram o líder e optaram por Klein. "Como éramos de Liverpool, preferimos quem tinha a malandragem das ruas", observou George. McCartney não confiava nada em Klein. Para ele, Eastman era muito mais experiente, muito mais transparente que o vigarista do Klein. A banda tinha outra opinião, assinalando que Eastman tomaria o lado de Paul em todas as negociações.

A gangue se dividiu e linhas de batalha foram traçadas. As coisas chegaram a um ponto crítico durante uma gravação para o disco *Abbey Road*. Era sexta-feira à noite. McCartney chegara mais cedo e estava tocando um instrumento quando o resto do bando apareceu, com Klein a tiracolo, pedindo para o baixista assinar um contrato dando vinte por cento ao novo empresário. Paul se recusou, argumentando que eles eram grandes artistas e que quinze por cento bastavam. De jeito nenhum, vinte por cento, insistiram os outros. Era justo pelo serviço que ele lhes prestaria. McCartney não pegou na caneta naquela noite.

A banda seguiu adiante mesmo assim e mandou que Klein começasse a dar um jeito na Apple. Saíram Ron Kass, Tony Bramwell, Denis O'Dell. Entrou o pessoal de Klein. Um compromisso incômodo também foi acertado. Klein examinaria todos os contratos até aquela data para descobrir se havia direitos não pagos, sua especialidade. A Eastman caberiam os novos contratos, dando à banda, assim, segurança nas duas frentes. Mas não aconteceu dessa forma. Em questão de duas semanas, Eastman e Klein brigaram por causa de documentos importantes. Então, no fim de março, Dick James, diretor da Northern Songs, empresa que detinha o catálogo de Lennon e McCartney, anunciou que venderia sua parte a Sir Lew Grade, da Associated Television.

O lendário produtor Phil Spector, a quem Lennon pediu auxílio para salvar as fitas das sessões de gravação de *Get Back*. McCartney ficou furioso com o tratamento dado por Spector à sua canção "The Long and Winding Road", embora ela tenha recebido um Grammy em 1972.

E assim foi, uma dor de cabeça após a outra, a banda passando dias e mais dias — ah, e como os dias eram longos — em volta da mesa de reuniões da Apple, discutindo dinheiro e gestão, advogados e participações. Eles nunca deveriam ter feito isso, pois eram músicos. Deveriam estar compondo, gravando, se apresentando, coisas que toda banda deve fazer.

Em vez disso, eles passavam o tempo numa atividade complicada demais para eles. Na verdade, os quatro eram muito jovens para compreender as complexidades do mundo monetário que estavam buscando controlar. Eles não tinham cabeça para negócios e dinheiro. Posteriormente, John admitiu: "Nós fomos ingênuos ao deixar outras pessoas se meterem entre nós, mas era o que estava acontecendo mesmo assim".

Verdade seja dita, a coisa toda começou a acontecer no dia em que John conheceu Yoko — foi nesse dia que a gangue começou a desmoronar. Desde então, tudo se resumira a uma agonia longa e dolorosa. Com John batendo perna para promover a paz mundial e obcecado por Yoko, Paul, George e Ringo começaram a trabalhar em álbuns solos. Em abril, McCartney anunciou o iminente lançamento do disco solo *McCartney*. Ele estava furioso. Por meio de Klein, Lennon entregara as faixas das sessões de *Get Back* ao produtor Phil Spector, que as ouviu e produziu o disco *Let It Be*.

ELES ERAM MÚSICOS. DEVERIAM ESTAR COMPONDO, GRAVANDO, SE APRESENTANDO, COISAS QUE TODA BANDA DEVE FAZER. EM VEZ DISSO, PASSAVAM O TEMPO NUMA ATIVIDADE COMPLICADA DEMAIS PARA ELES

Para o desgosto de McCartney, o produtor acrescentou cordas, uma harpa e vocal de apoio feminino numa das grandes composições do roqueiro, "The Long and Winding Road". Lennon apoiou Spector o tempo todo. "As fitas eram tão malfeitas, tão ruins que ninguém se atrevia nem a chegar perto delas. Elas estavam tomando pó havia seis meses e nenhum de nós poderia enfrentar a mixagem. Spector fez um trabalho fantástico."

McCartney enviou uma carta a Klein e a Spector que começava com as seguintes palavras: "No futuro, ninguém terá permissão de acrescentar ou subtrair algo da gravação de uma das minhas canções sem a minha permissão..." A seguir, ele respondeu um questionário fornecido por Derek Taylor, que trazia todas as perguntas da imprensa que acompanhariam o lançamento de seu disco solo. A resposta à pergunta sobre a dissolução dos Beatles foi: "Sim, nós não tocaremos juntos novamente".

Assim que a imprensa viu a declaração, os telefones começaram a tocar no mundo inteiro. Em particular, John estava aborrecido. Ele havia posto um ponto-final na banda, então desejava o crédito para si. Era criancice, mas típica da situação então vivida pelos Beatles. George concordou. "Naquele período, um estava puto com o outro por causa de tudo [...]. Ele divulgou aquele comunicado à imprensa, mas todos nós já tínhamos deixado a banda. Foi isso que emputeceu o John [...]. Aquela coisa de: 'Ei, eu já tinha saído e está parecendo que foi ele quem criou isso!'"

No dia 10 de abril de 1970, as manchetes diziam: "Os Beatles se separaram". Não existia mais a gangue e o jogo chegava ao fim. "Eu acreditava piamente – como milhões de outras pessoas – que a amizade existente entre os Beatles seria um salva-vidas para todos nós", declarou Derek Taylor com seu típico discernimento. "Eu acreditava que, se aquelas pessoas fossem felizes entre si [...], valia a pena viver. Porém tínhamos expectativas altas demais em relação a eles." Essas palavras são muito verdadeiras, mas o espírito da gangue continuaria vivo, recusando-se a murchar ou morrer.

PAUL PROCESSA *os Beatles*

DATA 18 de fevereiro de 1971, Tribunal Superior de Justiça, Londres

Durante a vida inteira, Paul se lembrou do pedido da mãe para que ele melhorasse continuamente. Ele sempre seguiu essa ordem e, agindo assim, colaborou para que os Beatles se tornassem a banda maravilhosa e mágica que eram. Contudo, após a separação, ele abandonou as súplicas da mãe e seguiu o caminho oposto — na verdade, tornou-se pior. O roqueiro buscou o esquecimento na bebida e em tudo em que pudesse colocar as mãos.

Conviver com Paul se tornou tamanho pesadelo que mais tarde ele se viu obrigado a compor "Maybe I'm Amazed" — música tão boa quanto qualquer coisa feita por ele nos Beatles — para a irritada esposa, Linda, como pedido de desculpas por seu comportamento. Depois ele compôs "Every Night", na qual detalhava a bebedeira — igualmente uma canção maravilhosa.

Por que o mau comportamento? Porque Paul McCartney não era mais um Beatle e esse fato o devorava por dentro. Ele acreditava que, por piores que as coisas ficassem, nunca existiria um mundo sem os Beatles, pois essa fora a promessa da gangue. Independentemente de tudo, eles ficariam juntos para todo o sempre, amém. É por isso que nos últimos anos ele os convencia a fazer filmes e discos, além de pedir para entrarem num furgãozinho e, sob a alcunha Rikki and The Red Streaks (nome tirado de um de seus menores rivais nos tempos do Cavern), cair na estrada para tocar em salões de vilarejos. Tudo em vão.

A gangue simplesmente não estava mais interessada em ser uma gangue, e isso o machucava muito. McCartney tinha raiva e se sentia horrivelmente traído. "Isso é que é trauma!", ele exclamou. "Não apenas os Beatles se separaram [...] meus amigos do peito de tantos anos viraram meus piores inimigos da noite para o dia. Fiz parte desse grupo desde criança [...] essa foi minha escola, minha família, minha vida..."

Ele ainda não sabia que o que não mata fortalece. Somente mais tarde McCartney entenderia a lição. Na época ele se mostrou inconsolável. Ou ficava deitado, ou agarrado à garrafa, ou ambas as coisas. Isso não era nada típico de Paul. Ele era o Beatle forte, o Beatle com ímpeto, com ambição. As palavras de sua mãe foram um mantra constante em sua vida — "aprimore-se, filho, aprimore-se". Agora ele vivia preguiçoso, indolente e muitas vezes bêbado. Tudo o que lhe parecia seguro, aquilo em que ele confiava cegamente, fora removido, lançando-o em queda livre. Pela primeira vez na vida, seu talento não era exigido. Para McCartney, isso foi um grande choque. Um mero ano atrás, ele tinha propósito na vida. Ele era um Beatle. Agora havia apenas um vazio. Linda fazia o possível para consolá-lo e incentivá-lo, mas suas súplicas caíam em ouvidos moucos. Tudo que lhe restava era o dinheiro.

McCartney sempre sentiu orgulho de sua riqueza. Os compositores costumam medir o talento pelo dinheiro e pelas vendas — e nesse aspecto o baixista tinha todo o direito de se sentir bem. E agora Allen Klein estava prestes a embolsar uma grande parcela desse dinheiro. Que se dane a gangue, ele não deixaria isso acontecer sem lutar.

Em 1971, Paul McCartney processou os Beatles. Ele desejava a dissolução da banda para que Klein perdesse sua base de poder. Os outros três se voltaram contra ele. McCartney fez três acusações: Klein tentou atrasar o lançamento de seu álbum solo, *McCartney*; suas canções no disco *Let It Be* foram alteradas sem seu consentimento; e o empresário transferira os direitos do filme *Let It Be* (lançado em maio de 1970) da Apple para a United Artists.

Os outros integrantes não compareciam ao tribunal, mas McCartney sim. E, quando Allen Klein entrava, Paul virava a cara numa expressão de nojo. A ação se concentrou na capacidade de Klein de gerenciar os Beatles. Para provar que ele não pensava nos melhores interesses do grupo, os advogados de Paul examinaram milhares de documentos. E foi bom eles terem agido assim, porque numa pasta havia um cheque da Capitol Records, a gravadora dos Beatles nos Estados Unidos, mostrando que o empresário abocanhava uma porcentagem muito maior do que deveria — nesse caso, meio milhão de libras esterlinas. O juiz decidiu a favor de McCartney.

MCCARTNEY DESEJAVA A DISSOLUÇÃO DA BANDA PARA QUE KLEIN PERDESSE SUA BASE DE PODER. OS OUTROS TRÊS SE VOLTARAM CONTRA ELE

Qual foi a reação de John? Ele gravou "How Do You Sleep?", chegando a ofender violentamente o antigo parceiro numa das gravações da canção. Ao ouvi-la, Paul manteve o controle. Ele conhecia John de trás para frente e sabia que ele sempre falava o que pensava. Naquele momento, John o odiava. Mas Paul sabia que no dia seguinte o guitarrista poderia amá-lo de novo.

Passados dois anos, McCartney começou a mandar sinais de paz e, é claro, Lennon o fez passar por poucas e boas. "Na verdade, eu costumava fazer telefonemas que me assustavam...", Paul contaria. "Enfrentei um período em que ficava tão nervoso ao ligar para ele e tão inseguro que eu me sentia o errado."

Em 1974, especulou-se a possibilidade de uma reunião dos Beatles, tanto da parte de Lennon quanto da de McCartney. Paul tocou com John em Los Angeles e John sugeriu que iria visitá-lo em New Orleans. Mas John não o visitou. Yoko telefonou e ele saiu correndo para Nova York.

Por sua vez, McCartney se sentia eufórico por novamente gravitar ao redor de Lennon, então começou a passar no Edifício Dakota sempre que podia. Uma noite, enquanto os dois assistiam ao programa humorístico *Saturday Night Live* na televisão, a notícia de que os Beatles haviam recebido uma oferta de 230 milhões de dólares para se reagrupar em Nova York serviu de base para um esquete. O apresentador falou que lhes daria três mil dólares. Os dois se olharam com a mesma ideia. Vamos até lá pegar os três mil? Depois desistiram, enrolaram outro baseado e continuaram vendo televisão.

Nesse período, Paul McCartney havia retomado aquilo que fazia de melhor: músicas de sucesso. Sua banda Wings finalmente se tornara um grande sucesso, principalmente com o LP *Band on the Run*, com o qual Paul conquistou novamente seu lugar sob os holofotes — de onde não saiu até hoje. Após os Wings, ele lançou álbuns solo com êxito e se envolveu em muitas outras áreas de expressão. Ele compôs oratórios. Fez músicas para filmes e bancou o diretor. Escreveu poesia e livros infantis. Fez álbuns experimentais de vanguarda usando pseudônimos. Exibiu suas próprias pinturas — área adotada somente em 1983. Abriu uma escola de artes em Liverpool e foi consagrado cavaleiro. Viveu uma vida cheia de aventuras criativas e honra. Ainda assim, durante entrevista para divulgar um balé cuja música havia composto, ele admitiu que toda sua arte seria julgada pelo trabalho nos Beatles; aquele era o padrão de excelência.

Quanto a John, embora Paul ainda tentasse competir com ele — até mesmo após sua morte —, McCartney provavelmente fez o melhor resumo dessa relação numa entrevista à revista *Playboy*, em 1984. Indagado sobre o homem a quem mostrara os acordes de "Twenty Flight Rock" tantos anos atrás numa festa da igreja de Woolton, a mente de McCartney se fixou de imediato em um incidente em particular. O fato se deu em março de 1965, quando a banda estava filmando *Help!* na Áustria. John e Paul dividiram um chalé e se preparavam para o jantar após rodarem as cenas do dia. Enquanto se vestiam, Paul pôs a fita com as novas canções compostas por eles para o próximo disco. Três músicas eram de Paul, três de John. No final da fita, melancolicamente John falou: "Acho que gostei mais das suas do que das minhas".

Paul não conseguia acreditar no que acabara de ouvir. John raramente elogiava os colegas da banda. Em primeiro lugar, um líder sabe que o silêncio não deixa seus seguidores relaxarem. Em segundo, John sempre considerara atos mais importantes que palavras, por isso elogios não eram necessários. O fato de ter ido contra sua natureza e casualmente dado a Paul a validação buscada por tantos anos era algo que o baixista nunca esqueceria.

John Lennon é ASSASSINADO

DATA 8 de dezembro de 1980, Edifício Dakota, Nova York

Durante seus últimos anos neste mundo, John Ono Lennon finalmente encarou os traumas e as tragédias que definiram sua personalidade, expiou seus pecados e começou a encontrar serenidade em relação a quem era, o que fizera e aonde iria. Isso na visão de algumas pessoas. Para outras, é justamente o contrário — elas acreditam que ele foi uma confusão ambulante até o dia de sua morte, se sentindo infeliz, irrealizado e descontando suas frustrações em Yoko e no filho Julian. Como em todos os casos, a verdade deve estar em algum lugar entre esses dois extremos.

Seu talento não diminuiu. Canções maravilhosas, como "Beautiful Boy" e "Woman", não deixam a menor dúvida disso. Porém, como Lennon havia se isolado no fim da década de 70, a especulação sobre sua vida só aumentou.

O argumento em defesa dele foi lançado pelo próprio Lennon. Numa série de longas entrevistas à época de seu último disco, *Double Fantasy*, ele alegou que estava em casa "assando pão e cuidando do bebê", tendo identificado e destruído os demônios do passado. Ele se livrara das tendências machistas e via Yoko como uma parceira no mesmo nível da relação que mantivera com McCartney.

O argumento contra Lennon foi providenciado pela biografia *The Lives of John Lennon*, de Albert Goldman, lançada em 1988, a qual examinava o roqueiro com uma atitude feroz. Além de desenterrar todos os tipos de eventos negativos de sua vida – incluindo um suposto quase estupro envolvendo o guitarrista e uma fã antes de um show –, o capítulo de abertura sobre a vida de John no Edifício Dakota retratava um homem praticamente sem propósito na vida, subjugado pela esposa, incapaz de dar um passo sem a ajuda de uma leitura de tarô e incapaz de buscar uma saída de sua infelicidade e torpor.

QUANDO ELE DESCEU DO CARRO, UM JOVEM ARMADO O ESPERAVA. ESTE CHAMOU SEU NOME E O MUNDO PAROU ENQUANTO MARK DAVID CHAPMAN ATIRAVA EM JOHN LENNON

John Lennon com o fã Paul Goresh, em fotografia tirada no dia da morte do músico. Goresh também fotografou Lennon autografando um exemplar do álbum *Double Fantasy* para Mark Chapman.

Uma coisa que sabemos sobre os últimos pensamentos de Lennon neste mundo é que eles não foram voltados para si, mas para o filho de 5 anos. John e Yoko estavam na limusine voltando do estúdio quando ela sugeriu que fossem jantar. John disse que preferia voltar para casa e dar boa-noite a Sean antes que ele fosse dormir.

Quando ele desceu do carro, um jovem armado o esperava. Este chamou seu nome e o mundo parou enquanto Mark David Chapman atirava em John Lennon, deixava a arma cair e esperava.

Lennon permaneceu consciente por cerca de trinta minutos, então faleceu no hospital para o qual fora levado às pressas. Os colegas de banda ficaram completamente devastados. Dois deles, George e Ringo, não conseguiam falar com ninguém, exceto com os familiares mais próximos. Paul conseguiu soltar um comunicado no qual afirmou: "Eu não consigo aceitar. John era um grande sujeito. O mundo inteiro sentirá sua falta".

Chapman declarou à polícia que matara John Lennon obedecendo à voz em sua cabeça e por considerar o artista um impostor. O conceito de impostor foi absorvido pelo assassino em meio à sua obsessão crescente pelo livro *O apanhador no campo de centeio*, de J. D. Salinger, de 1951. O personagem principal, Holden Caulfield, passa boa parte do tempo maldizendo aqueles que ele considerava impostores. Chapman se sentia da mesma maneira em relação a Lennon. Como ele podia cantar sobre imaginar não ter dinheiro quando dispunha de tanta grana guardada? Isso fazia dele um mentiroso, um impostor, por isso Lennon devia pagar. Por esse raciocínio, Chapman se torna um pouco mais humano em suas ações. É triste constatar que, quando humanos não gostam de uma mensagem, eles muitas vezes atacam seu portador. Chapman literalmente matou o mensageiro.

Após deixar os Beatles, Lennon começou a dar muitos recados. Nos primeiros anos depois da saída da banda, ele se envolveu com políticos radicais, se encontrou com os Panteras Negras e personalidades como Michael X, se mudou para os Estados Unidos, atacou a discriminação, promoveu programas de paz e até encarou a terapia do grito primal para se livrar dos demônios da infância.

DE TODAS AS CURAS TENTADAS PARA ENCONTRAR A FELICIDADE, PARECE QUE O AMOR – O AMOR DO PAI PELO FILHO, O AMOR POR YOKO – DEU A LENNON MAIOR CONSOLO

A estabilidade emocional de Lennon era variável. E o mesmo se dava com sua presença nas paradas. O álbum solo de estreia, *John Lennon/Plastic Ono Band*, era de longe sua obra mais perene sem os Beatles, um mergulho intenso em sua alma, um grito angustiante de dor e amargura numa conclusão lógica de seu trabalho anterior.

Ele teve um compacto em primeiro lugar com *Whatever Gets You Thru the Night*, mas viu o álbum duplo *Some Time in New York City* ser criticado sem dó nem piedade. Ele trabalhou com David Bowie e Elton John, mas continuou mantendo contato com a Beatlelândia. Deu a Ringo a canção "I Am the Greatest" para um disco solo, e George tocou guitarra no ataque brutal a Paul em "How Do You Sleep?".

Dois anos depois dessa canção, Lennon mudou de sentimento em relação ao homem com quem compartilhara tanta coisa e então a amizade foi retomada. Em 1974, ele começou a produzir o LP *Pussy Cats*, de Harry Nilsson, um músico talentoso e grande parceiro de bebedeiras. No dia 31 de março, Paul e Linda McCartney apareceram numa sessão na casa de praia de Lennon em Los Angeles e fizeram um som com ele, Stevie Wonder, Harry Nilsson, Jesse Ed Davis e Bobby Keys. Parece maravilhoso, mas não foi nada disso, como um disco pirata da sessão pode comprovar. O título do disco é *A Toot and a Snore* (literalmente, "uma carreira de cocaína e uma cafungada"). Não é preciso dizer mais nada. No aniversário de 35 anos de John, Yoko deu à luz Sean, e ele assumiu um papel muito maior como pai do que fizera com Julian. No mesmo ano, o roqueiro também recebeu permissão para viver nos Estados Unidos depois de uma longa e amarga batalha com as autoridades. Ao pendurar temporariamente a guitarra, ele se manteve afastado dos holofotes, da política, e ficou em casa.

O MUNDO LAMENTOU TERRIVELMENTE SUA MORTE. COMO MUITOS ASSINALARAM, INDEPENDENTEMENTE DE SUA POSIÇÃO POLÍTICA, O COMPROMETIMENTO DE LENNON, AO CONTRÁRIO DE MUITOS ASTROS DA MÚSICA POP, NUNCA PODERIA SER QUESTIONADO

De todas as curas tentadas para encontrar a felicidade, parece que o amor — o amor do pai pelo filho, o amor por Yoko — deu a Lennon maior consolo. Em 1979, ele e Yoko começaram a trabalhar num álbum intitulado *Double Fantasy*. John não possuía mais o apetite de brigar com os contemporâneos pelo primeiro lugar nas paradas. Se ele conseguisse, ótimo; se não, grande coisa. Lennon tinha interesses maiores agora.

E então ele conheceu Mark Chapman. Assim como a de Lennon, a infância de Chapman foi problemática. O pai fora violento tanto com ele quanto com a mãe. Ele era perseguido na escola. Os Beatles surgiram e o salvaram. Chapman se perdeu na música da banda. Aos 14 anos, ele se vestia como Lennon, imitando o homem que um dia viria a matar.

A paixão não durou muito. Chapman abandonou o rock'n'roll e abraçou Jesus. Ele trabalhou com crianças numa colônia de férias e ganhou um prêmio dos empregadores. Ele paquerava uma garota a quem rapidamente passou a amar, mas ela o dispensou e Chapman então tentou o suicídio. Internado num hospital psiquiátrico, ele passava o tempo fazendo serenatas para os outros pacientes, tocando no violão músicas dos Beatles.

Um ano depois, ele pegou suas economias e fez uma viagem de volta ao mundo em seis semanas. O rapaz visitou o Extremo Oriente, a Índia e a Europa. Quando voltou aos Estados Unidos, conheceu a nipo-americana Gloria Abe e logo os dois se casaram. Ele então começou a usar drogas e a ouvir vozes dentro da cabeça.

O plano de Chapman de matar alguém famoso logo foi delineado, e — dizem — várias celebridades fizeram parte de sua lista.

Para tomar a decisão, ele teria ido à seção de biografias da biblioteca local, fechado os olhos e escolhido ao acaso um livro da prateleira. Seja lá quem fosse a pessoa biografada, ele iria matá-la. O livro selecionado era sobre John Lennon.

A PERSONALIDADE DE JOHN LENNON, SUAS MUDANÇAS DE HUMOR, SUAS OBSESSÕES E, ACIMA DE TUDO, SUA OUSADIA ARTÍSTICA FORAM O QUE IMPULSIONOU OS BEATLES, E AINDA HOJE CONTINUAM FASCINANDO

O mundo lamentou terrivelmente sua morte. Como muitos assinalaram, independentemente de sua posição política, o comprometimento de Lennon, ao contrário de muitos astros da música pop, nunca poderia ser questionado. "Eu vou dizer uma coisa que ninguém deve esquecer sobre John Lennon", afirmou o comentarista esportivo norte-americano Howard Cosell. "Ele nunca foi hipócrita em relação a qualquer coisa que tenha feito, dito ou acreditado [...]. Ele era um homem de convicção e comprometimento. Eu me orgulho de tê-lo conhecido."

Desde sua morte, a relevância de Lennon só faz crescer e crescer. Há um aeroporto batizado com seu nome em Liverpool, estátuas suas foram erigidas, pesquisas continuam a indicá-lo como um grande ícone e os discos dos Beatles ainda vendem milhões. O homem que um dia descambou para a violência, que frequentou boates em áreas barras-pesadas de Liverpool observando com mórbido prazer enquanto os teddy boys se atacavam violentamente, que riu abertamente quando os pontos de Tommy Moore se abriram no palco e sangue começou a escorrer para todos os lados, que deu um soco no rosto da namorada, que nas brigas chutava a cabeça dos frequentadores dos bares de Hamburgo, agora era um símbolo da paz mundial.

A personalidade de John Lennon, suas mudanças de humor, suas obsessões e, acima de tudo, sua ousadia artística foram o que impulsionou os Beatles, e ainda hoje continuam fascinando. Esse é um dos motivos pelos quais ele permanece tão popular, por isso é correto e adequado nos voltarmos para ele a fim de buscar o esclarecimento final sobre essa questão. Lennon um dia cantou: "Everybody loves you when you're six foot in the ground" ("Todo mundo te ama quando você está a sete palmos do chão").

Três Beatles sobem ao palco no

CASAMENTO DE RINGO

DATA 27 de abril de 1981, Rags Club, Mayfair, Londres

Inacreditavelmente, depois da separação e dispersão da gangue, Ringo se mostrou mais ocupado que George e quase tão ocupado quanto Paul. No ano do rompimento da banda — 1970 —, Ringo gravou dois álbuns: *Sentimental Journey* e *Beaucoup of Blues*. No primeiro, grandes nomes ajudaram — Paul McCartney, Quincy Jones, George Martin e Maurice Gibb — e no segundo ele se entregou aos instintos country-and-western exibidos em "Don't Pass Me By", composição da época dos Beatles.

Ele teve dois compactos de sucesso com *It Don't Come Easy* e *Back off Boogaloo* no Reino Unido e tocou no álbum minimalista de estreia de Lennon, *John Lennon/Plastic Ono Band*. Esse gesto mostra quanto ele era apreciado por John. O som desse disco é melancólico, e a bateria tinha de ser exata para a música funcionar.

George Harrison era igualmente persuasivo — ele convidou Ringo para tocar no aclamado álbum *All Things Must Pass*. Depois Ringo tocou com George num concerto em prol de Bangladesh e ficou amigo de Marc Bolan, dirigindo um documentário sobre a banda deste, T. Rex, chamado *Born to Boogie*. Ele também abriu uma empresa de móveis. O terceiro disco solo, *Ringo*, trouxe os outros três Beatles (a gangue lhe devia) em faixas diferentes e lhe deu compactos em primeiro lugar nos Estados Unidos, com *Photograph*, coautoria com George Harrison, e sua versão de *You're Sixteen*. O disco seguinte, *Goodnight Vienna*, gerou mais três compactos de sucesso, e o baterista começou a namorar a cantora e compositora Lynsey De Paul após se divorciar de Maureen, em 1975. Enquanto ainda era casada com Ringo, Maureen teve um caso com George Harrison. Bizarramente, George informara Ringo de suas intenções. Isso certamente não ajudou no relacionamento entre Ringo e Maureen.

MAIS TARDE, NA RECEPÇÃO, OS TRÊS SUBIRAM AO PALCO E TOCARAM JUNTOS, PAUL AO PIANO, GEORGE AO VIOLÃO E RINGO NAS COLHERES. "FANTÁSTICO", DISSE UM CONVIDADO

No fim da década de 70, a carreira começou a vacilar. Ringo reagiu abrindo o próprio selo fonográfico, Ring O'Records, que lançou álbuns de gente como Rab Noakes e David Hentschel. Eles se saíram tão bem quanto os nomes sugerem.

A CIDADE RETRIBUIU NA MESMA MOEDA. UM PARQUE COM TOPIARIA DA BANDA FOI ATACADO, E A CABEÇA DE RINGO FOI CORTADA

No começo dos anos 80, Ringo ensaiou uma espécie de regresso. O disco *Stop and Smell the Roses* foi sucesso de crítica. Posteriormente, ele revelou que iria gravar duas composições de Lennon para o projeto, "Nobody Knows" e "Life Begins at 40", mas recuou após o assassinato do querido amigo. O LP não vendeu bem, mas quaisquer temores financeiros foram logo dissipados quando, em meados da década, ele começou a narrar o incrivelmente popular programa de TV infantil *Thomas e seus amigos*. A voz lúgubre era a ferramenta perfeita para encantar crianças do mundo inteiro.

A essa altura, Ringo já estava casado com a atriz e modelo Barbara Bach (ironicamente, ela estampava a capa da revista *Playboy* que continha uma das últimas grandes entrevistas de Lennon), que ele conhecera durante as filmagens de *O homem das cavernas*, em 1980. O baterista e a modelo se deram bem de imediato e se casaram um ano depois, em 27 de abril de 1981. Paul e George compareceram com as esposas e posaram para fotografias — pela primeira vez desde a sessão fotográfica em Tittenhurst Park, doze anos antes. Mais tarde, na recepção, os três subiram ao palco e tocaram juntos, Paul ao piano, George ao violão e Ringo nas colheres. "Fantástico", disse um convidado. O mundo observava morrendo de inveja.

Em 1988, o casal se internou numa clínica de desintoxicação para lutar contra o alcoolismo. Desde então, ambos estão sóbrios. No ano seguinte, Ringo apresentou seu novo grupo: Ringo Starr & His All-Starr Band. Em seu caso, ele demorara todo esse tempo para superar o fim da gangue e fundar outro grupo. Não que a gangue tivesse realmente acabado...

Em 1997, Paul telefonou para Ringo e o convidou para ir a Londres tocar bateria em algumas faixas de seu novo disco, *Flaming Pie*. O álbum continha uma canção composta por Paul sobre Maureen, ex-mulher de Ringo, chamada "Little Willow". Maureen morrera de leucemia em 1994. Ela e Ringo se separaram mais ou menos na mesma época dos Beatles, e posteriormente se soube que o baterista não fora o melhor marido do mundo. Tempos depois, ele mesmo se definiria como "um bêbado, espancador de esposa e um pai ausente". Não se tratava do Ringo despreocupado que fazia as pessoas sorrirem. Porém o amor permaneceu. Ringo estava presente na noite em que Maureen faleceu, bem como os filhos do casal, Zak e Jason, e a filha Lee.

Na sessão de "Little Willow", Paul disse que precisava de bateria em outra canção, "Beautiful Night". Ringo não foi embora, e numa noite os dois ficaram tirando um som no estúdio, e assim nasceu uma terceira canção, "Really Love You". Pela primeira vez, o crédito de composição McCartney/Starkey era visto num álbum.

Ringo manteve a carreira musical associando-se ao compositor Mark Hudson. Durante nove anos, a dupla trabalhou produzindo vários discos, embora com pouca presença nas paradas.

DESDE GAROTO, RINGO STARR QUERIA INTEGRAR UMA BANDA. AINDA HOJE ESSA VONTADE CONTINUA. O FATO DE TER TOCADO NO GRUPO MAIS EXTRAORDINÁRIO DA HISTÓRIA NÃO DIMINUIU NEM UM POUQUINHO ESSE DESEJO

Hudson e Starr se separaram em 2008, ano que não será lembrado com carinho pelo baterista, pois foi quando ele deu dois tiros no próprio pé. Depois de ajudar com as comemorações que marcavam o novo status de Liverpool como Capital Europeia da Cultura, na semana seguinte Ringo participou do programa muito popular *Jonathan Ross Show*. O apresentador perguntou ao roqueiro sobre a cidade e Ringo afirmou que não havia nada que lhe despertasse interesse por lá. Provavelmente não era a melhor coisa a ser dita durante a promoção do novo álbum, batizado por ele de *Liverpool 8* por causa de seu distrito de origem.

A cidade retribuiu na mesma moeda. Um parque com topiaria (arte de modelar plantas em diversas configurações) da banda foi atacado, e a cabeça de Ringo foi cortada. Era a segunda vez que a figura do baterista sofria agressão. No mesmo ano, ele também anunciara que deixaria de dar autógrafos. Parecia um ato petulante e impróprio para um homem cuja imagem pública fora moldada na arte da diversão e da positividade. Ele também lamentava o fato de os Beatles dominarem qualquer entrevista concedida por ele.

O baterista e artista solo Ringo Starr continua fazendo turnês, feito notável para um septuagenário. Ele está montado numa fortuna enorme, agora que todas as questões financeiras envolvendo os Beatles foram resolvidas de forma positiva. Porém ele ainda persiste. O motivo é bastante simples: desde garoto, Ringo Starr queria integrar uma banda. Ainda hoje essa vontade continua. O fato de ter tocado no grupo mais extraordinário da história não diminuiu nem um pouquinho esse desejo.

ANTHOLOGY:
os Beatles se reúnem

DATA Fevereiro de 1995, estúdio de Paul McCartney, West Sussex

De repente eles estavam na moda. Depois de anos de abandono e esquecimento, os Beatles ganharam vida novamente. Dois elementos se uniram para produzir esse interesse renovado. Na imprensa musical, revistas como *Mojo*, *The Word* e *Uncut* surgiram para atender um público mais velho e amante de música, criado ao som de bandas como os Fab Four. O sucesso dessas publicações estava na capacidade de examinar o passado como se fosse o presente. Sem mais nem menos, os Beatles voltaram a ocupar as capas, igualzinho aos velhos tempos.

Ao mesmo tempo, nascia uma nova geração de bandas, que traziam nomes como Oasis e Ocean Colour Scene, e pareciam ter seguido caminhos similares. Elas rejeitavam a música de sua adolescência — ou seja, jogavam fora quase toda a década de 80, com exceção de grupos como The Stone Roses, Happy Mondays e The Smiths — para mergulhar nos anos 60 em busca de inspiração. Nela encontraram as maravilhas dos Beatles à sua espera.

O Oasis em particular era bastante ruidoso em relação aos Fab Four, terminando os shows com uma versão de dez minutos de duração de "I Am the Walrus". Liam Gallagher, o vocalista principal, vivia falando em estar "lennonizado"; já o irmão Noel, o compositor, costumava inserir pequenas frases descaradas e trechos de músicas dos Beatles em canções, tal como "Don't Look Back in Anger".

Ao mesmo tempo em que acontecia esse renascimento, os Beatles começaram a se aproximar novamente. Logo se falou em retomar uma ideia apresentada por Paul McCartney (como sempre) anos atrás. Quando começou, cada vez mais, a ter a impressão de que o futuro estava chegando ao fim em 1969, McCartney deu instruções para Neil Aspinall juntar o máximo possível de imagens do quarteto nas quais ele conseguisse pôr as mãos.

A INSTRUÇÃO PARA OS BEATLES REMANESCENTES ERA VASCULHAR SUA COLEÇÃO PARTICULAR EM BUSCA DE IMAGENS. A AÇÃO TAMBÉM CONTOU COM O ACORDO DE OS TRÊS SEREM ENTREVISTADOS

Foi assim que nasceu a ideia do documentário intitulado *The Long and Winding Road*. O projeto entrou em operação em 1992. Inicialmente, a instrução para os três Beatles remanescentes era vasculhar sua coleção particular em busca de imagens. A ação também contou com o acordo de os três serem entrevistados, em conjunto e em separado.

O ÚNICO BEATLE QUE SEMPRE TRATARA OS PROJETOS COM ESCÁRNIO FORA GEORGE. CONTUDO, A PIORA DE SUA SITUAÇÃO FINANCEIRA SIGNIFICAVA QUE ELE TERIA DE MORDER A LÍNGUA E ARREGAÇAR AS MANGAS

O único Beatle que sempre tratara tais projetos com escárnio fora George. Contudo, a piora de sua situação financeira significava que ele teria de morder a língua e arregaçar as mangas. Pura e simplesmente, o Beatle espiritual necessitava desesperadamente de dinheiro. Sua única condição era que o documentário não fosse batizado com o nome de uma canção de McCartney.

Assim começou a ser produzido *The Beatles Anthology*, uma série para TV com dez episódios cobrindo a vida da banda. Enquanto isso, George Martin foi despachado aos cofres-fortes para começar a compilar álbuns para acompanhar a série. Martin informou que nenhum dos materiais inéditos era adequado ao lançamento, mas existiam versões interessantes de músicas da carreira inteira da banda em número suficiente para preencher pelo menos três discos. Enquanto isso, Derek Taylor, o antigo assessor de imprensa, ficou encarregado de esquadrinhar todas as entrevistas escritas ou gravadas concedidas pelo grupo para criar uma enorme nova biografia, com imagens e novas entrevistas.

Em algum momento foi sugerido que os Beatles remanescentes compusessem música instrumental para a série. Para a surpresa de muitos, o grupo aceitou o encargo. Paul telefonou para Yoko. A dor provocada pela morte horrenda de John os aproximara. Depois disso, ele compusera uma canção muito emotiva sobre o antigo parceiro chamada "Here Today", presente no disco de 1982, *Tug of War*. Paul contou a Yoko o que estava sendo planejado, porém, enquanto falava, dúvidas surgiram em sua mente. O mundo precisava mesmo de uma nova gravação dos Beatles com apenas três deles? Isso não trairia o *éthos* criado por eles na juventude de "um por todos e todos por um"? Seria possível então incluir John de alguma maneira? "Falei com Yoko sobre o assunto e ela disse que tinha essas três faixas..."

No dia 19 de janeiro de 1993, durante a cerimônia de integração dos Beatles ao Hall da Fama do Rock dos Estados Unidos, Yoko entregou a Paul uma fita com três canções das quais John fizera demos, uma delas chamada "Free as a Bird". Um mês depois, a banda, acompanhada por Jeff Lynne no papel de produtor (Harrison e Starr insistiram no envolvimento dele), se pôs a trabalhar. As tensões brotaram rapidamente. A natureza inacabada da gravação demo de Lennon se prestava a todos os tipos de desenvolvimentos musicais. Para McCartney, tratava-se de uma canção ao estilo de Gershwin da década de 40. Para Harrison e Starr, não era nada disso.

O MUNDO PRECISAVA MESMO DE UMA NOVA GRAVAÇÃO DOS BEATLES COM APENAS TRÊS DELES? ISSO NÃO TRAIRIA O *ÉTHOS* CRIADO POR ELES NA JUVENTUDE DE "UM POR TODOS E TODOS POR UM"? SERIA POSSÍVEL ENTÃO INCLUIR JOHN DE ALGUMA MANEIRA?

No fim das contas, eles a tocaram como era, disfarçando a natureza precária da fita com harmonias e guitarras sublimes. As demos de Lennon foram processadas digitalmente, e os três Beatles foram sobrepostos para criar uma reunião virtual dos quatro músicos. Durante o resto do ano, eles trabalharam na série televisiva *Anthology*, e em fevereiro seguinte se reuniram para tentar gravar a segunda canção de John, "Real Love". Essa sessão, além de outras realizadas em março e maio, não produziu nada digno. Caracteristicamente, George Harrison, espirituoso como sempre, afirmou que o tempo passado em grupo "foi como estar de novo nos Beatles". Não se tratava de um elogio.

Por fim, o compacto, o álbum, o livro e a série de TV estavam prontos. Demorou três anos. No lançamento, o disco *Anthology 1* (contendo as gravações mais antigas do grupo) e "Free as a Bird" chegaram ao primeiro e ao segundo lugar nas paradas, respectivamente. O álbum terminou vendendo milhões, alcançando o primeiro lugar nos Estados Unidos e em vários outros países. A série de televisão foi um enorme sucesso comercial.

Era como nos velhos tempos, e por um período parecia a volta da beatlemania. Para acompanhar *Anthology 2*, "Real Love" foi lançada, e novamente tanto o álbum quanto o compacto subiram alto nas paradas de sucesso. Apesar disso, McCartney foi incapaz de convencer George e Ringo a gravarem um terceiro compacto para acompanhar *Anthology 3*. Logo após o lançamento desse último álbum, a banda anunciou que nunca mais trabalharia junta novamente. A reunião dos Beatles terminara de vez.

A MORTE *de George Harrison*

DATA 29 de novembro de 2001, Hollywood Hills, Los Angeles

Quando a faca afundou em seu peito, George Harrison sentiu sangue esguichar no fundo da garganta e ouviu ar escapando dos pulmões. Naquela hora, o único pensamento era o de que ele estava prestes a morrer, exatamente como o amigo John, nas mãos de um assassino. Segundo relatos, porém, George foi salvo quando a esposa, Olivia, bateu com um abajur na cabeça do agressor, deixando-o inconsciente. Segundo relatos posteriores, George levara uma facada no peito, mas não havia outros ferimentos.

Essa foi a história divulgada em 30 de dezembro de 1999. Entretanto, não era totalmente verdade, assegurou Charlie Watts, o baterista dos Rolling Stones. Segundo alegou, ele teria conversado com Ringo e, de acordo com este, o ataque havia durado dez minutos e George sofrera quarenta ferimentos pelo corpo. Apesar de Olivia ter batido repetidas vezes na cabeça do agressor, ele se recusava a cair e, feito um maníaco, continuava golpeando o guitarrista. "O cara furou onde pôde", revelou Watts. "A esposa do George acertou diversas vezes a cabeça do cara com um abajur de latão, mas ele não parava. Havia sangue por toda parte."

O agressor, Michael Abram, era um perturbado ex-viciado em heroína de Liverpool que chegara a ser internado numa unidade psiquiátrica. Segundo sua mãe, recentemente ele havia se tornado obcecado pela música dos Beatles e então se determinou a ferir um deles. "Ele ficava passando pelos bares gritando sobre os Beatles. Começou a andar com um walkman para ouvir música e parar de escutar as vozes dentro de sua cabeça. Ele falava mais sobre Paul McCartney do que sobre George Harrison."

COMO SERIA ESPERADO, O ATAQUE TRAUMATIZOU SEVERAMENTE GEORGE E OLIVIA. PARTE DO PULMÃO DE HARRISON TEVE DE SER REMOVIDA, E NOS MESES SEGUINTES ELE ERA A SOMBRA DE UM HOMEM

Por ser muito grande, a casa de George era acessível. Segundo moradores das redondezas, os adolescentes da região costumavam pular o muro para contemplar os jardins incríveis criados pelo músico e sua família. De acordo com um dos jardineiros, ao redor da residência existiam lugares pelos quais seria possível entrar facilmente sem ser detectado. A segurança era fraca, não havia guardas nem cães rondando a propriedade.

HARRISON NÃO SOFREU O TRAUMA VIVENCIADO POR MCCARTNEY AO DEIXAR A BANDA. NA VERDADE, ELE SE SENTIA FELIZ E ALIVIADO COM A SEPARAÇÃO

Na noite em que Abram entrou na casa, ele estourou uma janela. Foi isso que alertou Harrison quanto a um intruso na casa, e não o sistema de alarme, que não disparou. O guitarrista mandou Olivia telefonar para o jardineiro que vivia na propriedade e depois desceu as escadas, vestindo apenas as calças do pijama, para confrontar o invasor. Foi então que Abram enfiou a faca no peito de Harrison.

Quando a polícia chegou, encontrou Olivia cuidando de George e Abram zanzando por ali num estado de confusão e espanto. Para atenuar a gravidade dos fatos, Harrison divulgou um comunicado dizendo que Abram "não era um ladrão nem viera fazer um teste para os Traveling Wilburys" — referência ao supergrupo que o roqueiro ajudara a formar no fim da década de 80.

Como seria esperado, o ataque traumatizou severamente George e Olivia. Parte do pulmão de Harrison teve de ser removida, e nos meses seguintes ele era a sombra de um homem. O guitarrista ficava horas sentado à mesa da cozinha repassando os eventos daquela noite horrível. Pouco depois aconteceu um golpe igualmente terrível.

Em 1997, surgira um caroço em seu pescoço, mas a questão fora resolvida pelos médicos. George dissera que não havia motivos para preocupação, estava tudo bem. Entretanto, em 2000, os médicos deram o diagnóstico de câncer. Para muitos, o ataque de Abram o deixou tão vulnerável, física e mentalmente, que o retorno da doença era inevitável. E foi justamente o que aconteceu. Enquanto ele tentava aceitar a situação, sua mente deve ter revivido os eventos da vida como ex-Beatle.

Harrison não sofreu o trauma vivenciado por McCartney ao deixar a banda. Na verdade, ele se sentia feliz e aliviado com a separação. O roqueiro estava cansado dos mandos e desmandos de Paul e de não ser levado a sério como compositor.

Tudo isso mudou em 1971, com o lançamento do álbum triplo *All Things Must Pass*. Utilizando todas as canções não gravadas pelos Beatles, além de acrescentar um disco composto unicamente de sessões de música de George com amigos como Eric Clapton, o disco recebeu críticas excelentes e o estabeleceu como cantor e compositor talentoso. As vendas do álbum foram impulsionadas ainda mais pelo enorme sucesso do compacto *My Sweet Lord*, primeiro lugar das paradas no mundo inteiro.

Infelizmente, a alegria de George com o sucesso mundial do compacto foi interrompida por uma ação judicial da Bright Tunes

Music Publishers, alegando que o músico copiara "He's so Fine", sucesso dos Chiffons, de 1962. Demorou dez anos, mas um juiz determinou que George plagiara inconscientemente a canção e que deveria pagar 1,5 milhão de dólares à empresa. O guitarrista não ficou muito contente, e posteriormente lançou o compacto *This Song*, satirizando amargamente a história toda.

ELE TINHA 58 ANOS E PARTIU DESTE MUNDO CERCADO PELA ESPOSA, OLIVIA, O FILHO, DHANI, E DOIS DEVOTOS HARE KRISHNA. SUAS CINZAS FORAM LEVADAS À ÍNDIA E ESPALHADAS NO RIO GANGES

A produção solo de George acompanhou o caminho artístico dos ex-colegas, cheio de altos e baixos — por vezes muito inspirado, e em outros momentos, insipidamente medíocre. Curiosamente, também é possível argumentar que os quatro lançaram seus melhores discos solo nos primeiros anos após a separação.

George e Pattie se divorciaram em 1975, com ela notoriamente indo viver com Eric Clapton, grande amigo do guitarrista — e tudo sob suas bênçãos. George então veio a se casar com Olivia Arias, que trabalhava como secretária da A&M Records, por quem ele era contratado.

Em 1988, George ajudou a formar o The Traveling Wilburys (Wilbury seria um trocadilho com "we will bury", "nós enterraremos"), com quem desfrutou grande sucesso. A formação era salpicada de astros, cheia de mitos e lendas: George Harrison, Bob Dylan, Roy Orbison, Jeff Lynne e Tom Petty. A banda foi criada porque eles se reuniram para gravar uma canção para o lado B do compacto solo de George, chamada "This Is Love". Os músicos envolvidos gostaram tanto da sessão que continuaram como um grupo. O disco de estreia, *The Traveling Wilburys Volume 1*, vendeu muito bem e chegou a ganhar um Grammy. Roy Orbison faleceu em 6 de dezembro de 1988, mas a banda decidiu continuar e gravou um segundo álbum, *The Traveling Wilburys Volume 3* [sic], que novamente chegou às paradas.

Em todas as entrevistas concedidas, George era questionado sobre os Beatles, mas foi o cinema que finalmente o levou de volta ao convívio social. Em 1978, George se tornou amigo de Eric Idle, integrante da trupe humorística Monty Python, de quem era um grande fã. O envolvimento de Idle com os Rutles, paródia dos Beatles, também era bem-visto por George, por atrair seu senso de humor lacônico e seco.

Em 1979, quando os financiadores originais do filme *A vida de Brian*, do Monty Python, tiraram o corpo fora, George agiu, criando a empresa Handmade Films e bancando o projeto sozinho. O chefe da companhia era Denis O'Dell, antigo amigo do guitarrista, da Apple. *A vida de Brian* se revelou um enorme sucesso, permitindo a George investir em mais dois projetos ligados ao Python, *Os bandidos do tempo* (1981) e *Monty Python ao vivo no Hollywood Bowl* (1982).

A Handmade Films prosperou, financiando filmes de grande êxito, tais como *Caçada na noite* (1980), *Meu reino por um leitão* (1984) e *Mona Lisa* (1986). Infelizmente eles também financiaram longas-metragens que fracassaram completamente, em especial *Surpresa de Shanghai* (1986), com Madonna.

No começo da década de 90, as finanças de George sofreram um grande golpe graças à má administração da Handmade Films. Chegou-se a falar que ele teria de vender a casa em Friar Park. Muita gente ficava confusa com o fato de George possuir uma enorme residência instalada em acres luxuosos no interior. A crença de que o espírito era o que realmente importava não ia de encontro a suas enormes aquisições materiais? Essa dicotomia marcou a vida de George, enquanto ele oscilava entre o mundo espiritual e o material, entre o hedonismo e a abstinência. Quando a ideia de *The Beatles Anthology* foi trazida à tona, George deu o braço a torcer e concordou em participar. Resta saber se o guitarrista teria topado caso as finanças estivessem mais estáveis.

Em novembro de 2001, o roqueiro viajou para Los Angeles e ali, na casa de Gavin de Becker, um especialista em segurança, George Harrison expirou. Ele tinha 58 anos e partiu deste mundo cercado pela esposa, Olivia, o filho, Dhani, e dois devotos Hare Krishna. Suas cinzas foram levadas à Índia e espalhadas no rio Ganges.

A seu respeito, Bob Dylan deu a seguinte declaração: “Ele era um gigante, uma alma notável, com toda a humanidade, toda a graça, a sagacidade e o humor, todo o conhecimento, a espiritualidade, o bom senso de um homem e compaixão pelas pessoas [...]. O mundo se tornou um lugar profundamente mais vazio sem ele”.

McCartney falou em perder “um irmão caçula”. A amizade dos dois nem sempre foi harmoniosa, mas amor verdadeiro, além de compreensão e aceitação, a marcaram o tempo todo. Um incidente ocorrido durante as gravações de *Anthology* exemplifica belamente essa colocação. Durante uma sessão, o bate-boca ficou tão acalorado que um engenheiro presente se sentiu na obrigação de intervir a favor de McCartney. Antes que George pudesse responder, Paul mandou um “Cai fora agora mesmo” para o cara. Então apontou para George e afirmou: “Esse homem ainda é um Beatle”.

Verdadeiramente, eles são a gangue que nunca vai morrer.

Em Liverpool, pessoas se reúnem para lamentar e fazer um minuto de silêncio por George Harrison, após sua morte de câncer aos 58 anos.

CRONOLOGIA

1940

7 de julho Nasce Ringo Starr
9 de outubro Nasce John Lennon

1942

18 de junho Nasce Paul McCartney

1943

25 de fevereiro Nasce George Harrison

1957

16 de janeiro The Cavern Club é inaugurado na Rua Mathew, em Liverpool
9 de junho A banda The Quarrymen participa do concurso *TV Star Search*
6 de julho John Lennon conhece Paul McCartney numa festa paroquial de bairro na qual os Quarrymen estavam tocando
7 de agosto Os Quarrymen tocam pela primeira vez no The Cavern Club
18 de outubro Paul McCartney se apresenta pela primeira vez com os Quarrymen
7 de novembro Os Quarrymen iniciam uma temporada de shows pelos bares de Liverpool

1958

6 de fevereiro George Harrison conhece os Quarrymen
15 de julho Julia Lennon morre atropelada por um carro

1959

29 de agosto Os Quarrymen, com a presença de George Harrison, tocam na noite de inauguração do Casbah Coffee Club, em Liverpool
18 de outubro Os Quarrymen fazem audição para o programa *TV Star Search*

1960

10 de maio Os Silver Beetles fazem audição para Larry Parnes
20 de maio Os Silver Beetles partem em turnê pela Escócia
12 de agosto O baterista Pete Best é admitido nos Beatles
16 de agosto Os Beatles viajam para Hamburgo
17 de agosto Os Beatles começam sua temporada no Indra Club
3 de outubro Os Beatles se apresentam pela última vez no Indra Club
4 de outubro Os Beatles dão início à sua temporada no Kaiserkeller
15 de outubro John, Paul, George e Ringo gravam juntos pela primeira vez como banda de apoio de Lou Walters
21 de novembro George Harrison é deportado da Alemanha quando descobrem que ele ainda não havia completado 18 anos
29 de novembro Paul McCartney e Pete Best são presos em Hamburgo após o proprietário do Kaiserkeller acusá-los de tentarem incendiar o cinema onde estavam alojados
30 de novembro Paul McCartney e Pete Best são deportados da Alemanha
10 de dezembro John Lennon volta à Inglaterra
17 de dezembro Os Beatles fazem uma série de apresentações em Liverpool

1961

9 de fevereiro Os Beatles tocam pela primeira vez no The Cavern Club
1º de abril Os Beatles dão início à temporada no Top Ten Club, em Hamburgo
22 de junho Os Beatles gravam "My Bonnie" em Hamburgo
28 de outubro Raymond Jones encomenda o compacto *My Bonnie* com Brian Epstein
9 de novembro Brian Epstein conhece os Beatles no The Cavern Club
17 de dezembro Primeira sessão fotográfica profissional dos Beatles

1962

1º de janeiro Os Beatles fazem uma audição para a Decca Records, e Dick Rowe, diretor de artistas e repertório, lhes diz que "grupos com guitarra estão saindo de moda"
5 de fevereiro Ringo toca com os Beatles substituindo Pete Best
7 de março A primeira sessão de rádio dos Beatles
10 de abril Stuart Sutcliffe morre por causa de uma paralisia cerebral
13 de abril Os Beatles começam sua primeira temporada no Star-Club, em Hamburgo
2 de junho Os Beatles regressam a Liverpool
6 de junho Os Beatles têm a primeira sessão de gravação com George Martin no estúdio Abbey Road
16 agosto Pete Best é dispensado dos Beatles
18 de agosto Ringo Starr entra para os Beatles
23 de agosto John Lennon se casa com Cynthia Powell
4 de setembro Os Beatles gravam "How Do You Do It" e "Love Me Do"
11 de setembro Os Beatles gravam "P.S. I Love You" e, novamente, "Love Me Do"
5 de outubro O compacto de estreia dos Beatles, *Love Me Do*, é lançado no Reino Unido
27 de outubro Os Beatles dão a primeira entrevista radiofônica para a Hospital Radio Clatterbridge
1º de novembro Os Beatles iniciam a segunda temporada no Star-Club, em Hamburgo
26 de novembro Os Beatles gravam "Please Please Me"

1963

1º de janeiro Os Beatles retornam ao Reino Unido
3 de janeiro Os Beatles iniciam turnê pelo Reino Unido
11 de janeiro O compacto *Please Please Me* é lançado no Reino Unido
5 de abril Os Beatles recebem o primeiro disco de prata por *Please Please Me*
8 de abril Nasce Julian Lennon
11 de abril O compacto *From Me to You* é lançado no Reino Unido

13 de abril Primeira aparição dos Beatles num programa de televisão em rede nacional, *The 625 Show*

18 de abril Paul McCartney conhece Jane Asher após espetáculo no Royal Albert Hall

21 de abril Os Beatles se apresentam no concerto dos artistas escolhidos pelos leitores da revista *New Musical Express* (*NME*)

18 de maio Começa a terceira turnê dos Beatles pelo Reino Unido

20 de junho É fundada a Beatles Ltd.

12 de julho O EP *Twist and Shout* é lançado no Reino Unido

3 de agosto Última apresentação dos Beatles no The Cavern Club

23 de agosto O compacto *She Loves You* é lançado no Reino Unido

26 de agosto Paul McCartney tem a carteira de motorista suspensa por um ano por excesso de velocidade

6 de setembro O EP *The Beatles' Hits* é lançado no Reino Unido

10 de setembro Lennon e McCartney recebem o prêmio Variety Club de melhor grupo vocal do ano

4 de outubro Primeira participação dos Beatles no programa *Ready, Steady, Go!*

13 de outubro O termo "beatlemania" é cunhado pela mídia em relação aos fãs desesperados durante a apresentação no London Palladium

23 de outubro Os Beatles viajam a Estocolmo no começo da primeira turnê escandinava

1º de novembro O EP *The Beatles N. 1* é lançado no Reino Unido

4 de novembro Os Beatles se apresentam no Royal Variety Performance; Lennon profere o famoso gracejo "o resto de vocês pode chacoalhar as joias"

22 de novembro O LP *With The Beatles* é lançado no Reino Unido

29 de novembro O compacto *I Want to Hold Your Hand* é lançado no Reino Unido

26 de dezembro O compacto *I Want to Hold Your Hand* é o primeiro dos Beatles a ser lançado nos Estados Unidos

1964

10 de janeiro O LP *Introducing... The Beatles* é lançado nos Estados Unidos

20 de janeiro O LP *Meet The Beatles* é lançado nos Estados Unidos

1º de fevereiro Os Beatles chegam ao primeiro lugar nas paradas dos Estados Unidos com "I Want to Hold Your Hand"

7 de fevereiro O EP *All My Loving* é lançado no Reino Unido

7 de fevereiro A invasão americana dos Beatles começa quando eles embarcam num Boeing 707 com destino a Nova York

9 de fevereiro Primeira apresentação dos Beatles no *The Ed Sullivan Show*

22 de fevereiro A volta dos Beatles a Londres é saudada por hordas de fãs aos berros

25 de fevereiro Os Beatles começam a gravar "A Hard Day's Night"

2 de março Os Beatles dão início às filmagens de *Os reis do iê-iê-iê*

19 de março Os Beatles são considerados as personalidades de 1963 do show business pelo Variety Club of Great Britain

19 de março Primeira participação dos Beatles no programa de TV *Top of the Pops*

20 de março O compacto *Can't Buy Me Love* é lançado no Reino Unido

23 de março Lançado o primeiro livro de John Lennon, *In His Own Write**

1º de abril John Lennon reencontra o pai, Alf

4 de abril Os Beatles ocupam as cinco primeiras posições do Top 100 da Billboard

10 de abril O LP *Second Album* é lançado nos Estados Unidos

26 de abril Os Beatles são os primeiros da lista dos artistas escolhidos pelos leitores da revista *New Musical Express* (*NME*)

3 de junho Ringo Starr adoece antes da turnê mundial dos Beatles

4 de junho A excursão mundial dos Beatles tem início em Copenhague, com Jimmy Nicol na bateria

11 de junho Os Beatles chegam à Austrália

19 de junho O EP *Long Tall Sally* é lançado no Reino Unido

1º de julho Os Beatles regressam à Inglaterra

6 de julho Os Beatles comparecem à estreia mundial de *Os reis do iê-iê-iê*

10 de julho O compacto e o LP *A Hard Day's Night* são lançados no Reino Unido

11 de agosto Os Beatles começam a gravar *Beatles for Sale*

19 de agosto Os Beatles dão início à primeira turnê norte-americana, com 25 apresentações

28 de agosto Bob Dylan apresenta os Beatles à maconha

21 de setembro Os Beatles deixam os Estados Unidos e voltam à Inglaterra

9 de outubro Os Beatles começam a turnê de 1964 pela Grã-Bretanha

6 de novembro O EP *Extracts from the Album A Hard Day's Night* é lançado no Reino Unido

27 de novembro O compacto *I Feel Fine* é lançado no Reino Unido

2 de dezembro Removidas as amígdalas de Ringo Starr

4 de dezembro O LP *Beatles for Sale* é lançado no Reino Unido

1965

11 de fevereiro Ringo Starr se casa com Maureen Cox

15 de fevereiro Os Beatles começam a gravar *Help!*

23 de fevereiro Os Beatles começam a filmar *Help!* nas Bahamas

6 de abril O EP *Beatles for Sale* é lançado no Reino Unido

9 de abril O compacto *Ticket to Ride* é lançado no Reino Unido

* Ver nota na página 114.

26 de maio Gravação da última sessão de rádio dos Beatles na BBC
4 de junho O EP *Beatles for Sale N. 2* é lançado no Reino Unido
11 de junho Anúncio de que os Beatles seriam condecorados pela rainha Elizabeth
14 de junho O LP *Beatles VI* é lançado nos Estados Unidos
20 de junho A última turnê europeia dos Beatles começa pelo Palais des Sports, em Paris
13 julho Lennon e McCartney recebem cinco prêmios Ivor Novello
23 de julho O compacto *Help!* é lançado no Reino Unido
29 de julho Os Beatles comparecem ao lançamento mundial de *Help!*
6 de agosto O LP *Help!* é lançado no Reino Unido
13 de agosto O LP *Help!* é lançado nos Estados Unidos
14 de agosto Os Beatles gravam a quarta e última participação no *The Ed Sullivan Show*
15 de agosto A segunda turnê dos Beatles pelos Estados Unidos começa com uma apresentação recordista no estádio Shea, em Nova York
27 de agosto Os Beatles conhecem Elvis Presley
1º de setembro Os Beatles voltam a Londres
13 de setembro Nasce Zak Starkey
12 de outubro Os Beatles começam a gravar *Rubber Soul*
26 de outubro Os Beatles são condecorados membros do Império Britânico pela rainha Elizabeth no Palácio de Buckingham
3 de dezembro Lançado o compacto *We Can Work It Out/Day Tripper* no Reino Unido
3 de dezembro O LP *Rubber Soul* é lançado no Reino Unido
3 de dezembro A última turnê dos Beatles pelo Reino Unido começa por Glasgow
6 de dezembro Lançado o EP *The Beatles' Million Sellers* no Reino Unido; o LP *Rubber Soul* é lançado nos Estados Unidos

1966

21 de janeiro George Harrison se casa com Pattie Boyd
4 de março Lançado no Reino Unido o EP *Yesterday*
4 de março Durante entrevista, John Lennon faz a deplorável declaração: "Somos mais populares que Jesus"
6 de abril Os Beatles começam a gravar *Revolver*
1º de maio O último concerto dos Beatles no Reino Unido é promovido pela *NME*
10 de junho O compacto *Paperback Writer* é lançado no Reino Unido
15 de junho O LP *Yesterday and Today* é lançado nos Estados Unidos
24 de junho Começa a turnê dos Beatles pela Alemanha, Japão e Filipinas
5 de julho Os Beatles deixam as Filipinas às pressas após distúrbios provocados por supostamente terem esnobado a primeira-dama, Imelda Marcos
5 de julho Primeira viagem dos Beatles à Índia
8 de julho Os Beatles regressam ao Reino Unido
8 de julho Lançado no Reino Unido o EP *Nowhere Man*
5 de agosto O compacto *Eleanor Rigby/Yellow Submarine* é lançado no Reino Unido
5 de agosto Lançado no Reino Unido o LP *Revolver*
8 de agosto Lançado nos Estados Unidos o LP *Revolver*
12 de agosto A derradeira turnê dos Beatles pelos Estados Unidos tem início em meio à controvérsia "somos mais populares que Jesus"
13 de agosto A rádio texana KLUE organiza uma fogueira pública dos Beatles
29 de agosto Os Beatles realizam seu último show, em Candlestick Park, San Francisco
30 de agosto Os Beatles voltam a Londres
14 de setembro George e Pattie Harrison viajam à Índia
26 de setembro Brian Epstein é internado após overdose
9 de novembro John Lennon conhece Yoko Ono numa galeria de arte em Mayfair, Londres
24 de novembro Os Beatles iniciam a gravação de "Strawberry Fields Forever"
9 de dezembro O LP *A Collection of Beatles' Oldies* é lançado no Reino Unido

1967

4 de janeiro Os Beatles começam a gravar "Penny Lane"
1º de fevereiro Os Beatles iniciam as gravações de *Sgt. Pepper's Lonely Hearts Club Band*
17 de fevereiro Lançado no Reino Unido o compacto *Penny Lane/ Strawberry Fields Forever*
30 de março Tirada a foto da capa de *Sgt. Pepper* no estúdio londrino de Michael Cooper
19 de abril Criada a empresa Beatles & Co.
15 de maio Paul conhece Linda Eastman no bar The Bag O'Nails, no Soho
20 de maio A BBC proíbe a veiculação pública de "A Day in the Life" pela atitude permissiva em relação às drogas
1º de junho O LP *Sgt. Pepper's Lonely Hearts Club Band* é lançado no Reino Unido
2 de junho O LP *Sgt. Pepper's Lonely Hearts Club Band* é lançado nos Estados Unidos
14 de junho Os Beatles dão início às gravações de "All You Need Is Love"
19 de junho Paul McCartney admite o uso de LSD durante entrevista à revista *Life*
25 de junho Os Beatles participam do programa de televisão *Our World*, quando "All You Need Is Love" é transmitida para quatrocentos milhões de espectadores
7 de julho O compacto *All You Need Is Love* é lançado no Reino Unido
19 de agosto Nasce Jason Starkey
22 de agosto Os Beatles começam as gravações da trilha sonora do filme *Magical Mystery Tour*

24 de agosto Os Beatles conhecem o Maharishi Mahesh Yogi em Londres
27 de agosto Brian Epstein morre de overdose de drogas
11 de setembro Os Beatles iniciam a filmagem de *Magical Mystery Tour*
17 de outubro Os Beatles participam de uma cerimônia em homenagem a Brian Epstein
24 de novembro Lançado no Reino Unido o compacto *Hello, Goodbye*
27 de novembro O LP *Magical Mystery Tour* é lançado nos Estados Unidos
7 de dezembro Inaugurada a Apple Boutique
8 de dezembro O LP *Magical Mystery Tour* é lançado no Reino Unido
25 de dezembro McCartney e Jane Asher anunciam o noivado
26 de dezembro *Magical Mystery Tour* estreia na BBC 1

1968

22 de janeiro Apple inaugura escritório no número 95 da Rua Wigmore, em Londres
25 de janeiro Os Beatles gravam a sequência final da animação *Yellow Submarine*
3 de fevereiro Os Beatles começam a gravar "Lady Madonna" e "Across the Universe"
15 de fevereiro John Lennon e George Harrison viajam para a Índia
19 de fevereiro Paul McCartney e Ringo Starr embarcam para a Índia
15 de março Lançado no Reino Unido o compacto *Lady Madonna*
30 de maio Os Beatles iniciam as gravações do *The Beatles (Álbum Branco)*
15 de junho John e Yoko plantam bolotas de carvalho na catedral de Coventry
22 de junho Os Beatles adquirem a sede da Apple no número 3 da Savile Row
17 de julho Os Beatles vão à estreia mundial de *Yellow Submarine*
29 de julho Os Beatles iniciam a gravação de "Hey Jude"
22 de agosto Cynthia Lennon entra com ação de divórcio contra John citando adultério com Yoko Ono
22 de agosto Ringo Starr deixa os Beatles durante uma discussão
30 de agosto O compacto *Hey Jude* é lançado no Reino Unido
3 de setembro Ringo Starr volta aos Beatles
30 de setembro Lançada a biografia dos Beatles escrita por Hunter Davies
18 de outubro John e Yoko são presos por posse de drogas
8 de novembro Concedido o divórcio de John e Cynthia Lennon
22 de novembro Lançado no Reino Unido o LP *The Beatles (The White Album)*
25 de novembro Lançado nos Estados Unidos o LP *The Beatles (The White Album)*
8 de novembro John Lennon é multado por posse de maconha

1969

2 de janeiro Os Beatles começam as sessões de gravação de *Get Back/Let It Be*
10 de janeiro George Harrison sai dos Beatles
13 de janeiro O LP *Yellow Submarine* é lançado nos Estados Unidos
15 de janeiro George Harrison volta aos Beatles
17 de janeiro O LP *Yellow Submarine* é lançado no Reino Unido
30 de janeiro Os Beatles se apresentam ao vivo pela última vez no topo do prédio da Apple
3 de fevereiro Allen Klein é designado empresário dos Beatles
22 de fevereiro Os Beatles iniciam as gravações de *Abbey Road*
12 de março Paul se casa com Linda
20 de março John se casa com Yoko
25 de março O primeiro *bed-in* de John e Yoko é realizado numa suíte de hotel em Amsterdã
11 de abril Lançado o compacto *Get Back* no Reino Unido
14 de abril Os Beatles gravam "The Ballad of John and Yoko"
30 de maio Lançado no Reino Unido o compacto *The Ballad of John and Yoko*
22 de agosto Os Beatles realizam sua última sessão de fotos na residência de John e Yoko, Tittenhurst Park
28 de agosto Nasce Mary McCartney
20 de setembro John Lennon informa aos outros Beatles que está saindo da banda
26 de setembro O LP *Abbey Road* é lançado no Reino Unido
1º de outubro O LP *Abbey Road* é lançado nos Estados Unidos
31 de outubro Lançado no Reino Unido o compacto *Something/Come Together*
25 de novembro John Lennon devolve sua condecoração à rainha Elizabeth

1970

4 de janeiro Última sessão de gravação dos Beatles como grupo
26 de fevereiro O LP *Hey Jude* é lançado nos Estados Unidos
6 de março O compacto *Let It Be* é lançado no Reino Unido
10 de abril Paul McCartney anuncia a separação dos Beatles
10 de abril Divulgado o último comunicado dos Beatles à imprensa
8 de maio Lançamento do LP *Let It Be* no Reino Unido
18 de maio Lançamento do LP *Let It Be* nos Estados Unidos
31 de dezembro Paul McCartney entra com ação judicial para dissolver a sociedade dos Beatles

BIBLIOGRAFIA

BEATLES, The. *The Beatles: antologia*. São Paulo: Cosac & Naify, 2001.

BEDFORD, David. *Liddypool: Birthplace of The Beatles*. Dalton Watson, 2011.

BOYD, Pattie. *Wonderful Today*. Headline, 2007.

BRAMWELL, Tony. *Magical Mystery Tours*. Thomas Dunne, 2005.

BRAUN, Michael. *A vida fantástica dos Beatles*. Rio de Janeiro: BUP, 1967.

BROWN, Peter. *The Love You Make: An Insider's Story of The Beatles*. NAL, 1984.

CARR, Roy. *At the Movies: The Beatles*. UFO Music, 1996.

CLAYSON, Alan. *The Quiet One: A Life of George Harrison*. Sanctuary, 1991.

_____. *Ringo Starr*. Paragon House, 1992.

COLEMAN, Ray. *John Lennon*. Futura, 1984.

_____. *Brian Epstein*. Viking, 1989.

DAVIES, Hunter. *A vida dos Beatles (a única biografia autorizada)*. Rio de Janeiro: Expressão e Cultura, 1968.

DOGGETT, Peter. *The Art and Music of John Lennon*. Omnibus, 2005.

GOLDMAN, Albert. *The Lives of John Lennon*. Bantam, 1988.

LEIGH, Spencer. *The Cavern*. SAF, 2008.

_____. *The Beatles in Hamburg*. Omnibus, 2011.

LENNON, Cynthia. *John*. Hodder and Stoughton, 2005.

LENNON, John. *Um atrapalho no trabalho*. São Paulo: Brasiliense, 1985.

LEWISOHN, Mark. *The Complete Beatles Chronicle*. Hamlyn, 1992.

MCCABE, Peter e SCHONFIELD, Robert D. *Apple to the Core*. Sphere, 1972.

MCCARTNEY, Mike. *The Macs: Mike McCartney's Family Album*. Arthur Barker, 1981.

MILES, Barry. *Paul McCartney: Many Years from Now*. São Paulo: DBA, 2000.

SHEPHERD, Billy. *The True Story of The Beatles*. Beat Publications, 1964.

SHOTTON, Pete. *In My Life*. Coronet, 1984.

TURNER, Steve. *A Hard Day's Write*. Carlton, 1994.

______. *The Gospel According to The Beatles*. Westminster John Knox Press, 2006.

VILLENEUVE, Justin de. *An Affectionate Punch*. Sidgwick and Jackson, 1986.

WELLS, Simon. *The Beatles 365 Days*. Harry N. Abrams, 2005.

WILLIAMS, Allan. *The Man Who Gave The Beatles Away*. Elm Tree Books, 1975.

ÍNDICE

AGRADECIMENTOS

Obrigado a Richard Green, editor deste livro e grande homem do Swindon FC, que, portanto, conhece verdadeiramente o valor de um Paolo; a David Luxton, meu agente na Lords, a Kim Davies e Ame Verso, pela capacidade de edição, aos senhores Wells e Lewisohn, pelo apoio brilhante, a Dirty Den, pelas táticas, a Tracy, pelos bolos, a Sahika, por sua simples presença, a Johnny Chandler, pelo amor e pela biblioteca dos Beatles, e, acima de tudo, a Dean Johnson, pela assistência e grande hospitalidade.

Dedico este livro à alma de Emmet Fox e, principalmente, à minha filha, Sarah Jane, porque ao escrevê-lo é que veio a luz.

Editora: Raïssa Castro
Coordenadora Editorial: Ana Paula Gomes
Copidesque: Cleide Salme
Revisão: Gabriela Lopes Adami
Projeto gráfico de capa e miolo: Therefore Publishing Limited
Fotos da capa: Robert Whitaker (frente); Rex/Christies Images Ltd. 2008/Rex Features (quarta capa)
Diagramação: André S. Tavares da Silva

Título original: *Love Me Do: 50 Great Beatles Moments*

ISBN: 978-85-7686-259-8

Verus Editora Ltda.
Rua Benedicto Aristides Ribeiro, 41, Jd. Santa Genebra II, Campinas/SP, 13084-753
Fone/Fax: (19) 3249-0001 | www.veruseditora.com.br

CIP-BRASIL. CATALOGAÇÃO NA FONTE
SINDICATO NACIONAL DOS EDITORES DE LIVROS, RJ

H582L

Hewitt, Paolo, 1958-
Love me do : 50 momentos marcantes dos Beatles / Paolo Hewitt ; tradução Leandro Woyakoski. - 2. ed. - Campinas, SP : Verus, 2014.
il. ; 25 cm.

Tradução de: Love me do: 50 great Beatles moments
Inclui bibliografia e índice
ISBN 978-85-7686-259-8

1. Beatles (Conjunto musical). 2. Grupos de rock - Inglaterra - Biografia. I. Título.

13-04988 CDD: 781.66
CDU: 78.067.26

Revisado conforme o novo acordo ortográfico.

Créditos das fotos (por página): 2–3 John Dominis/Getty Images; 8 Keystone Pictures USA/Alamy; 12 Mark and Colleen Hayward/Getty Images; 16 K & K Ulf Kruger OHG/Getty Images; 23 John Rodgers/Getty Images; 24 Juergen Vollmer/Getty Images; 28 Michael Ochs Archives/Getty Images; 32–3 Everett Collection/Rex Features; 34 Juergen Vollmer/Getty Images; 40 Keystone/Getty Images; 44 Keystone/Getty Images; 47 Michael Ochs Archives/Getty Images; 48 Bob Thomas/Getty Images; 52–3 Hulton Archive/Getty Images; 54 Popperfoto/Getty Images; 56 Star Press/Rex Features; 58 David Farrell/Getty Images; 62 Keystone/Getty Images; 65 Terry O'Neill/Getty Images; 66 Sharok Hatami/Rex Features; 70–1 Robert Whitaker/Getty Images; 72 Popperfoto/Getty Images; 76 Popperfoto/Getty Images; 78 Bettmann/Corbis; 82–3 Michael Ochs Archives/Getty Images; 84 Michael Ochs Archives/Getty Images; 86 Harry Myers/Rex Features; 90–1 United Artists/Getty Images; 92 Douglas R. Gilbert/Getty Images; 96 Val Wilmer/Getty Images; 100 New York Daily News Archive/Getty Images; 104 Michael Ochs Archives/Getty Images; 108 Keystone/Getty Images; 112 ITV/Rex Features; 116 Harry Benson/Getty Images; 120 Keystone/Getty Images; 122 Ron Howard/Getty Images; 127 Michael Ochs Archives/Getty Images; 128 Robert Whitaker/Getty Images; 132 Ed Freeman/Getty Images; 136 Bob Thomas/Getty Images; 139 E Wilkins/Rex Features; 142 Everett Collection/Rex Features; 146 GAB Archive/Getty Images; 150 John Pratt/Getty Images; 152–3 Keystone Pictures USA/Alamy; 154 Ivan Keeman/Getty Images; 156 Michael Ochs Archives/Getty Images; 158 Wallace/Daily Mail/Rex Features; 162 Cummings Archives/Getty Images; 166–7 Associated Newspapers /Rex Features; 168 Trinity Mirror/Mirrorpix/Alamy; 172 Keystone/Getty Images; 176 Keystone USA/Rex Features; 182–3 Keystone–France/Getty Images; 184 Mike Barnes/Getty Images; 188 Keystone–France/Getty Images; 192 Popperfoto/Getty Images; 196 Stefano Archetti/Rex Features; 200 Bettmann/Corbis; 204 Evening News/Rex Features; 210–11 Express/Getty Images; 212 Rex Features; 216 Cummings Archives/Getty Images; 222–3 Bentley Archive/Popperfoto/Getty Images; 224 Tom Hanley/Getty Images; 228 Associated Newspapers/Rex Features; 232–3 Pictorial Press Ltd/Alamy; 234 Trinity Mirror/Mirrorpix/Alamy; 238 Michael Ochs Archives/Getty Images; 240 Hulton Archive/Getty Images; 244 Pacific Press Service/Rex Features; 246 Everett Collection/Rex Features; 250 Terry O'Neill/Getty Images; 254 Tom Hanley/Getty Images; 258 Sion Touhig/Getty Images; 263 BWP Media/Getty Images

Página de rosto: Ringo Starr, George Harrison, Paul McCartney e John Lennon, 1º de agosto de 1964.

Impressão e acabamento: **Yangraf Gráfica e Editora**